KB156746

```
*   *   *   *

*   *   *   *

*   *   *   *

*   *   *   *

*   *   *   *

*   *   *   *

        *   *
```

존경하는 국민 여러분, 노무현입니다

대통령의 명연설

노무현재단 엮음

2022년 5월 16일 초판 1쇄 발행
2024년 12월 30일 초판 5쇄 발행

펴낸이 한철희 | 펴낸곳 돌베개 | 등록 1979년 8월 25일 제406-2003-000018호
주소 (10881) 경기도 파주시 회동길 77-20 (문발동)
전화 (031) 955-5020 | 팩스 (031) 955-5050
홈페이지 www.dolbegae.co.kr | 전자우편 book@dolbegae.co.kr
블로그 blog.naver.com/imdol79 | 페이스북 /dolbegae | 트위터 @Dolbegae79

편집 이경아
표지디자인 김민해 | 본문디자인 이은정 · 이연경
마케팅 심찬식 · 고운성 · 김영수 · 한광재 | 제작 · 관리 윤국중 · 이수민 · 한누리
인쇄 · 제본 영신사

ISBN 979-11-91438-59-8 (03040)

책값은 뒤표지에 있습니다.

존경하는
국민
여러분,

노무현
입니다

대통령의 명연설

돌베개

다시 만나는 노무현의 육성,
그리고 사자후

그는 말하는 정치인이었습니다. 소통하고 대화하는 대통령이었습니다. 남녀노소 누구를 만나도 언제나 일관되게 자신의 생각을 솔직하게 드러냈습니다. 자신의 철학과 노선을 분명하게 전달하면서 청중을 설득했습니다. 때로는 촌철살인도 구사했고 때로는 시의적절한 비유를 활용했습니다. 그의 말은 화려한 듯하면서도 담백했고, 격정적인 듯하면서도 차분했습니다. 그의 말에는 자신이 살아온 삶과 정치의 역정이 담겨 있었고, 세상을 바꾸어 나갈 정책과 비전이 담겨 있었습니다.

지금의 우리에게 노무현은 그의 말로 기억되고 있습니다. 그가 했던 말 한마디는 한 컷의 사진, 한 편의 영상보다 더 강렬한 인상으로 우리에게 남아 있습니다. 그가 숱한 역정을 거치는 동안 우리에게 남겨 놓은 말을 음미하다 보면, 우리는 한 시대를 바꾸려 했던 큰 정치인을 만나게 됩니다. 그리고 통찰과 혜안으로 미래를 준비했던 탁월한 사상가를 마주하게 됩니다.

그가 남긴 명연설은 수도 없이 많습니다. 정치인 시절부터 대통령 임기 5년을 거쳐 퇴임한 이후까지, 그는 연설하고 강연할 때마다 말 속에 자신의 혼을 담아냈습니다. 그 말들이 모여 사자후가 되었고 명언이 되었고 감동이 되었습니다. 중요한 계기에 큰 의미를 담은 연설도 있었고, 위기 상황에서 기막힌 반전을 가져온 연설도 있었습니다. 그런가 하면 유머와 풍자로 가득 찬 연설도 있었습니다. 그 연설들은 인터넷 공간에, 노무현 사료관에, 또 대통령기록관에 흩어져 있습니다.

그 가운데 대표적인 연설들을 노무현재단이 엮어 책으로 펴내게 되었습니다. 모두 5부에 걸쳐 스물여섯 편의 연설입니다. 1부 '사람 사는 세상을 꿈꾸다'에서는 대통령으로 취임하기 전 정치인 시절의 연설을 모았습니다. 2부 '평화와 번영의 동북아 시대'는 대통령 임기 초반, 대한민국이 나아가야 할 비전과 방향을 제시한 연설입니다. 3부 '민주주의와 국민 통합'에서는 임기 전반에 걸쳐 추구하던 통합과 공존의 정치, 그리고 민주주의에 대한 그의 철학을 읽을 수 있는 연설들을 소개합니다. 4부 '역사 바로 세우기'는 악화되는 한일관계에 대한 우려와 국가권력의 책임에 대한 의지를 담은 연설들입니다. 5부 '새로운 길'은 언론, 정부 혁신, 시장경제, FTA와 안보 정책 등 각 분야에 대해 임기중 자신이 제시했던 의제들을 설명하거나 정리하는 연설, 그리고 퇴임 후에 '남북관계'에 대해 소신을 피력한 연설입니다.

그 모든 명연설을 한 권의 단행본에 담을 수는 없었습니다. 2007년 6월에 있었던 참여정부평가포럼 기념강연은 내용이 좋지만 그 양이 방대하여 이 책에 담아내기에 어려움이 있었습니다. 제한된 지면이지만 가급적 연설의 분야와 시기를 골고루 안배하려고 노력했습니다.

이 책은 단순한 연설문집에 그치지 않고 오디오북으로 제작됩니다. 정치인 노무현, 나아가 대통령 노무현의 생생한 육성을 그대로 들을 수 있습니다. 독자 그리고 청취자는 활자로는 쉽게 전달할 수 없는 감동과 여운을 최대한 느끼게 될 것입니다.

책을 만드는 과정에서 돌베개 출판사 이경아 팀장의 노고가 컸습니다. 녹음 원본을 기존 텍스트와 일일이 대조하며 누락된 부분을 복원했고, 잘못 녹취된 부분을 수정하는 수고를 해 주셨습니다. 지면을 통해 진심으로 감사드립니다. 아울러 책의 기획 단계에서 출간에 이르기까지 많은 애를 써 주신 돌베개 편집부 식구들에게도 깊은 감사의 말씀을 드립니다.

노무현, 그가 떠난 지 열 두 해가 넘어 이제 13주기가 다가오고 있습니다. 많은 시간이 흘렀지만 그는 여전히 우리 곁에 있는 대통령입니다. 이 연설문집과 오디오북은 그가 우리 곁에 영원히 살아 있음을 느끼게 해 주는 충분한 계기가 될 것입니다. 그의 육성을 들으면서 대한민국 제16대 대통령 노무현을 다시 만나보시기 바랍니다.

2022년 5월
사람사는세상 노무현재단

차
례
✳

✳   **1부**

'사람 사는 세상'을 꿈꾸다

✳   **2부**

평화와 번영의 동북아 시대

✳　**3부**
민주주의와 국민 통합

*　**4부**
역사 바로 세우기

✳

1 부

'사 람
사 는
세 상'을

꿈 꾸 다

먹는 것 입는 것 걱정 안 하고
하루하루가 신명나게 이어지는 세상

1988. 7. 8. 국회 임시회 13대 국회의원 첫 대정부질문

존경하는 의원 여러분, 그리고 국무위원 여러분,

부산 동구에서 처음으로 국회의원이 된 노무현입니다.

국무위원 여러분,

저는 별로 성실한 답변을 요구 안 합니다. 성실한 답변을 요구해도 비슷하니까요.

제가 생각하는 이상적인 사회는 더불어 사는 사람 모두가 먹는 것 입는 것 이런 걱정 좀 안 하고 더럽고 아니꼬운 꼬라지 좀 안 보고 그래서 하루하루가 좀 신명나게 이어지는 그런 세상이라고 생각을 합니다.

만일 이런 세상이 좀 지나친 욕심이라면 적어도 살기가 힘이 들어서, 아니면 분하고 서러워서 스스로 목숨을 끊는 그런 일은 좀 없는 세상 이런 것이라고 생각합니다.

옛날에는 생활고로 일가족이 집단 자살하는 일이 많이 있었습니다. 지금은 그런 일은 거의 없는 것 같은데 그런데도 스스로 목숨을 끊은 사람은 늘어만 갑니다.

제5공화국 이래 지금까지 스스로 목숨을 끊은 사람의 수는 얼마가 되는지 관계 장관 말씀해 주시기 바랍니다.

제5공화국 이래 지금까지 노동자가 기업주의 비인간적 대우에 항거하거나 기업 또는 공권력의 탄압에 항거해서 목숨을 끊은 사람은 모두 몇 명이나 됩니까?

정권의 도덕성을 규탄하거나 광주학살의 진상규명을 요구하며 또는 민족의 자주와 통일을 부르짖으며 스스로의 목숨을 끊은 청년 학생들은 모두 몇 명이나 됩니까? 같은 기간 농촌에서 소 값 피해를 보상하라고 주장하며 자살한 농민은 몇 명입니까? 산동네 달동네에서 철거에 항거하다가 무너지는 집 더미에 깔려 죽거나 자살한 사람은 몇 명이나 됩니까? 경쟁에서 뒤떨어지거나 경쟁의 부담이 과중해서 자살한 학생의 수는 얼마나 됩니까?

이 같은 가슴 아픈 일이 계속되는 동안 정부는 같은 일이 재발되지 않도록 하기 위해서 그 어떤 노력을 해 왔습니까? 만약에 하였다면 그 내용은 어떤 것이었는지 이건 좀 구체적으로 설명해 주시기 바랍니다. 청년 학생들이 죽어 가는 것은 감옥에 가서 참회해야 될 사람들이 권력을 잡고 온갖 도둑질을 다해 먹으면서 바른 말하는 사람 데려다가 고문하고 죽이는 바람에 생긴 일이니까 그 사람들이 임명한 국무총리나 국무위원에게 무슨 대책이 있으리라고는 믿지를 않습니다. 물으면 제가 그르지요.

문교부장관!

교육에 여러 가지 문제가 있는 줄 압니다. 그러나 그중에서도 가장 근본적인 문제는 교육이 가진 자의 지배의 도구, 권력자의 정치의 도구로 전락함으로써 생긴 폐해라고 생각합니다. 이 점에 관해서는 시간이 없어 줄이겠습니다.

또 하나의 근본적인 문제는 노동자와 농민이 다 함께 잘 살게 되고 임금의 격차가 줄어져서 굳이 일류대학을 나오지 않는다 할지라도 높은 자리에 그리고 안 올라가도 사람대접 받을 수 있는 세상이 되면 그런 세상이 와도 지금처럼 이렇게 어린아이들이 치열한 경쟁을 견디지 못해서 교육이 비인간화되고 어린아이들이 스스로 목숨을 끊는 이런 사태가 발생할 것인지 말씀해 주시기 바랍니다.

결국 저는 교육의 문제 또한 노동자 농민 그리고 도시빈민의 문제라고 생각을 합니다.

지난 7월 2일 여의도 성모병원에서 15세 된 소년 근로자가 수은중독으로 사망하였습니다. 직업병에 대비한 의료 체계의 미비, 수은중독임이 밝혀진 이후 회사의 비정한 처사와 노동행정관청의 태만을 따지려는 것은 아닙니다. 같은 또래의 제 자식 놈은 아직 공부조차 힘이 들어서 온갖 투정이나 부리고 응석이나 부리고 있는 철부지에 불과합니다. 그런데 죽은 이 소년의 경우는 어떻습니까? 그 나이에 멀리 서산에서 서울까지 부모 슬하를 떠나온 것만 해도 애처로운 일인데, 그런 어린아이가 귀중한 생명이 좀먹어 가는 그 위태로운 작업장에 방치되고 끝내 목숨까지 잃게 한 책임은 결국 무능한 그의 부모만이 져야 되는 것입니까? 그 며칠 전에는 열네 살 먹은 어린 소년이 하루 11시간의 장시간 노동에 견디다 못해 자기가 다니던 공장에 불을 지른 사건이 보도되었습니다.

의원 여러분,

가만히 앉아 계셔도 11시간, 다리가 꼬이고 허리가 아프지요? 과연 그 철부지를 잡아다 방화죄로 처벌을 하고 나면 그만입니까?

노동부장관!

현재 전국적으로 미성년 취업자는 몇 명이나 됩니까? 노동 시간이 세계 최장인 것은 이미 널리 알려진 사실이라 다시 안 묻습니다. 한국의 산재율은 세계의 몇 번째입니까?

(하략)

1988년 13대 개원 국회의 사회·문화 분야 대정부질문. 노무현의 사자후에 본회의장이 술렁인다. 야당 의석에서 우레와 같은 박수가 터져 나온다. 파격적인 내용의 연설이었지만, 그 마디마디에는 소외된 서민 계층에 대한 진한 애정과 안타까움이 담겨 있었다. 당시까지의 국회에서는 전혀 찾아볼 수 없었던, 새로운 차원의 의정 활동이 시작되고 있었다. 이 연설이 끝난 후 당시 평화민주당 김대중 총재는 "대정부질문은 저렇게 하는 거야"라고 말했다고 한다.

1988년 7월 8일, 제142회 임시국회 본회의 사회문화분야 대정부질의
일곱 번째 질의자로 나선 초선 의원 노무현

비겁한 교훈을 가르친
600년 기회주의 역사의 청산

2001. 12. 10. 『노무현이 만난 링컨』 출판기념회 및 후원회 연설

어느 때인가부터 제가 대통령이 되겠다고 말을 하기 시작했습니다. 많은 분들이 제게 무엇을 했느냐를 묻지 않고 무엇을 하겠느냐? 비전을 내놓으라고 했습니다. 비전을 생각해 봤습니다. 제 마음에 가장 드는 비전, 그것은 전두환 대통령이 5공 때 내놨던 정의로운 사회였습니다. 노태우 대통령이 내놨던 보통사람의 시대도 상당히 매력 있는 비전이었습니다. 신한국-세계화-정보화-개혁! 문민정부의 비전도 참 좋았습니다. 저는 국민의정부의 비전은 달달 웁니다. 민주주의, 시장경제, 생산적 복지, 남북 화해, 노사 협력, 지식 기반 사회….

저도 그렇게 말하면 됩니다. 저도 할 수 있습니다. 그러나 이렇게 말할 때 제 가슴은 공허합니다. 그 말을 누가 못하냐? 누가 무슨 말을 하느냐가 중요한 것이 아니라 누가 할 수 있느냐가 중요한 것 아니겠습니까?

오늘 아침에 저는 유종근 전북 지사가 지으신 『유종근의 신 국가론』이라는 책을 읽었습니다. 한국에게 미래가 있는가. 한국에게는 두 개의 선택밖에 없다. 선진국으로 가느냐 아니면 퇴보해서 주저앉느냐 그 두 가지의 선택만이 있을 뿐이지, 제자리에 멈출 수 있는 방법은 없다. 어떻게 할 거냐. 선진국으로 가야 한다. 선진국으로 가기 위해서 무엇을 해야 하는가. 경제를 발전시켜야 한다. 경쟁력을 길러야 한다. 기술을 혁신해야 한다. 지식 기반 사회로 가야 한다. 다 맞다. 그러나 그 모든 것은 다 우리 한국이 할 수 있지만 우리 한국이 할 수 있을지 없을지 아주아주 의문스러운 하나의 조건이 있다. 신뢰-협동이라는 이 사회적 자본을 한국이 제대로 구축하느냐 못 하느냐에 한국의 미래가 달려 있다! 앞으로의 사회에 있어 생산성은 생산요소의 투입에 있는 것이 아니라, 기술 혁신에 있는 것이 아니라, 그 토대가 되는 사회적 신뢰를 어떻게 구축해 가느냐, 여기에 달려 있다! 이렇게 써 놨습니다.

제가 정말 하고 싶었던 얘기가 쓰여 있어서 정말 반가웠습니다. 문제는 그 사회적 신뢰를 우리가 어떻게 만들어 갈 것이냐? 원칙 있는 사회를 우리가 어떻게 만들어 갈 것이냐? 모든 사람이 규범을 존중하는 사회를 우리가 어떻게 만들어 갈 것이냐? 거기에 대한 해답이 마땅히 없다는 것입니다.

97년, 저는 정치적으로 무소속에 있었습니다. 96년에 3김 청산을 외치면서 민주당에 잔류했습니다. 96년 4.11총선에 저는 실패했습니다. 97년 연말에 국민회의에 다시 입당을 했습니다. 정말 자존심이 상하는 일이었습니다. 3김 청산을 외치던 제가 3김 중의 한 분이 이끌고 있는 국민회의에 입당한다는 것이 정치적으로 말을 바꾸는 것 같기도 하고 또한 자존심도 상했습니다. 그러나 저는 단호히 국민회의에 입당했습니다. 세대교체도 좋고 3김 청산도 좋지만 이 나라 역사에서 우리가 반드시 해야 될 것이 하나 있다.

조선 건국 이래로 600년 동안 우리는 권력에 맞서서 권력을 한 번도 바꾸어 보지 못했다. 비록 그것이 정의라 할지라도, 비록 그것이 진리라 할지라도, 권력이 싫어하는 말을 했던 사람은 또는 진리를 내세워서 권력에 저항했던 사람들은 전부 죽임을 당했다. 그 자손들까지 멸문지화를 당했다. 패가망신했다.

600년 동안 한국에서 부귀영화를 누리고자 하는 사람은 모두 권력에 줄을 서서 손바닥을 비비고 머리를 조아려야 했다. 그저 밥이나 먹고 살고 싶으면 세상에서 어떤 부정이 저질러져도 어떤 불의가 눈앞에서 벌어지고 있어도 강자가 부당하게 약자를 짓밟고 있어도 모른 척하고 고개 숙이고 외면했어야 했다. 눈 감고 귀를 막고 비굴한 삶을 사는 사람만이 목숨을 부지하면서 밥이라도 먹고 살 수 있었던 우리 600년의 역사!

제 어머니가 제게 남겨 주었던 저희 가훈은 "야 이놈아, 모난 돌이 정 맞는다. 계란으로 바위치기다. 바람 부는 대로 물결치는 대로 눈치 보며 살아라." 80년대, 시위하다가 감옥 간 우리의 정의롭고 혈기 넘치는 우리 젊은 아이들에게 그 어머니들이 간곡히 간곡히 타일렀던 그들의 가훈 역시 "야 이놈아, 계란으로 바위치기다. 고만둬라. 너는 뒤로 빠져라." 이 비겁한 교훈을 가르쳐야 했던 우리 600년의 역사, 이 역사를 청산해야 한다. 권력에 맞서서 당당하게 권력을 한 번 쟁취하는 우리의 역사가 이루어져야만이 이제 비로소 우리의 젊은이들이 떳떳하게 정의를 얘기할 수 있고 떳떳하게 불의에 맞설 수 있는 새로운 역사를 만들어 낼 수 있다!

그것을 해야 했기에 또다시 영남 사람 노무현이 호남 당에 들어갔습니다. 그리고 정권을 교체했습니다. 이제 누가 권력 앞에서 권력이 두려워서 말 못하는 사람이 있습니까? 권력의 눈치를 살피면서 아는 것을 말하지 못하는 사람이 있습니까? 이제 새로운 역사가 시작되고 있는 것입니다.

이 역사가 좌절하지 않고 계속해서 꽃피워 나갈 때 우리 한국에 원칙이 바로 서고 신뢰가 바로 서는 사회가 오게 되는 것입니다. 한 시대의 가치와 사람들의 생각과 행동하는 방식은 역사로부터 비롯되는 것입니다. 역사로부터 배우는 것입니다. 이제 우리 한국이 선진국으로 진입하기 위해서 사회의 원칙과 신뢰를 바로 세우려고 한다면, 우리의 역사를 다시 만들어 가야 합니다. 정의가 승리하는 역사, 원칙이 이기는 역사를 다시 만들어 가야 하는 것입니다.

88년 13대 국회에 당선되고 난 뒤에 2년 뒤에 3당 통합이 있었고 그리고 14대 총선은 통합민주당으로서 부산에서 출마해서 떨어졌습니다. 95년 부산 시장 선거 또 떨어졌습니다. 그리고 96년 종로에 도전했다가 또 떨어졌습니다. 그러고 나서 98년 7월 21일 종로보궐선거에서 제가 다시 국회의원에 당선됐습니다. 정말 귀한 배지였습니다. 6년의 공백을 뛰어넘어서 다시 반쪽짜리 국회의원에 제가 당선된 것입니다. 이 자리에 계신 우리 종로 많은 당원 동지 여러분들의 지원에 힘입어서 여러분들의 노고로 제가 국회의원에 당선된 것입니다. 종로에서 국회의원에 당선됐으면 종로를 위해서 일해야지요. 국회의원 수첩 딱 끄집어내면 맨 첫 번째 사진이 올라오는 그 영광된 자리에서 기분도 좀 내야지요. 종로 국회의원, 즐겨야 합니다. 그러나 저는 6개월도 되지 않아서 다시 부산에 가서 선거를 치르겠다고 선언을 하고 부산으로 내려갔습니다. 정말 걱정했습니다. 종로에서 저를 지지해 주었던 많은 유권자들이 유권자를 배신한 거 아니냐라고 손가락질을 할까봐 정말 가슴 졸였습니다. 그러나 정말 고맙게도 종로의 많은 유권자들은 당신 뜻을 알겠다, 가 봐라. 그런데 되겠냐? 해 봅니다. 그렇게 해서 부산에서 1년 반 가까이를 뛰었습니다. 모두들 제가 당선된다고 했습니다. 모든 여론조사에서 제 당선을 점쳤고 부산에서 정치 평론을 한다는 모든 사람들은 이번에는 노무현 된다 했습니다. 그러나 작년 4월 13일 저녁 부재자 투표를 깨고 지역 투표함을 열자마자 이미 대세는 결정됐습니다. 노무현의 패배였습니다.

이 마음을 달랠 방법이 없습니다. 울어야 합니까? 통곡을 해야 합니까? 제 아내 보기 미안해서도 할 수 없는 일이었습니다. 마음을 달래기 위해서 책 하나를 꺼냈습니다. 세계를 움직인 명연설집. 거기 링컨 대통령이 두 번째 대통령으로 당선되어서 취임사로 했던 연설문을 제가 읽었습니다. 두 번 세 번 읽었습니다. 그러면서 정말 저는 가슴 뭉클한 감동을 느꼈습니다. 4년 동안 그 지루하고 힘든 전쟁을 이제 거의 마무리지어 가는 마당에 거의 승리로 마무리지어 가는 마당에 두 번째 대통령에 당선된 링컨 대통령의 연설이라면 당연히, 이제 우리는 적을 섬멸하고 승리를 눈앞에 두고 있습니다. 우리는 정의가 이긴다는 것을 역사 앞에 증거하고 있습니다. 여러분 기뻐하십시오. 곧 전쟁은 끝날 것입니다. 그리고 우리는 승리할 것입니다. 이렇게 나가야 하는데, 이런 얘기는 한마디도 없습니다. 적도 없고 동지도 없고 승리도 없고 패배도 없고 정의도 없고 불의도 없는 연설문. 단지, 우리는 지난 4년 동안 전쟁에 시달렸습니다. 너무 오랫동안 남과 북이 함께 전쟁으로 고통받고 있습니다. 우리는 이 전쟁을 하루라도 빨리 끝내야 합니다. 우리는 같은 성경을 읽고 같은 하나님을 섬기면서 각기 하나님에게 상대방을 응징해 달라고 기도드렸습니다. 그러나 하나님은 그 어느 쪽의 기도도 들어주시지 않은 것 같습니다. 이제 우리는 서로 용서해야 합니다. 이제 우리는 이 전쟁이 끝나면 그동안에 쌓아 왔던 증오의 탑을 무너뜨리고 하나가 되어야 합니다. 서로를 끌어안아야 합니다. 어떻게 하나가 될 것인지를 함께 걱정해야 된다는 이런 얘기로 연설을 끝맺고 있습니다.

저는 그저 링컨을 노예해방을 시켰던 사람으로 단순하게 생각했습니다. 이 연설문에 나타난 그의 철학은 이미 그저 정치를 하는 정치인이 아니라 위대한 사상을 가진 사상가의 그것이었습니다. 미국의 역사가 이렇게 부러울 수가 없었습니다. 미국이 오늘날 세계에서 너무 힘자랑을 많이 하고 있어서 많은 사람들이 미국에 대해서 여러 가지 평가를 하고 있는 것은 사실입니다만, 그러나 저는 항상 정의의 깃발을 들고 또 그 정의의 편이 승리해 왔던 역사를 가지고 있는 이 미국의 역사에 대해서 정말 큰 부러움을 느꼈습니다. 우리도 링컨 같은 대통령 한번 왜 나올 수 없는가. 왜 정의의 깃발을 세워서 당당하게 승리하는 우리의 역사는 없는가. 해방이 된 우리 한국의 목표는 갈라진 나라가 아니라 하나로 합쳐진 통일된 자주독립국가 아니었겠습니까. 그리고 그 위에 민주주의가 꽃피는 그런 나라. 그러나 우리는 그렇게 하지 못했습니다.

민족정기를 바로 세우는 일도, 역사의 정통성을 바로 세우는 일도 우리는 하지 못했고, 좌우가 나누어서 싸우고 친일파들이 한국의 정치의 실권을 잡아서 그들에게 필요한 역사 이외의 모든 역사를 지워 버리는, 친일의 역사를, 그들의 역사를 우리는 감수해야 했지 않습니까. 왜 이 왜곡된 역사를 우리는 가지게 됐습니까. 분열 때문이었습니다. 해방 이후 민족해방운동 세력이 하나로 합치지 못했기 때문에 남한에서는 정치의 주도권을 일본에게 뺏기고 말았지 않습니까. 87년 6월항쟁에 우리 민중은 승리를 했습니다. 군사정권은 항복했습니다. 그러나 그 이후의 민주화 진행의 과정은 더디기 짝이 없고 혼란스럽기 짝이 없습니다. 개혁이 제대로 이루어지지 않고 엎치락뒤치락하면서 혼란을 더하고 그래서 많은 국민들은 지금 개혁 피로증에 빠져 있다고 해서 이제 개혁 자체를 싫어하는, 이제 개혁이라는 말을 꺼내기도 국민들 앞에 조심스러운 이런 상황이 되어 버렸습니다. 수십 년 군사독재 기간 동안 특권이 판치고 특혜가 판을 치고 부정과 부패, 부조리가 판을 치면서 성실하게 땀 흘려 일한 많은 사람들이 고통을 받아 왔다면 이제 민주정부가 출범한 새로운 시대에는 부정과 부패, 특권과 비리가 청산되고 깨끗한 사회, 투명한 사회, 그리고 보다 더 민주화된 사회, 중산층과 서민들이 역사의 주인으로 당당하게 발언하고 당당하게 대접받는 사회, 그리고 골고루 잘사는 새로운 사회를 건설해야 하지 않겠습니까.

지금 이 시기 개혁은 흔들리고 있습니다. 기득권 세력이 개혁을 흔들고 있습니다. 왜 이렇게 됐습니까. 왜 민주 세력이 흘금흘금 기득권 세력의 눈치를 살펴야 되는 상황에 도달했습니까.

분열 때문입니다. 김영삼 대통령, 그분은 정권을 잡았지만 그 기반의 절반은 수구세력입니다. 지역적으로 절반의 정권이었습니다. 김대중 대통령, 600년 만에 정권 교체를 이루어 냈지만 그러나 지지 기반에 있어서 지역적으로 절반의 정권이었습니다. 그들을 포섭하기 위해서, 포용하기 위해서 이것도 아닌 저것도 아닌 화합의 정책을 펼 수밖에 없었고 그것이 오늘 개혁의 방향을 이렇게 혼미스럽게 만들어 놓은 것이 아니겠습니까.

이제 1년 뒤에 우리는 다시 대통령 선거를 해야 합니다. 이 시기에 다시 동서 대결 구도로 선거를 치를 것입니까? 동서 대결 구도로 선거를 치르면 누가 이기더라도 절반밖에 지지를 받지 못하는 정권이 되고 말 것입니다. 이제 우리 한국의 역사를 바로잡고 동서를 하나로 화합하고 그리고 원칙이 바로 서는 사회, 신뢰가 존중받는 사회를 만들기 위해서는 반드시 이 지역 갈등과 분열을 극복해야 합니다.

내년 12월 대통령 선거를 치르고 개표하는 그날, 이제 영남에서도 호남에서도 그리고 이 서울에서도 다 함께 환호하고 박수 치는 그런 선거를 우리는 치러 내야 합니다.

제가 영남 사람으로서 호남 당에 있으므로 호남에서 나를 지지해 달라 저는 그렇게 얘기하지 않습니다. 나는 그저 영남이니까, 태생이 영남이니까, 이것저것 볼 것 없이 영남의 지역감정으로 나를 지지해 달라 이렇게 이야기하지 않습니다.

저는 90년 3당 통합 때 야당이 여당으로 가는 것은 정도가 아닐뿐더러 더 중요한 것은 이제 여당과 야당을 호남과 비호남으로 나누어 놓으면 영원히 정치는 정책의 대결이 아니라 지역 대결이 될 것이고 그렇게 되면 우리 정치는 망하고 말 것이다. 그래서 나는 3당 통합에 참가할 수 없다고 통합을 거부했습니다. 그리고 작은 민주당을 만들어서 영남 지역에서 무너진 야당을 다시 세우기 위해서 열심히 뛰었습니다. 성공하지 못했습니다. 성공하지 못한 대로 작은 당을 가지고 91년 연말에 우리는 평민당과 당을 하나로 합쳤습니다. 여당과 통합하는 것이 아니라 야당끼리 통합을 해야 그것이 진정한 통합인 것이지요. 그 통합한 이래, 그 통합에 책임을 지고 92년 부산에서 14대 총선에 출마했습니다. 물론 떨어졌습니다. 그러나 저는 민주당을 지켰습니다. 부산 시장 선거를 출마하려고 할 때 내 모든 친구들은 무소속으로 출마하라고 했습니다. 그러나 제가 민주당을 탈당하는 순간 부산 시장에 당선되더라도 그것이 무슨 의미가 있겠습니까. 우리 민주당이 영남에서도 지지받고 호남에서도 지지받는 전국적 정당이 됐을 때 그때 정치의 지역 구도는 우리가 극복할 수 있는 것이고 그래야 한국의 정치가 비로소 제자리에 갈 수 있다, 바로 설 수 있다, 그 목표 하나를 위해서 저는 또 도전하고 또 도전했습니다. 그리고 마침내 2000년에는 종로 지역구를 버리고 부산에 가서 다시 도전했습니다.

저는 한 번도 호남을 버린 일이 없습니다. 그러나 그렇다고 단 한 번도 내 고향 영남을 적대한 일도 없습니다. 끝까지 나는 고향에 신의를 지켰고 내 고향을 위해서 뛰었습니다. 나는 호남에서 그냥 인기 있는 정치인이 아니라 호남의 누구에게도 당당할 수 있고 호남의 누구에게도 신뢰받는 정치인입니다. 나는 비록 영남에서 당선될 만한 표를 받지 못했지만 영남의 누구도 저를 비난하지 못할 만큼 당당합니다. 그리고 영남에서 저를 찍지 않은 사람도 정치인으로서의 신뢰성에 대해선 저를 인정해 주고 있습니다.

감사합니다. 저는 할 수 있습니다. 저는 여러분의 도움으로 민주당의 대통령 후보가 될 것입니다. 그리고 그 누구도 해 보지 못했던 일을 해낼 것입니다. 호남에서도 지지받고 영남에서도 이회창 총재를 앞서는 지지를 받아 낼 것입니다. 그리고 민주당을 국민 정당, 전국 정당으로 만들어 낼 것입니다.

저는 민주당의 후보가 되는 순간 국민들에게 정계 재편을 제안할 것입니다. 지금의 이 정치 구도로서는 싸움밖에 할 것이 없습니다. 지역끼리 싸우니까 국회의원들도 국회에 가면 지역끼리 싸워야 합니다. 싸우지 않는 국회의원은 자기 고향에서 인기가 떨어집니다. 이 지역 구도를 가지고는 싸움밖에 할 수 없습니다. 정치가 제대로 되려면 지역 구도를 해체하고 이념과 정책에 의해서 당을 다시 만들어야 합니다.

가능합니다. 이것은 90년 3당 통합으로 붕괴된, 파괴된 한국의 정치 구도를 다시 재건하는 것입니다. 제대로 된 정치를 할 수 없는 이 왜곡된 정치 구도를 헐어 버리고 국민을 위해서 진정한 정치를 할 수 있는, 정책에 의해서 당당하게 경쟁하고 인물에 의해서 평가받는 정상적 정치를 만들어 가는 정계의 재편입니다. 따라서 이것은 역사의 순리에 맞습니다.

이 정계 개편은 옛날 권력이 하던 정계 개편과는 달리 뒷방에서 겁주고 돈 주고 쑥덕쑥덕하면서 밤중에 야반도주하듯이 보따리 싸 들고 이 당 저 당으로 도망가는 그와 같은 정계 개편이 아니라 당당하게 국민들에게 제안하고 국민들의 지지를 받고 그리고 그 국민들의 심판을 받아서 지역의 유권자들이 명령하는 대로 국회의원들이 당당히 자기가 가야 할 곳을 찾아가는 정정당당한 정계 개편이 될 것입니다.

실감이 안 나실지 모르지만 저는 가능하다고 굳게 믿고 있습니다. 지역 구도 속에서 97년 12월 많은 양심적인 정치인들이, 많은 개혁적인 정치인들이 어디로 갈 것이냐를 고민하고 있을 때 3김 청산이라는 말, 그 한마디 믿고 무슨 새로운 정치를 기대하면서 한나라당에 많은 사람들이 입당했습니다. 가 본 결과, 이것은 새로운 정치가 아니었다. 권위주의를 청산하자고 하는 것이 그들의 목표였는데 한나라당의 권위주의는 3김 뺨치는 권위주의다. 마음에 안 들면 다 잘라 버려.

많은 한나라당 의원들이 남북대화와 화해를 지지하는데 이회창 총재는 사사건건 남북대화를 반대하는 냉전주의를 가지고 있다. 가슴을 칠 일입니다. 한 달 하루라도 한나라당에서 정치를 이회창 총재와 함께한다는 것이 고통스러운 많은 개혁적 정치인들이 있습니다. 이들에게 명분과 기회가 주어지고 국민의 지지가 모아진다고 하면 왜 움직일 수 없겠습니까?

정계 개편 하면서 지방자치 선거 치르고, 정계 개편 완성하면서 대통령 선거 치르고, 2003년 2월 새 정부가 출범할 때에는 우리 민주당이 여대 국회로서 안정된 정치적 토대 위에서 이제 본격적인 개혁을 그리고 본격적인 남북대화를 진행해 나갈 수 있는 그런 정당으로 그런 정권으로 새롭게 출발하게 될 것입니다 여러분!

감사합니다. 노무현이가 말은 제법 잘하는데 진짜 정권 잡겠나 염려하시는 지지자 여러분들께 분명히 말씀드리겠습니다. 저, 성공할 수 있습니다. 저, 부산상고밖에 졸업하지 않았습니다. 그러나 사법시험에 합격했고, 그리고 변호사로서도 성공했고, 그리고 국회의원에 도전했고, 그리고 또 장관도 했습니다. 하는 것마다 저는 실패하지 않았습니다. 제가 하면 다 됩디다. 이번엔 대통령에 도전합니다. 해냅니다.

계보가 없지 않냐. 계보 정치의 시대는 물러가고 있습니다. 저는 계보보다 더 큰 것이 있었습니다. 93년 김대중 대통령께서 영국을 가시고 민주당이 이제 자기들의 힘으로 살아 나가야 할 때 저는 전당대회에 당당히 도전해서 최고위원에 선출됐고 그리고 다음 당내 경선, 또는 다음 선거를 위해서 저는 지방자치실무연구소를 만들었습니다. 앞으로의 시대는 계보 정치의 시대가 아니라, 앞으로의 시대는 중앙집권의 시대가 아니라 분권의 시대, 지방화의 시대로 간다. 이 지방화의 새로운 걸음을 한 발 앞서가는 사람이 많은 지방원들과 손을 잡을 수 있을 것이고, 그들과 뜻을 같이함으로써 비록 계보는 아니라도 비록 보스와 부하의 관계는 아니라도 정치적 동지가 될 수 있다, 이렇게 해서 연구소를 만들었는데, 그 연구소에 손님 많았습니다. 오늘도 여기 많이 왔습니다. 제 계보는 아니지만 정정당당한 원칙으로 정책을 앞세우고 옳은 일을 하면 동지는 모이게 되어 있습니다.

해낼 수 있습니다.

무게가 없지 않냐. 무게 좀 잡아 보겠습니다, 저도. 앞으로 머리가 좀 뻣뻣한 사람, 전두환 대통령처럼 머리를 깎을 순 없고, 저도 머리에 후카시 좀 넣겠습니다. 넣고 목에 힘 좀 주고, 배 좀 내밀고 힘 한번 줘 보겠습니다. 그러나 그런다고 무게가 잡히겠습니까. 잡히지 않습니다. 저는 그저 가난한 시골 농군의 아들로 태어나서 한 번도 도련님 대접받아 본 일 없고, 그저 그저 그렇고 그런 사람으로 자라서 변호사가 되고 난 뒤에도 이제는 좀 잘 먹고 잘살고 이제는 좀 잘 차리고 그야말로 본때 좀 나게 살고 싶었습니다만, 어떻게 바람이 잘못 불어 가지고 춥고 배고픈 사람들 무료 변론해 주고, 그 사람들 감옥 갔을 때 면회 다니고, 그리고 그 사람들 도와주다가 제가 감옥까지 한 번 가 버리고 이러다 보니까 품위 있고, 정말 근사하고 품위 있게 그리고 무게 잡히게 자신을 가꾸지 못했습니다만, 다행스럽게도 제가 여러분들께 소개한 링컨 대통령, 그는 대통령 당선될 때까지 연방 하원의원 경력 딱 2년밖에 없고 11년 동안 계속 떨어지고 놀다가 대통령에 당선됐는데, 이 양반이 빗질을 잘 못해서 항상 머리에 새집을 짓고 다니니까 사람들이 항상, 링컨을 비웃는 언론이 '빗질 좀 하고 다녀라' 그리고 별명이 시골 뜨기 대통령이었습니다만, 그러나 그는 세계 역사에 최고의 기록을 남기는 위대한 지도자가 되지 않았습니까. 저도 아직 별로 세련 되지 않고, 별로 광나지 않고, 별로 무게 안 잡히지만, 저도 이제 대통령 되면 링컨처럼 해낼 수 있습니다.

연설 좀 합시다. 연설 방해하는 박수는 사절합니다.

할 수 있습니다.

이제 민주주의 시대로 가고 있습니다. 국민이 주인인 시대로 가고 있습니다. 빌 클린턴의 외모에 무슨 힘이 들어가 있습디까. 영국의 토니 블레어 수상의 아랫배에 힘이 들어가 있습디까. 그들은 부드럽고 가볍고 그리고 쉽게 가까이할 수 있는 서민의 모습을 가지고 있습니다. 저는 그래서 여러분들께 새로운 대통령상을 하나 제시하려고 합니다. 친구 같은 대통령이 되겠습니다. 노무현 대통령은 친구 같은 대통령으로 여러분 가까이 새로운 서민의 시대를 여는 그런 대통령이 되려고 합니다.

공권력으로 강한 권력이 되는 것은 아닙니다. 낮은 사람, 겸손한 권력이 강한 권력을 만듭니다. 링컨 대통령이 그 어려운 정치적 상황을 헤쳐 내고 그 엄청난 반대와 비판을 제압하고 마침내 전쟁에 승리하고 노예를 해방할 수 있었던 그 힘은 신념이었습니다. 확고한 신념 그리고 용기 그리고 강한 실천력, 그것은 외모의 위엄에서부터 오는 것이 아니라, 함부로 뽑아 드는 공권력의 칼이 아니라, 강한 철학적 도덕적 신념과 그 신념을 지켜 낼 수 있는 용기와 결단, 그리고 추진력인 것입니다. 저도 할 수 있습니다. 저는 가볍지 않습니다. 많은 국회의원들이 금배지 하나를 위해서 이 당 저 당 줄을 바꾸었을 때 저는 금배지 무시하고 저 스스로 옳다고 생각하는 자리에 굳건히 버티고 서 있었습니다. 바위처럼, 태산처럼 제가 서 있어야 할 곳에 서 있었고 가야 할 길을 걸어갔습니다.

이제 제 얘기가 너무 길었다 싶습니다. 비전을 말씀드리겠습니다. 정의로운 사회, 그거 제가 한번 하겠습니다. 보통사람의 시대 그것도 제가 한번 하겠습니다. 세계화, 정보화, 김대중 대통령께서 열심히 하고 계십니다. 제가 그대로 인수하겠습니다. 어떻습니까. 남북대화에 성공하면 2020년 우리 한국에겐 1억에 가까운 내수시장이 열리고 7억에 가까운 동북아 시장이 열립니다. 그 동북아의 새로운 질서 속에서 우리는 평화와 번영을 구가하는 선진 국가가 될 것입니다. 그것을 김대중 대통령이 하고 계십니다. 그것 저 인수인계하겠습니다.

분쟁과 갈등이 있는 곳에, 분쟁과 갈등으로 국민들이 불안한 시기에 저는 그 분쟁의 현장에 가겠습니다. 현대자동차 그것 때문에 전 국민이 불안해할 때, 의약 분업 전 국민이 불안해할 때, 저는 현장에 나설 것입니다. 노사정위원회에 직접 임석하겠습니다. 우리 농민들의 문제를 어떻게 풀어야 할지 모두들 엄두를 내지 못하고 있는 이 시기, 저는 대통령이 되면 농민 대표들과 행정 부처와 학자들 함께 테이블에 앉아서 의논하고 토론해서 정책을 만들어 내겠습니다. 갈등이 있는 현장에 항상 가겠습니다.

시간이 있어야 갈 것 아닙니까? 대통령이 바쁜데. 1년 전에도 했고 올해도 하고 내년에도 해야 되고 우리가 일상적으로 집에 청소하듯이 조금씩 조금씩 개량해야 되는 일이라면 저는 모든 것을 총리에게 맡겨야 된다고 생각합니다. 대통령은 아직 과거에 주먹으로 해결하던 우리 사회의 많은 갈등 해소와 조정의 문제를 직접 관장해야 합니다. 국가의 전략 기획 업무를 직접 관장해야 된다고 생각합니다. 행정 개혁과 재정 개혁이라는 이 중요한 문제 그리고 전략적 사업 과제 이런 문제만 전념해야 된다고 생각합니다. 그래서 권력을 나누는 수직적 피라미드가 아니라 수평적 네트워크로서 상호의 토론과 협력을 통해서 민주적으로 문제를 풀어 가는 새로운 정치 모델을 한번 만들어 보이겠습니다.

열심히 해 보겠습니다. 정말 감사합니다. 이 지루하고 긴 얘기들을 귀담아 들어 주시고 또 중간중간 제게 격려의 박수를 주셔서 제가 얘기를 좀 길게 해 버렸습니다만, 지금까지 우리가 경험하지 않았던 새로운 정치의 시대, 새로운 시대로 우리는 넘어가야 합니다. 그 일을 제가 한번 해 보겠습니다. 노무현이는 어쩐지 불안하다 이렇게 얘기하는 분들이 있습니다. 그렇습니다. 모두들 그것을 당연한 것으로 수용하는 낡은 정치 행태에 대해서 저는 저항해 왔기 때문입니다.

대장이 가방 들고 54명 국회의원 거느리고 야당하다가 여당으로 가면 찍소리 하지 말고 따라가야 하는데 안 간다고 버티니까 이게 이상한 정치인이 된 것이지 제가 잘못한 게 뭐가 있습니까.

제가 새로운 것을 한 것입니다. 저는 지금까지 한 번도 어느 계보에 줄 서 본 일이 없습니다. 올바른 방향의 올바른 정치를 함께 하고 있을 때 저는 동지들과 함께했을 뿐입니다. 저보다 훌륭한 경험을 가진, 경륜을 가진 선배님들이 앞서서 정치를 이끌어 갈 때 저는 군말하지 않고 선배로 깍듯이 모시면서 정치를 배웠습니다. 제게 정말 감동을 주시고 정치를 제대로 배워 주신 우리 김원기 고문님, 이 자리에 계십니다. 박수 한번 주십시오. 저더러 가끔 독불장군이라고 하는 사람들이 있는데 제가 독불장군인지 아닌지 그건 우리 김원기 고문님에게 한번 물어보십시오. 김원기 고문님이 기라고 그러면 제가 독불장군이고 아니라고 그러면 제가 독불장군 아닙니다.

이제 낡은 생각을 바꿔야 됩니다.

가슴에 뭔가 답답함은 있는데요, 막혀서 더 이제 할 말이 없습니다. 하고 싶은 건 많지만 오늘 얘긴 여기서 마무리 짓도록 하겠습니다.

그동안 제가 여러 차례 대통령 후보 경선에 나서겠다고 그렇게 선언을 했는데 아직 공식이 아니라고 보는가 싶습니다. 그래서 오늘 공식 선언하냐고 자꾸 묻기에 공식 안 공식이 어디 있냐고 그랬더니, 공식으로 해야 신문에 써 준대요. 그래서 오늘 제 오늘 이 얘기를 대통령 후보 경선에 나서는 공식 선언으로 받아들여 주시기 바랍니다.

저는 우리 당의 당쇄신발전특별대책위원회에서 어떤 경기 규칙을 만들어 주더라도 저는 그 규칙을 받아들일 생각입니다. 저의 승리를 보장하는 것은 작은 규칙이 아니라 뜨거운 여러분의 가슴이라고 생각하기 때문에 설사 불리하든 유리하든 저는 그 규칙을 전부 수용하고 그리고 힘껏 싸울 것입니다. 그리고 반드시 승리할 것입니다. 만일 승리하지 못한다면 저는 또 깨끗이 승복할 것입니다. 그러나 분명히 여러분께 말씀드리고 싶은 것은 제가 승복하는 그런 일은 없을 것입니다. 이길 것이니까요.

도와주십시오. 이제 제 정당성을 여러 가지로 말씀드렸습니다만 아무리 제가 정치를 바르게 해 왔다 하더라도, 아무리 제가 통합을 위해서 노력했다 하더라도, 아무리 정도를 걸어왔다 하더라도, 아무리 새로운 미래를 만들어 나갈 비전을 가지고 있다 할지라도 이겨야 되는 거 아니겠습니까. 이겨야 됩니다. 저는 이길 수 있습니다.

제가 이기는 첫 번째 이유는 아까 말씀드린 대로 제가 후보가 되는 대로 정계를 재편해 버리고 이회창 후보는 영남 일부분에서 고립될 것이기 때문에 제가 이긴다는 것입니다. 두 번째로 이 서울과 경기 지역에서는 우리 당의 지지도가 아주 나쁘지 않을 때는 이회창 총재한테 항상 제가 앞섭니다. 수도권 경쟁력을 가지고 있습니다. 호남의 표와 영남의 표를 함께 받으면 그 누구보다도 많은 표를 제가 받게 되어 있기 때문에 저는 이깁니다.

그래서 승복할 생각이지만 승복하는 일은 절대 없을 것입니다. 함께합시다. 감사합니다. 열심히 하겠습니다.

2001년 12월. 대통령 선거를 1년 앞둔 시점. 노무현은 '낮은 사람, 겸손한 권력, 강한 나라'라는 슬로건을 내걸고 자신의 저서인 『노무현이 만난 링컨』 출판기념회를 연다. 링컨은 노무현이 존경하는 인물 가운데 한 사람이었으며 우연히도 자신과 공통점이 상당히 많았다. 그리고 이 자리에서 노무현은 16대 대통령에 도전할 것임을 공식 선언한다. 인터넷 공간에서 노무현의 명연설로 회자되고 있는 바로 그 연설이다. 노무현은 이 연설에서 600년 기회주의 역사를 청산해야 떳떳하게 정의를 이야기할 수 있는 새로운 역사를 만들 수 있다고 역설한다.

1995년 6월, 부산시장 선거 유세 중 지지자들과 함께 우산을 받쳐들고 기념 촬영하는 노무현

2 부

평 화 와
번 영 의

동 북 아
시 대

평화와 번영과 도약의 새 역사

2003. 2. 25. 제16대 대통령 취임사

존경하는 국민 여러분,

오늘 저는 대한민국의 제16대 대통령에 취임하기 위해 이 자리에 섰습니다. 국민 여러분의 위대한 선택으로, 저는 대한민국의 새 정부를 운영할 영광스러운 책임을 맡게 되었습니다. 국민 여러분께 뜨거운 감사를 올리면서, 이 벅찬 소명을 국민 여러분과 함께 완수해 나갈 것임을 약속드립니다.

아울러 이 자리에 참석해 주신 김대중 대통령을 비롯한 전임 대통령 여러분, 고이즈미 준이치로 일본 총리를 비롯한 세계 각국의 경축 사절과 내외 귀빈 여러분께도 심심한 감사를 드립니다.

특별히 이 자리를 빌려, 대구 지하철 참사 희생자 여러분의 명복을 빌면서, 유가족 여러분께도 깊은 위로의 말씀을 드립니다. 다시는 이런 불행이 되풀이되지 않게, 재난 관리 체계를 전면적으로 점검하고 획기적으로 개선해서 안전한 사회를 만들도록 최선을 다해 나가겠습니다.

국민 여러분,

우리의 역사는 도전과 극복의 연속이었습니다. 열강의 틈에 놓인 한반도에서 숱한 고난을 이겨내고, 반만년 동안 민족의 자존과 독자적 문화를 지켜 왔습니다. 해방 이후에는 분단과 전쟁과 가난을 딛고, 반세기만에 세계 열두 번째의 경제 강국을 건설했습니다.

우리는 농경시대에서 산업화를 거쳐서 지식정보화시대에 성공적으로 진입했습니다. 그러나 지금 우리는 다시 세계사적 전환점에 직면해 있습니다. 도약이냐 후퇴냐, 평화냐 긴장이냐의 갈림길에 서 있습니다.

세계의 안보 상황이 불안합니다. 이라크의 정세가 긴박합니다. 특히 북한의 핵 문제를 둘러싼 국제사회의 우려가 고조되고 있습니다. 이럴수록 우리는 평화를 지키고 더욱 굳건히 뿌리내리게 해야 합니다.

대외의 경제 환경도 어려워지고 있습니다. 선진국들은 끊임없이 새로운 영역을 개척하며 뻗어 가고 있습니다. 후발국들은 무섭게 추격해 오고 있습니다. 우리는 새로운 성장 동력과 발전 전략을 요구받고 있습니다.

우리 사회 내부에도 국가의 명운을 결정지을 많은 문제들이 가로놓여 있습니다. 이들 과제는 국민 여러분의 지혜와 결단을 기다리고 있습니다.

이 모든 도전을 극복해야 합니다. 우리는 해낼 수 있습니다. 우리 국민이 힘을 합치면 못 할 것이 없을 것입니다. 그런 저력으로 우리는 외환위기를 세계에서 가장 빨리 벗어났습니다. 지난해에는 월드컵 4강 신화를 창조했습니다. 대통령 선거의 전 과정을 통해서 참여 민주주의의 꽃을 활짝 피웠습니다.

존경하는 국민 여러분,

이제 우리의 미래는 한반도에 갇혀 있을 수만은 없습니다. 우리 앞에는 동북아 시대가 도래하고 있습니다. 근대 이후 세계의 변방에 머물던 동북아시아가, 이제 세계경제의 새로운 활력으로 떠오르고 있습니다. 21세기는 동북아 시대가 될 것이라는 세계 석학들의 예측이 착착 현실로 나타나고 있습니다. 동북아시아의 경제 규모는 지금 세계 5분의 1을 차지하고 있고 장차 3분의 1에 도달할 것이라고 합니다. 한·중·일 이 3국에만 유럽 인구의 네 배가 넘는 인구가 살고 있습니다.

우리 한반도는 동북아시아의 중심에 자리 잡고 있습니다. 한반도는 중국과 일본, 그리고 대륙과 해양을 연결하는 다리입니다. 이런 지정학적 위치가 지난날에는 우리에게 숱한 고통을 안겨 주었습니다. 그러나 오늘날에는 오히려 기회를 주고 있습니다. 21세기 동북아 시대의 중심적 역할을 우리에게 요구하고 있는 것입니다.

우리는 고급 두뇌와 창의력, 그리고 세계 일류의 정보화 기반을 갖추고 있습니다. 그리고 인천공항, 부산공항, 광양항과 고속철도 등 하늘과 바다와 땅의 물류 기반도 착착 구비해 가고 있습니다. 21세기 동북아 시대를 주도적으로 열어 갈 수 있는 기본적인 조건을 갖추어 가고 있습니다. 한반도는 동북아의 물류와 금융의 중심지로 거듭날 것입니다.

동북아 시대는 경제에서 먼저 출발할 것입니다. 동북아에 '번영의 공동체'를 이룩하고 이를 통해 세계의 번영에 기여해야 할 것입니다. 그리고 머지않아 '평화의 공동체'로 발전해 나갈 것입니다. 지금의 유럽연합과 같은 평화와 공생의 질서가 동북아에도 구축되게 하는 것이 저의 오랜 꿈입니다. 그렇게 되어야 동북아 시대는 완성됩니다. 그런 날이 가까워지도록 저는 혼신의 노력을 다할 것임을 굳게 약속드립니다.

　존경하는 국민 여러분,

　진정한 동북아 시대를 열자면 먼저 한반도에 평화가 제도적으로 정착되어야 합니다. 한반도가 지구상의 마지막 냉전지대로 남아 있는 것은 20세기의 불행한 유산입니다. 그런 한반도가 21세기에는 세계를 향해 평화의 신호를 발신하는 평화의 지대로 바뀌어야 합니다. 유라시아 대륙과 태평양을 잇는 동북아의 평화로운 관문으로 새롭게 태어나야 합니다. 부산에서 파리 행 기차표를 사서 평양, 신의주, 중국, 몽골, 러시아를 거쳐서 유럽의 한복판에 도착하는 날을 앞당겨야 합니다.

　이제까지 우리는 한반도의 평화를 증진시키기 위해서 많은 노력을 기울여 왔습니다. 그 성과는 괄목할 만합니다. 남북한 사이에 사람과 물자의 교류가 일상적인 일처럼 빈번해졌습니다. 하늘과 바다와 땅의 길이 모두 열리고 있습니다. 그러나 정책의 추진 과정에서는 더욱 광범위한 국민적 합의를 얻어야 한다는 과제를 남기고 있습니다. 저는 국민의정부가 이룩한 그동안의 성과를 계승하고 발전시키면서, 정책의 추진 방식은 개선해 나가고자 합니다.

　저는 한반도 평화의 증진과 공동의 번영을 목표로 하는 평화와 번영의 정책을, 몇 가지 원칙을 가지고 추진해 나가겠습니다.

　첫째, 모든 현안은 대화를 통해서 풀어 나가도록 하겠습니다.

　둘째, 상호 신뢰를 우선하고 호혜주의를 실천해 나가겠습니다.

　셋째, 남북 간 당사자 원칙에 기초해서 원활한 국제 협력을 추구해 나가겠습니다.

　넷째, 대내외적으로 투명성을 높이고 국민 참여를 확대하며 초당적인 협력을 얻겠습니다. 국민과 함께하는 평화 번영 정책이 뇌도록 노력해 나가겠습니다.

북한의 핵무기 개발 의혹은 한반도를 비롯한 동북아와 세계의 평화에 중대한 위협이 되고 있습니다. 북한의 핵 개발은 결코 용인될 수 없습니다. 북한은 핵 개발을 포기해야 합니다. 북한이 핵 개발 계획을 포기한다면, 우리와 국제사회는 북한이 원하는 많은 것을 제공할 수 있을 것입니다. 북한은 핵무기를 보유할 것인지, 아니면 체제 안전과 경제 지원을 약속받을 것인지를 선택해야 할 것입니다.

아울러서 저는 북한의 핵 문제가 대화를 통해서 평화적으로 해결되어야 한다는 점을 거듭 강조하고자 합니다. 어떤 형태로든 군사적 긴장이 고조되어서는 안 됩니다. 북한 핵 문제가 대화를 통해 해결되도록, 우리는 미국 일본과의 공조를 강화해 나갈 것입니다. 그리고 중국, 러시아, 유럽연합 등과도 긴밀하게 협력해 나가겠습니다.

올해는 한미동맹 50주년입니다. 한미동맹은 우리의 안전보장과 경제발전에 크게 기여해 왔습니다. 우리 국민은 이에 대해서 깊이 감사하고 있습니다. 우리는 한미동맹을 소중하게 발전시켜 나갈 것입니다. 호혜와 평등의 관계로 더욱 성숙시켜 나갈 것입니다. 전통 우방을 비롯한 다른 국가들과의 관계도 확대해 나가겠습니다.

존경하는 국민 여러분,

동북아 시대를 열고, 한반도에 평화를 정착시키려면, 먼저 우리 사회가 건강하고 미래지향적이어야 합니다. 그리고 힘과 비전을 함께 가져야 합니다. 그러자면 개혁과 통합을 위한 지속적 노력이 필요합니다. 개혁은 성장의 동력이고, 통합은 도약의 디딤돌입니다.

새 정부는 개혁과 통합을 바탕으로, 국민과 함께하는 민주주의, 더불어 사는 균형발전 사회, 평화와 번영의 동북아 시대를 열어 나갈 것입니다. 이러한 목표로 가기 위해서 저는 원칙과 신뢰, 공정과 투명, 대화와 타협, 분권과 자율을 새 정부의 국정 운영의 원리로 삼고자 합니다.

우리는 각 분야의 성장 동력을 창출해야 합니다. 외환위기를 초래했던 제반 요인들은 아직도 극복해야 할 과제로 남아 있습니다. 시장과 제도를 세계 기준에 맞게 공정하고 투명하게 개혁해서 기업하기 좋은 나라 그리고 투자하고 싶은 나라로 만들어 나갈 것입니다.

그러자면 먼저 정치부터 바뀌어야 합니다. 진정으로 국민이 주인인 정치가 구현되어야 합니다. 당리당략보다는 국리와 민복을 우선하는 정치 풍토가 조성되어야 할 것입니다. 대결과 갈등이 아니라 대화와 타협으로 문제를 풀어 가는 정치 문화가 자리 잡았으면 합니다. 저부터 야당과 대화하고 타협해 나가겠습니다.

과학기술을 부단히 혁신해서 '제2의 과학기술 입국'을 이루어 나가겠습니다. 지식정보화 기반을 지속적으로 확충하고 신산업을 육성하고자 합니다. 문화를 함양하고 문화산업의 발전도 적극 지원하겠습니다.

이러한 국가 목표에 부응할 수 있도록 교육도 혁신되어야 합니다. 우리 아이들이 입시지옥에서 벗어나서 저마다의 소질과 창의력을 마음껏 발휘할 수 있도록 해 주어야 합니다.

경제의 지속적 성장을 위해서도, 그리고 사회의 건강을 위해서도 부정부패는 반드시 없애야 합니다. 이를 위한 구조적 제도적 대안을 모색하겠습니다. 특히 사회 지도층의 뼈를 깎는 성찰을 요망

합니다.

지나친 중앙집권과 수도권 집중은 국가의 미래를 위해 더 이상 방치할 수 없습니다. 지방분권과 국가 균형발전은 더이상 미룰 수 없는 과제입니다. 중앙과 지방은 조화와 균형을 이루면서 발전해 가야 합니다. 지방은 자신의 미래를 스스로 설계하고, 중앙은 이를 도와줘야 합니다. 저는 비상한 결의로써 이를 추진해 나갈 것입니다.

국민 통합은 이 시대의 가장 중요한 숙제입니다. 지역 구도를 완화하기 위해서 새 정부는 지역 간 탕평 인사를 포함한 가능한 모든 조치를 취해 나갈 것입니다. 소득격차를 비롯한 계층 간 격차를 좁히기 위해 교육과 세제 등의 개선도 강구하고자 합니다. 노사 간 화합과 협력의 문화를 이루도록 노·사 여러분과 함께 최선을 다하겠습니다.

노약자를 비롯한 소외받는 사람들에게 더 많은 관심을 기울이는 따뜻한 사회를 만들어야 합니다. 이를 위해 복지정책을 내실화하겠습니다. 모든 종류의 불합리한 차별을 없애 나가겠습니다. 양성평등사회를 만들겠습니다. 개방화 시대를 맞아서 농어업과 농어민을 위한 대책을 강구하겠습니다. 고령사회의 도래에 대한 준비에도 소홀함이 없도록 하겠습니다.

반칙과 특권이 용납되는 시대는 이제 끝내야 합니다. 정의가 패배하고 기회주의가 득세하는 굴절된 풍토는 반드시 청산되어야 합니다. 원칙을 바로 세워 신뢰 사회를 만듭시다. 정정당당하게 노력하는 사람이 성공하는 사회로 나아갑시다. 정직하고 성실한 대다수 국민이 보람을 느끼게 해 드려야 합니다.

존경하는 국민 여러분,

오랜 세월 동안 우리는 변방의 역사를 살아왔습니다. 때로는 자신의 운명을 스스로 결정하지 못하는 의존의 역사를 강요받기도 했습니다. 그러나 이제 우리는 새로운 전기를 맞이하고 있습니다. 21세기 동북아 시대의 중심 국가로 웅비할 기회를 맞이하고 있습니다. 우리는 이 기회를 살려 나가야 합니다.

우리에게는 수많은 도전을 극복한 역량이 있습니다. 그리고 위기마저도 기회로 만들어 낸 지혜가 있습니다. 이 지혜와 이 저력으로 오늘 우리에게 닥친 도전을 극복해 나갑시다. 오늘 우리가 선조들을 기리는 것처럼, 먼 훗날 후손들이 오늘의 우리를 자랑스러운 조상으로 기억하게 합시다.

우리는 마음만 합치면 기적을 이루어 내는 국민입니다. 우리 모두 마음을 모읍시다. 평화와 번영과 도약의 새 역사를 만드는 이 위대한 도정에 모두 함께 동참합시다.

존경하는 국민 여러분,

항상 국민 여러분과 함께하겠습니다. 그리고 제 모든 것을 국가와 민족 여러분 앞에 바칠 것을 굳게 맹세합니다.

2002년 16대 대통령 선거는 한 편의 드라마였다. 그 중심에 승부사 노무현의 원칙과 소신이 있었다. 지지도의 추락, 후단협(후보단일화협의회) 사태, 정몽준 후보와의 단일화, 그리고 공조 파기에 이르기까지 파란을 겪으면서도 그는 원칙과 소신을 지켜 마침내 대통령에 당선된다. 곧바로 인수위원회와 함께 취임사준비위원회가 꾸려지고, 노무현 당선자는 취임사준비위원회에 수차례 참석하여 자신의 비전과 철학을 공유한다. 그리고 2개월여에 걸친 준비 작업 끝에 취임사 원고가 마련된다. '평화와 번영의 동북아 시대'라는 그의 비전을 고스란히 담아낸 이 원고를 대통령 노무현은 한 글자도 수정하지 않고 취임식에서 낭독한다.

2003년 2월 25일, 제16대 대통령 취임식

마음에 가진 담장을 허물고
화해와 협력의 시대로

2003. 6. 9. 일본 국회 연설

존경하는 와타누키 다미스케 중의원 의장, 구라타 히로유키 참의원 의장, 그리고 중의원과 참의원의 의원 여러분,

일본의 민주주의와 평화 수호의 전당인 이곳 국회의사당에 서게 된 것을 매우 영광스럽게 생각합니다. 따뜻하게 환영해 주신 의원 여러분께 진심으로 감사드립니다. 일본 국민과 각계의 지도자 여러분들께도 깊은 감사의 말씀을 드립니다.

나는 제2차 세계대전이 끝난 이듬해에 태어났습니다. 이른바 '전후(戰後) 세대'입니다. 그리고 일본에서 가장 가까운 부산에서, 일본의 민주주의와 경제발전을 이룩해 오는 과정을 인상 깊게 지켜보면서 성장했습니다.

일본과 한일 관계는 나에게 항상 중요한 관심사였습니다. 한국과 일본은 민주주의와 시장경제, 그리고 평화라는 기본 가치를 공유해 왔고, 지리적 문화적으로도 매우 가까이 있습니다. 나는 늘 마음속에 우리 두 나라가 동북아시아의 평화와 번영을 위해서 함께 손잡고 나아가는 시대를 그려 왔습니다.

존경하는 의원 여러분,

이제 그러한 시대가 다가오고 있습니다.

나의 일본 방문이 결정되었을 때 많은 사람들이 제게 물었습니다. "과거사 문제를 어떻게 말할 것이냐" 하는 것이었습니다. 우리 모두는 이 문제가 얼마나 중요한 문제인지 잘 알고 있습니다. 그러나 오늘 나는 이것을 넘어서는 말씀을 드리고자 합니다. 그것은 우리의 미래에 대한 이야기입니다. 우리의 아이들이 살아갈 30년, 50년 후의 동북아 질서에 관한 비전입니다.

나는 한일 양국 국민이 마음을 활짝 열고 진정한 화해와 협력의 시대를 열어 나가는 데 기여하고 싶습니다. 양 국민이 과거사의 그늘에서 완전히 벗어나, 스스럼없이 교류하며 서로 돕는 시대가 하루속히 열리기를 진심으로 바랍니다. 이것이 이 시대의 양국 지도자들이 함께 풀어 가야 할 최우선의 과제이자 책무라고 생각합니다.

1965년 국교정상화 이래 우리 양국의 선배 지도자들은 이를 위해서 부단히 노력해 왔습니다. 1998년에는 양국 정부가 '21세기 새로운 한일 동반자 관계'를 구축해 나가기로 약속했습니다. 그리고 이번에 나와 고이즈미 총리는 동북아시아의 평화와 번영을 위해서 양국이 함께 협력해 나갈 것을 다짐했습니다. 참으로 뜻 깊은 합의였다고 생각합니다.

이 시간 나는 의원 여러분께 오늘과 내일의 한국, 그리고 한일 관계의 미래에 대한 희망과 포부를 말씀드리고자 합니다.

존경하는 의원 여러분,

5년 전 한국은 심각한 외환위기를 겪었습니다. 그때까지 매진해 온 물질적이고 양적인 성장이 한계에 부닥쳤던 것입니다. 극심한 고통이 뒤따랐습니다. 그러나 한국 국민들은 위기를 기회로 만들어 내기 위해서 험난한 개혁의 길을 선택했습니다. 온 국민이 함께 고통을 감내하며 경제 전반의 구조 개혁을 단행했습니다.

위기는 빠르게 극복되었습니다. 경제의 체질이 강화되었고 투명성도 높아졌습니다. 전국적인 정보화 기반이 구축되고 IT산업이 비약적으로 성장했습니다. 우리가 위기를 극복하는 과정에서 일본을 비롯한 국제사회의 도움이 매우 컸습니다. 지금도 우리 국민들은 이를 감사하게 생각하고 있습니다.

이제 한국은 새로운 변화를 추구하고 있습니다. '양적인 성장'의 한계를 넘어서 '질적인 성장'으로의 변화를 시작했습니다. 의미 있는 많은 변화들이 급속하게 이루어지고 있습니다. 무엇보다 두드러진 것은 국민들의 적극적인 참여가 활성화되고 있다는 것입니다. 정치와 경제, 사회는 물론, 외교와 안보 문제에 이르기까지 역동적인 참여의 문화가 뿌리내리고 있습니다.

지난 2월 출범한 한국의 '참여정부'는 이러한 시대적 흐름 속에서 탄생했습니다. '참여정부'의 출범은 한국민들이 오랫동안 갈망해 온 새로운 변화를 상징하고 있습니다. 그것은 원칙과 신뢰가 지켜지는 사회, 자유롭고 공정한 경쟁이 보장되는 나라, 국민이 진정한 나라의 주인으로 대접받는 정부입니다.

나는 가난한 농부의 자식으로서 넉넉지 못한 환경에서 자랐습니다. 독학으로 사법시험에 도전했고, 판사로서, 또 변호사로서 활동하다가 정치에 입문했습니다. 인권과 민주주의를 위해서 싸웠고, 또 고초를 당하기도 했습니다. 지역주의를 거부하며 원칙 없는 대립의 정치에 항거하다가 선거에 여러 차례 낙선하는 아픔도 겪었습니다. 그러나 나는 끝까지 원칙과 신념을 지켜 왔습니다.

나는 국정의 원리로서 '원칙과 신뢰', '공정과 투명', '대화와 타협', 그리고 '분권과 자율', 이 네 가지를 강조하고 있습니다. 국민들의 참여를 통해서 더욱 성숙한 민주주의와 역동적인 국가 발전을 이룩해 나갈 것입니다.

존경하는 의원 여러분,

일본은 일찍이 서구 문물을 받아들여서 아시아에서는 가장 먼저 근대국가를 수립했습니다. 한때는 제국주의의 길을 걸으며 한국을 비롯한 아시아 국가들에게 큰 고통을 주기도 했습니다. 그러나 전후의 일본은 경이적인 경제발전과 민주주의를 성취했고, 세계인들이 부러워하는 나라가 되었습니다. 또한, 일본은 확고한 '비핵(非核) 3원칙'과 평화주의를 유지해 왔습니다. 세계 1위의 대외 원조국으로서 국제적인 신뢰와 평판을 쌓아 왔습니다.

나는 땀과 지혜로써 오늘의 일본을 이룩해 낸 일본 국민들과 지도자들에 대해서 깊은 존경심을 가지고 있습니다.

그러나 불행했던 과거사를 상기시키는 움직임이 일본에서 나올 때마다 한국을 포함한 아시아 각국의 국민들은 민감한 반응을 보여 왔습니다. 방위안보법제와 평화헌법 개정에 관한 논의에 대해서도 의혹과 불안의 눈으로 지켜보고 있습니다. 이와 같은 불안과 의혹이 전혀 근거 없는 것이 아니라면 또는 과거에 얽매인 감정에만 근거하고 있는 것이 아니라면 일본은 아직까지 풀어야 할 과거의 숙제를 다 풀지 못하고 있다는 것을 의미하는 것이기도 합니다.

이제 2년 후면, 한일 국교정상화 40돌을 맞게 됩니다. 그때까지도 우리 두 나라 국민들이 완전한 화해와 협력에 이르지 못한다면, 양국의 지도자들은 역사 앞에 부끄러움을 면하기 어려울 것입니다.

나는 오늘 의원 여러분과 각계의 지도자들에게 '용기 있는 지도력'을 정중히 호소하고자 합니다. 과거는 과거대로 직시해야 합니다. 솔직한 자기반성을 토대로 상대방을 이해하고 평가하도록 국민들을 설득해 나가야 합니다. 진실을 말하는 것이야말로 진정한 지도자의 용기라고 생각합니다.

지난해 양국은 '한일 역사 공동연구위원회'를 구성했습니다. '과거의 역사는 있는 그대로 인식하자'는 98년 양국 정상의 합의 정신에 부합하는 바람직한 결과가 도출되기를 바랍니다.

그리고 이제 미래를 이야기합시다. 서로의 국민들에게 진실된 마음으로 미래를 위한 협력의 새 길을 제시합시다. 한일 관계의 미래는 양국이 어떠한 목표와 비전을 공유하느냐에 달려 있다고 생각합니다. 나는 그 공동의 목표로서, 양국이 함께 '21세기 새로운 동북아 시대'를 열어 나갈 것을 제안합니다. 일본의 청소년들이 도쿄에서 기차를 타고 부산과 서울을 거쳐서 베이징까지 수학여행을 다녀오는 것은 결코 먼 미래의 꿈만은 아닐 것입니다.

유럽의 각국들은 이미 반세기 전에 미래를 위한 공동의 목표를 설정했습니다. 1957년에는 유럽경제공동체(EEC)를 출범시켰습니다. 오늘날 유럽은 단일시장, 단일통화까지 실현했고, 국민들 간의 마음의 벽은 허물어졌습니다.

한일 두 나라가 뜻을 함께하면, 동북아시아에서도 이러한 협력의 미래는 얼마든지 가능할 것입니다. 동북아시아의 경제 규모는 이미 전 세계의 5분의 1을 넘어서고 있고 십 수 년 내로 3분의 1에 들어갈 것입니다. 인구는 유럽의 4배에 이르고 있습니다. 여기에다 세계에서 가장 역동적으로 성장하는 시장과 무한한 성장 잠재력을 갖추고 있습니다.

그러나 이 지역 내에는 아직도 불신의 요소가 완전히 청산되지 않고 있습니다. 경제발전의 격차도 있고, 세계적인 지역 통합 추세에도 크게 뒤떨어져 있습니다.

따라서 21세기의 새로운 동북아 시대를 실현해 나가려면 누군가가 먼저 나서야 합니다. 바로 한국과 일본입니다. 무엇보다 한일 양국은 민주주의의 전통과 시장경제의 경험을 공유해 왔기 때문입니다.

나는 '평화와 번영의 동북아 시대'야말로 양국의 지도자들이 국민들에게 이야기해야 할 한일 공동의 미래라고 확신합니다. 다시 한번 의원 여러분과 각계 지도자들께서 큰 지도력을 발휘해 주실 것을 간곡히 당부합니다.

존경하는 의원 여러분,

한국은 지금 동북아 시대의 도래에 대비하여 착실한 준비를 갖추어 나가고 있습니다.

'참여정부'의 정책 구상은 한국을 '동북아 평화와 협력의 허브(Hub)'로 만들어 나간다는 것입니다. 유라시아대륙에서 태평양으로, 또 태평양에서 대륙으로, 사람과 물자, 자본과 기술, 정보와 문화가 자유롭게 통과하고 머물 수 있는 선진 시스템을 구축하고자 합니다.

또한 한국은 지속적인 시장개혁을 추진하고 있습니다. 경제 시스템 전체를 '글로벌 스탠더드'에 부합하도록 개혁해 나가고 있습니다. 투명하고 공정한 경쟁의 장을 마련하고, 내국인과 외국인의 차별이 없는 열린 시장을 실현하고자 합니다.

이러한 노력들이 성공을 거두면, 한국은 동북아시아인들이 함께 어우러질 수 있는 '공동 번영의 다리'가 될 것입니다.

존경하는 의장, 그리고 의원 여러분,

'평화와 번영의 동북아 시대'를 열어 나가기 위해서는 먼저 해결해야 할 과제가 있습니다. 그것은 한반도에 평화를 정착시키는 일입니다.

평화가 없이는 아무 것도 이루어질 수가 없습니다. 모든 것은 평화로부터 시작되어야 한다는 것이 나의 신념입니다. 한국의 참여정부는 '평화 번영의 정책'을 추진하고 있습니다. 남북한의 공존과 공영을 구사하면서 한반도의 평화와 안정을 제도화하려는 것입니다. 이것은 곧 동북아시아에서 평화와 번영의 시대를 구현할 수 있는 토대를 마련하는 일이기도 합니다.

우리는 남북한 간의 화해 협력의 기조를 계속 유지하고 발전시켜 나갈 것입니다. 대북정책은 투명하게 추진될 것이며, 일본과 미국을 비롯한 우방국들과의 협조도 일관되게 유지해 나갈 것입니다.

우리는 북한의 핵 보유를 결코 용인하지 않을 것입니다. 동시에 이 문제는 대화를 통해 평화적으로 해결되어야 합니다. 한반도에 긴장이 조성될 경우, 그것은 우리 한반도뿐만 아니라 동북아시아 전체의 평화와 안정을 깨뜨리게 될 것입니다. 한국과 일본 모두 지난 세기에 전쟁의 참화를 경험했습니다. 그 상처는 아직도 완전히 치유되지는 않았습니다. 한반도와 동북아의 갈등과 긴장의 고조는 우리 모두의 불행입니다. 이것이 바로 우리가 북핵 문제를 평화적으로 해결해 나가야 하는 절박한 이유인 것입니다.

지난 4월 베이징에서 북한의 핵 문제를 평화적으로 해결하기 위한 첫 번째의 대화가 있었습니다. 나는 이 문제가 하루 이틀에 해결될 것으로 기대하지는 않습니다. 대화의 모멘텀을 살려 나가야 합니다. 대화를 통해서 신뢰가 쌓이면 평화적인 문제 해결의 길이 열릴 것입니다.

그동안 일본 정부는 한반도의 평화와 북한 핵 문제의 평화적 해결을 위해서 적극적인 역할을 해 주셨습니다. 특히 작년 9월 고이즈미 총리께서 북한을 방문하여 '평양선언'을 채택한 것은 매우 의미 있는 결단이었다고 평가합니다.

존경하는 의원 여러분,

나는 일본인 납치 문제로 인해서 일본 국민들이 받고 있는 충격과 고통을 잘 이해하고 있습니다. 또, 일본이 북한의 핵과 미사일 문제를 크게 우려하고 있는 데 대해서도 공감합니다. 앞으로 이 문제가 해소되고 일·북 관계가 개선된다면, 북한의 개방 촉진과 한반도 평화에도 크게 기여할 것입니다.

나는 북한이 국제사회의 책임 있는 일원으로 나아올 수 있도록 한일 양국이 더욱 긴밀하게 협력해 나가기를 희망합니다. 일본 정부와 의회의 적극적인 역할을 기대합니다.

이제 북한은 핵을 포기하고 개방과 공생의 길로 나와야 합니다. 북한이 그 길을 선택할 때 한국과 일본을 비롯한 국제사회는 필요한 지원을 아끼지 않을 것이라고 생각합니다.

의원 여러분께서는 한미 동맹관계의 장래에 대해서도 관심이 많으신 것으로 들었습니다. 한미 동맹은 공고하게 유지될 것입니다. 나와 부시 미국 대통령은 지난달 가진 정상회담에서 한미 동맹을 더욱 확고히 발전시켜 나가기로 합의했습니다.

지금 한·일·미 3국은 한반도와 동북아시아의 평화를 위해서 긴밀하고 적극적인 공조를 유지해 나가고 있습니다. 앞으로도 이러한 협력은 변함없이 지속될 것입니다.

존경하는 의원 여러분,

한일 두 나라가 공동의 미래를 위한 희망의 씨앗을 뿌릴 토양은 이미 마련되어 있습니다.

지난해 우리 두 나라는 월드컵의 대성공을 함께 이루어 냈습니다. 서울과 도쿄의 거리에 쏟아져 나온 젊은이들은 서로를 응원하고 격려했습니다. 또, 양국에서는 '한일 국민 교류의 해'를 기념하는 100여 개의 행사가 열렸습니다. 한일 관계 발전의 밝은 내일을 보여 주는 뚜렷한 증거들입니다.

양국의 경제 교류와 인적 교류도 떼려야 뗄 수 없는 단계에 와 있습니다. 여러분도 잘 아시는 대로, 한국과 일본은 서로에게 너무도 중요한 교역의 상대국이자 투자의 파트너입니다. 두 나라를 왕래하는 사람은 이제 하루에 1만 명을 넘어섰습니다. 해외로 여행하는 한국민들의 거의 절반이 일본을 찾고 있습니다. 또, 일본 국민들이 두 번째로 많이 방문하는 나라가 우리 한국입니다. 양국 간에는 매일 50여 회의 항공편이 날고 있지만, 이것도 부족한 형편입니다. 세계적으로도 보기 드문 활발한 교류입니다. 앞으로 빠른 시일 안에 서울과 도쿄를 잇는 셔틀 항공편이 개설되고, 한일 양국을 비자 없이 자유롭게 왕래하게 되기를 기대합니다.

나는 자연스러운 문화 교류가 두 나라 국민 간의 이해를 높이는 데 매우 유익하다고 생각합니다. 일본 대중문화의 추가적인 개방 조치를 적극 검토해 나갈 것입니다. 또한, 젊은 세대들 간의 대화와 교류를 더욱 증진시켜 나가겠습니다. 한일 자유무역협정(FTA)의 성공적 추진을 위해서도 양국이 함께 노력해 가기를 희망합니다.

끝으로, 의원 여러분께 한 가지 부탁의 말씀을 드리고자 합니다.

60만 재일 한국인들은 그동안 일본에서 지역사회와 한일 관계의 발전을 위해서 많은 기여를 해 왔습니다. 나는 그분들이 일본 사회의 구성원으로서 더욱 적극적으로 공헌할 수 있게 되기를 충심으로 기대합니다. 그분들에게 여러분께서 논의해 오신 지방참정권이 부여된다면, 한일 관계의 미래에 큰 도움이 될 것입니다.

존경하는 의장, 그리고 의원 여러분,

일본 속담에 "아이들은 부모의 등을 보며 자란다"는 말이 있습니다. 부모가 살아가는 모습이야말로 자라나는 세대에게 가장 귀한 가르침이 된다는 뜻이라고 이해하고 있습니다. 우리는 이 아이들에게 어떤 등, 어떤 모습을 보여 주어야 하겠습니까.

우리 모두 마음에 가지고 있는 담장을 허물어 내십시다. 진정한 화해와 협력의 시대를 열어 나가십시다. 그래서 우리의 후손들에게 더욱 멋지고 밝은 미래를 물려줍시다. 우리가 굳게 손잡고 나아갈 때, 미래는 우리의 것이 될 것입니다.

경청해 주셔서 감사합니다.

2003년 6월 대통령 노무현은 일본을 방문하여 국회에서 연설한다. 한일 정상회담을 위해 대통령이 출국하는 날, 일본에서는 전수방위 원칙을 폐기하는 유사법제를 통과시키는 등 상황은 좋지 않았다. 그러나 대통령 노무현은 평화와 번영의 동북아 시대를 위해 미래지향적인 열린 자세로 일본의 지도자들을 설득하기 위해 노력한다. 이 연설을 통해 대통령 노무현은 일본의 지도자들에게 '용기 있는 지도력'을 호소한다. 그리고 '진실을 말하는 것이야말로 진정한 지도자의 용기'임을 역설한다.

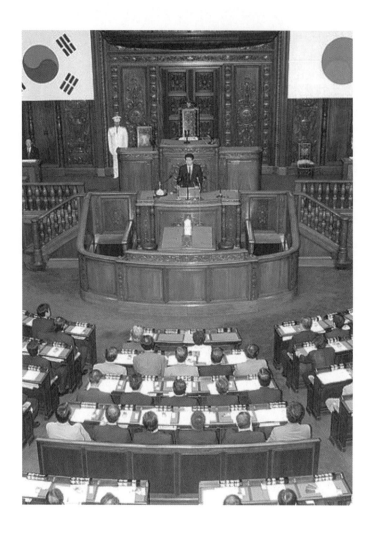

2003년 6월 9일, 대통령 노무현은 일본 국회 본회의장에서 중의원과 참의원 의원 700여 명이 참석한 가운데 한일 관계의 미래에 대해 연설했다.

스스로의 국방력으로
나라를 지키는 자주독립국가

2003. 8. 15. 제58주년 광복절 경축사

존경하는 국민 여러분,

그리고 해외동포 여러분,

오늘은 참으로 뜻 깊은 날입니다. 58년 전 오늘, 우리의 아버지 어머니 들은 일본 제국주의의 압제에서 해방되었습니다. 빼앗겼던 나라와 자유를 되찾은 것입니다. 그로부터 3년 후에는 민주공화국을 세웠습니다. 바로 국민이 주인이 되는 나라를 건설한 것입니다.

그리고 지금 우리는 이러한 해방과 건국의 역사 위에서, 자유를 누리며 새로운 미래를 준비하고 있습니다. 참으로 감격스러운 일이 아닐 수 없습니다.

우리 국민들은 자자손손 영원히 이날을 기념할 것입니다. 당시, 간교하고 무자비한 탄압에 온 세상이 숨을 죽였고, 믿었던 동지들마저 엄청난 무력과 경제력에 놀라서 희망을 버리고 일제에 빌붙어 버렸습니다. 그런 절망적인 상황에서도 오로지 역사와 대의에 대한 믿음 하나로 목숨을 바쳐 싸워 오신 애국선열들의 숭고한 헌신을 우리는 영원히 잊지 않을 것입니다.

나라를 사랑하는 국민 여러분,

국민 여러분은 단지 오늘을 기념만 하고 넘어가지는 않을 것입니다. 우리가 어쩌다가 나라를 잃는 이 부끄러운 일을 당하게 되었는지, 또다시 그러한 부끄러운 역사가 되풀이하지는 않을 것인지, 어떻게 해야 후손들에게 불행한 역사를 물려주지 않을 것인지, 노여움과 원망과 부끄러움이 뒤엉킨 심정으로 새로운 다짐을 하고 계실 것입니다.

불과 100여 년 전만 해도 우리는 나라를 지켜 낼 군대도, 군대를 키울 경제력도 없었습니다. 급변하는 세계질서를 읽어 내고 새로운 질서에 대처할 방도를 세울 만한 지혜도, 국민의 뜻과 힘을 하나로 모을 역량도 없었습니다.

그러나 국민 여러분, 지금은 다릅니다. 우리는 온 세계가 놀랄 만한 경제적 성공을 이루어 냈습니다. 이제 정보화 시대의 선두주자로 세계의 주목을 받고 있습니다. 민주주의의 발전에도 온 세계가 찬사를 보내고 있습니다. 튼튼한 경제와 민주주의를 바탕으로 충성스럽고 강한 국군이 우리나라를 지키고 있습니다.

저는 미·일·중 3국을 방문하고 돌아오면서 우리나라의 위상을 새삼 확인했습니다. 세 나라 모두로부터 저는 정중한 예우를 받았습니다. 그리고 우리 국민들의 뜻이 동북아 질서에 중대한 영향력을 행사하고 있다는 사실을 거듭 확인했습니다.

억압과 수탈로 자주적 발전의 기회를 박탈당했던 식민지 역사와 분단의 아픔, 그리고 동족상잔의 전쟁을 딛고 일어서서 나라를 여기까지 발전시켜 온 국민 여러분께 진심으로 존경과 찬사를 올립니다.

존경하는 국민 여러분,

이제 다 함께 다짐합시다. 다시는 그 치욕의 역사를 되풀이하지 않도록 합시다. 자라나는 우리 아이들은 보다 넉넉하고 안정된 세상에서, 제 나라의 역사를 자랑스럽게 여기고, 저마다의 꿈을 자유롭게 펼치면서, 당당하게 세계질서에 참여하고 주도하는 그런 떳떳한 국민으로 살게 합시다.

경제와 안보를 보다 튼튼하게 다져야 합니다. 분단을 극복하고 한반도와 동북아시아에 평화와 번영의 질서가 자리 잡게 해야 합니다.

결코 쉬운 일은 아닐 것입니다. 먼저 국민이 하나가 되어야 합니다. 그러자면 민주주의를 더욱 발전시켜 대화와 타협의 문화를 뿌리내려야 합니다. 국민 모두가 서로 존중하고 가꾸어야 할 원칙과 대의명분을 뚜렷하게 세워 나가야 합니다.

무엇보다도 경제의 성공은 또한 중요합니다. 경제의 성공 없이는 다른 성공도 어렵습니다. 앞으로 10년 이내에 국민소득 2만 달러 시대로 가야 합니다.

이미 여러 차례 말씀드린 대로, 정부는 기술혁신과 인재 양성, 시장개혁과 사회문화의 개혁, 그리고 동북아 시대와 지방화 시대를 경쟁력 강화의 전략으로 채택하고 그 실천에 박차를 가하고 있습니다.

민생을 안정시키고 장기적인 성장 잠재력을 높이기 위해서 주택 가격을 비롯한 부동산 안정 정책은 지속적으로 추진해 나갈 것입니다.

선진 노사문화의 정착을 위한 대책도 곧 내놓겠습니다. 노사 간의 갈등과 대립이 우리 경제의 발목을 잡는 일은 없도록 하겠습니다.

개방은 이제 돌이킬 수 없는 대세입니다. 자유무역협정도 적극적으로 추진해 나갈 것입니다. 개방으로 인한 농민들의 피해에 대해서는 근본적인 대책을 세우고 있습니다.

교육도 경쟁력을 뒷받침할 수 있도록 개혁해 나가겠습니다.

저는 이러한 정책들을 임기 내내 일관되게 추진해 나갈 것입니다. 결코 일시적인 인기에 연연하지 않겠습니다. 이렇게 해 나가면, 제 임기 내에 2만 달러 시대의 토대를 마련할 수 있을 것이고, 임기 후에는 우리 경제가 더욱 빠른 속도로 튼튼하게 성장할 것이라고 저는 확신합니다.

중국이 빠르게 성장하고 있습니다. 그러나 두려워할 일만은 아닙니다. 우리도, 우리 국민들도 열심히 뛰고 있습니다. 북핵 문제가 풀리면 남북 간에 평화와 협력의 물꼬가 트일 것이고, 이어서 동북아 시대가 열릴 것입니다. 동북아 시대가 열리면 중국의 발전은 우리에 대한 위협이 아니라 우리 경제가 한 단계 도약할 수 있는 좋은 기회를 제공하게 될 것입니다. 우리 하기에 달려 있는 것입니다.

국민 여러분들이 겪고 있는 당장의 어려움도 잘 알고 있습니다. 청년실업이 늘고, 신용불량자가 300만을 넘어섰습니다. 생활고를 이기지 못한 사람들의 안타까운 죽음을 접할 때에는, 참으로 가슴 아프고 또한 송구스럽기 그지없습니다.

그러나 이 어려움도 곧 넘어설 것입니다. 그동안 정부는 경제 시스템이 무너지거나 성장 잠재력이 손상되지 않도록 최선을 다해 왔습니다.

이제는 이들 고통받는 분들을 위한 대책을 마련하고 있습니다. 우리 경제가 회복되는 대로 빈부 간의 격차를 줄이고, 의지할 데

없이 죽음으로까지 내몰리는 사람들이 없도록 사회안전망도 다시 정비하겠습니다. 산·학·연 협동 프로그램을 대폭 확충해서 청년실업에 대한 항구적인 대책도 세워 나가고 있습니다.

존경하는 국민 여러분,

주한미군 문제를 놓고 국민들 간의 의견이 서로 갈리고 있습니다. 한쪽에서는 주한미군의 일부가 축소되거나 배치만 바뀌어도 나라의 안보가 위태로워진다며 재배치를 반대합니다. 일부이기는 하지만 다른 한쪽에서는 주한미군이 나라의 자주권을 침해한다 하여 철수를 주장하고 있습니다.

국민들 간에 승복이 되지 않는 대립이 계속되지 않을까 매우 걱정됩니다. 양쪽 모두 지난날의 이념적 대결 시대에 있어 왔던 논리에 매몰되어 오늘의 역사와 현실을 냉정하게 보지 못하고 있는 것 아닌가 하는 걱정을 지울 수가 없습니다.

6·25전쟁에서 미군은 수많은 젊은이들의 목숨을 바쳐 우리의 자유를 지켜 냈습니다. 오늘날까지 이 땅의 자유와 평화를 지키고 있습니다. 앞으로도 동북아시아의 평화와 안정을 유지하는 데 기여할 것입니다. 그리고 우리는 그 평화의 토대 위에서 오늘의 성공을 이루어 왔고, 또 앞으로도 그렇게 할 것입니다.

그러나 그렇다고 해서 우리의 안보를 언제까지나 주한미군에 의존하려는 생각도 옳지 않다고 생각합니다. 자주독립국가는 스스로의 국방력으로 나라를 지켜 낼 수 있어야 합니다. 우리 국군은 6·25전쟁을 치른 이후 꾸준히 성장하여 이제 능히 스스로의 힘으로 나라를 지킬 만한 규모를 갖추고 있습니다. 그럼에도 아직 독자적인 작전 수행의 능력과 권한을 갖지 못하고 있습니다. 안타까운 일이 아닐 수 없습니다.

그 위에 미국의 안보 전략도 수시로 바뀌고 있습니다. 미국의 전략이 바뀔 때마다 국방정책이 흔들리고 국론이 소용돌이치는 혼란을 반복해서는 안 됩니다. 대책 없이 미군 철수 반대만 외친다고 될 일도 아닙니다. 이제 현실의 변화를 있는 그대로 받아들이고 대비할 때가 되었습니다.

저는 저의 임기 동안, 앞으로 10년 이내에 우리 군이 자주국방의 역량을 갖출 수 있는 토대를 마련하고자 합니다. 이를 위해서 정보와 작전 기획의 능력을 보강하고, 군비와 국방 체계도 그에 맞게 재편해 나갈 것입니다.

주한미군의 실질적인 전력이 약화되지 않는 것을 전제로 부대의 재조정도 수용하려고 합니다. '용산기지'는 가능한 최단 시일 안에 이전하도록 하겠습니다. 주한미군 제2사단의 재배치 등 전반적인 재조정은 북한 핵문제와 한반도 안보 상황에 맞추어서, 그 시기를 조절해서 시행하도록 부시 미국 대통령과 협의하겠습니다.

정부가 수립된 지 55년이 되었습니다. 세계 12위의 경제력도 갖추고 있습니다. 이제 스스로의 책임으로 나라를 지킬 때가 되었습니다.

존경하는 국민 여러분,

우리가 자주국방을 하더라도 한미 동맹관계는 더욱 단단하게 다져 나가야 합니다. 세계 대부분의 나라들이 상호 동맹 또는 집단 안보 동맹으로 평화 체제를 관리하고 있습니다.

자주국방과 한미 동맹은 결코 서로 모순되는 것이 아닙니다. 상호 보완 관계에 있습니다.

동북아시아의 질서가 평화와 번영의 질서로 발전되더라도 한편으로는 대립과 갈등의 잠재적 가능성이 계속 존재할 것입니다.

그동안 한미 동맹관계는 동북아 평화와 안정의 지렛대 역할을 할 것입니다.

평화를 사랑하는 국민 여러분,

강한 군대와 융성한 경제만으로 나라와 국민의 안전을 완벽하게 보장할 수는 없습니다. 전쟁이 일어나지 않도록 해야 합니다. 한반도와 동북아시아에 평화 체제를 구축해야 합니다.

유럽은 50년 전부터 공동체 질서를 출범하여 평화와 공동 번영의 질서를 구축하고, 이제 그 위에서 국가 간 통합의 길로 들어서고 있습니다. 오랜 세월 계속된 전쟁으로 생긴 대립과 반목의 장벽을 과감하게 헐어 버리고, 그 위에 화해와 통합의 질서를 세워 나가고 있습니다.

저는 정치를 시작하기 전부터, 유럽이 만들어 가는 이 새로운 역사를 부러운 눈으로 바라보았습니다. 89년 베를린 장벽이 무너지고 동구권까지 통합의 질서 속으로 편입되어 갔습니다. 그 과정을 지켜보면서, 지역 협력을 통한 평화와 공동 번영의 질서가 세계적으로 확산되어 가는 것이 21세기 세계사의 조류가 될 것이라는 믿음을 가지게 되었습니다.

동북아시아에도 협력과 통합의 새로운 질서를 만들어 나가야 합니다. 그래서 다시는 강대국의 틈바구니에서 어느 쪽에 기댈 것인가를 놓고 편을 갈라 싸우다 치욕을 당하는 그런 역사를 다시는 반복하지 말아야 합니다. 이것이 저의 '동북아 시대' 구상의 핵심입니다.

뿐만 아니라 동북아 시대는 우리에게 그 이상의 기회를 약속하고 있습니다. 유럽 인구의 4배에 이르는 거대한 시장이 빠른 속도로 성장하고 있습니다. 여기에, 유럽과 같은 협력과 통합의 질서가 자리 잡게 되면 동북아시아는 그야말로 세계경제의 중심으로 떠오르게 됩니다.

한국은 그 중심에 있습니다. 새로운 질서 속에서 동북아시아가 더 이상 세계의 변방이 아니듯이, 한국도 이제 더 이상 변방이 아닐 것입니다.

지난 수백 년 동안 우리를 움츠리게 했던 변방의 운명을 벗어던지고, 주변 강대국들과 어깨를 나란히 하면서 당당하게 세계질서를 함께 이끌어 나가는 자랑스러운 나라가 될 것입니다.

존경하는 국민 여러분,

그야말로 나라와 국민의 운명이 달라지는 것입니다.

평화와 번영의 동북아 시대로 가는 길목에 북한 핵 문제와 남북 관계가 가로놓여 있습니다. 이 문제를 풀지 않고는 평화와 번영의 동북아 시대도 오지 않습니다. 잘못하면 한반도 문제가 동북아시아의 새로운 갈등의 빌미가 될 수도 있습니다. 그것은 우리 모두를 불행에 빠뜨리는 결과가 될 것입니다.

북한 핵 문제는 조속히 해결되어야 합니다. 그리고 반드시 평화적으로 해결되어야 합니다. 우리는 전쟁이 끝난 지 50년이 지난 오늘까지도 동족상잔의 상처를 치유하지 못하고 고통을 겪고 있습니다. 또다시 불행한 일이 반복된다면 우리 민족은 상상하기조차 어려운 상처를 입게 될 것입니다. 영원히 일어서지 못할지도 모릅니다.

저는 이러한 사정을 우방국 지도자들에게 간곡하게 설득했습니다. 다행히 북핵 문제는 이제 해결의 실마리가 보이기 시작합니다. 북한은 이제 이 기회를 놓치지 말아야 합니다. 핵을 포기하고 개혁과 개방을 성공시켜야 합니다. 핵무기는 결코 체제 보장의 안

전판이 될 수가 없습니다. 오히려 고립과 위기를 자초하는 화근에 불과합니다.

이제 북한이 핵을 포기하면 우리는 북한의 경제개발을 위해서 앞장설 것입니다. 이웃 나라들과 협력해서 국제기구와 국제 자본의 협력도 아울러 끌어들일 것입니다. 그렇게 하면 새로운 동북아 시대가 열리고 북한은 빠른 속도로 발전하여 평화와 번영을 함께 나눌 수 있을 것입니다.

지난 2000년 6·15남북공동선언은 남북한만의 합의가 아닙니다. 세계를 향한 평화의 약속이었습니다. 이 약속은 반드시 지켜져야 합니다.

우리는 현재 추진 중인 각종 협력 사업을 계속 추진해 나갈 것입니다. 금강산 관광사업도 반드시 계속되도록 하겠습니다. 앞으로 북핵 문제가 해결되면 남과 북은 평화 체제의 구축과 군사적 신뢰 구축을 위한 협의를 본격적으로 추진해 나갈 것입니다.

존경하는 국민 여러분,

이제 우리 앞에 새로운 시대가 열리고 있습니다. 우리에게 가난과 시련을 안겨 주었던 제국주의의 냉전 질서는 이제 역사의 뒤편으로 사라졌습니다. 그 자리에 화해와 협력, 평화와 공존의 새로운 질서가 싹트고 있습니다. 우리의 운명을 우리 스스로 개척해 나갈 수 있는 시대가 도래한 것입니다.

동북아 시대의 주역으로 도약할 것인가, 아니면 그 문턱에서 주저앉고 말 것인가, 이것은 이제 전적으로 우리 자신의 선택에 달려 있습니다.

우리가 가야 할 길은 분명합니다. 분열과 갈등을 극복하고 국민 통합의 길로 나아가야 합니다. 그리고 그 통합된 힘으로 경제를 개혁하고 정치를 혁신해야 합니다. 정부도 변해야 하고 기업과 근로자 모두 변해야 합니다. '통합과 혁신', 그것이 지금 우리에게 주어진 시대의 흐름에 부응하고 동북아 중심 국가로 도약할 수 있는 길입니다.

우리는 할 수 있습니다. 냉전의 산물인 분단과 전쟁, 그리고 오랜 군사독재도 우리의 전진을 가로막지는 못했습니다. 금 모으기 운동으로 외환위기를 극복하고, 하나 된 함성으로 월드컵 4강의 신화를 이뤄 낸 우리 국민들입니다. 마음을 모으면, 그리고 마음을 먹으면 못 해낼 것이 없는 국민들입니다.

자신감을 가지고 도전합시다. 힘을 모아 함께 나갑시다. 그리하여 동북아의 평화와 번영을 주도하는 자랑스러운 대한민국을 다음 세대에게 물려줍시다.

감사합니다.

일반적으로 대통령이 참석하여 연설하는 1년간의 행사 가운데 가장 비중이 큰 것이 광복절 경축사이다. 이는 역대 대통령도 모두 마찬가지였고, 대통령 노무현 역시 다르지 않았다. 대통령 노무현은 특히 광복절 경축사의 경우 시간이 허락하면 두어 달 전부터 미리 준비하기 시작했다. 첫 해의 광복절 경축사 역시 많은 심혈을 기울인 작품이다. 그는 2003년 광복절 경축사를 통해 장차 주한미군의 변화 가능성에 대비하기 위해서라도 자주국방에 각별히 힘쓸 것임을 역설했다.

2003년 8월 15일, 독립기념관 겨레의집에서 열린 광복절 기념식

화해와 협력, 신뢰와 공존의 새로운 패러다임

2004. 9. 22. 모스크바 대학 초청 연설

존경하는 사도브니치 총장님,

그리고 교수와 학생 여러분,

지성과 개혁의 산실인 이곳, 모스크바 대학에서 여러분을 만나게 된 것을 매우 기쁘게 생각합니다. 여러분의 따뜻한 환영에 감사드립니다.

249년 전, 로모노소프 박사께서 설립한 '엠게우'는 러시아와 인류 문명의 진보에 크게 기여해 왔습니다. 여섯 명의 노벨상 수상자들, 그리고 세계 지성사에 훌륭한 발자취를 남긴 여러분의 선배들은 이 대학의 위대한 자산입니다.

여러분은 러시아를 이끌어 나갈 내일의 지도자들입니다. 여러분이 지금 그리고 있는 꿈은 바로 러시아의 미래가 될 것입니다. 나아가서는 세계의 미래가 될 것입니다.

학생 여러분,

여러분의 눈은 지금 어디를 바라보고 계십니까? 지금 세계의 시선은 동북아시아로 집중되고 있습니다. 많은 역사가들도 세계 문명의 중심이 유럽과 북미를 거쳐서 이제 동북아시아로 옮겨오고 있다고 말하고 있습니다.

이미 동북아시아는 세계 GDP의 20%를 생산하고 있고, 또 빠른 속도로 성장하고 있습니다. 10년쯤 지나면 30%에 이를 것이라는 전망이 나오고 있습니다. 이 지역에는 세계 인구 4분의 1과 첨단기술, 그리고 풍부한 자원이 있습니다. 머지않아 세계경제의 중심으로 떠오를 것입니다. 신흥경제대국이라고 얘기하고 있는 BRICs 네 나라 중에서 러시아와 중국, 두 나라가 바로 이곳에 있습니다.

유럽과 아시아에 걸쳐 있는 러시아는 오래전부터 동북아시아의 중요한 국가로서 커다란 영향을 끼쳐 왔습니다. 지금 푸틴 대통령께서도 미래의 국가 전략으로서 극동 시베리아 개발을 추진하고 있습니다.

이곳 모스크바는 유럽에 속해 있고 여러분과 나는 바로 그 모스크바에 서 있지만, 우리가 지금 동북아시아를 주목해야 될 이유는 바로 이런 것들입니다.

이 지역에 EU와 같은 협력과 통합의 질서가 형성된다면, 그야말로 동북아시아는 새로운 미래를 맞이하게 될 것입니다.

세계경제는 물론, 세계가 평화의 질서로 나아가는 데도 크나큰 기여를 하게 될 것입니다. 러시아 또한 새로운 도약의 기회를 갖게 되고, 특히 시베리아는 획기적인 번영의 계기를 맞이하게 될 것입니다.

희망찬 평화와 번영의 동북아 시대가 우리 앞에 와 있습니다. 여러분과 내가, 그리고 러시아와 한국이 함께 추구할 만한 가치 있는 목표가 아니겠습니까?

그러나 학생 여러분,

이러한 목표를 이루기 위해서는 아직도 많은 과제들이 남아 있습니다.

동북아시아는 제국주의 시대를 거치면서 침략과 수탈로 인한 전쟁과 고통의 역사를 겪어 왔습니다. 그 상처는 아직도 다 아물지는 않았습니다. 아직 해결되지 않는 아픈 역사의 상처가 분쟁의 불씨로 남아 있습니다. 역사 분쟁과 영토 분쟁도 바로 그중의 하나입니다.

또한 냉전체제가 해체된 지금도 불신과 적대의 대결 구도가 완전히 해소되지는 않았습니다. 이러한 상황에서 당장 통합의 질서가 되기는 어려울 것입니다. 공동의 이익과 신뢰를 높일 수 있는 경제 분야에서부터 교류와 협력을 시작해야 합니다.

경제적 교류와 협력 위에 물류, 에너지, 정보통신 분야의 네트워크를 구축해서 공동 번영의 토대를 마련해 가야 합니다. 그리고 궁극적으로는 역내 교역 자유화를 통해서 경제통합을 이루어 나가야 합니다. 경제가 통합되면, 이것은 역사의 경험에 따라 다자간 안보협력으로까지 발전해 나갈 수 있을 것입니다. 과거 유럽이 철강과 석탄을 매개로 경제공동체를 이루고, 그 바탕 위에서 평화와 공존의 질서로 나아간 것이 좋은 사례가 될 수 있을 것입니다.

이런 과정이 성공적으로 추진되기 위해서는 또 하나 해결되어야 될 전제가 있습니다. 사고의 대전환입니다. 동북아시아 각국의 지도자들과 국민들의 마음속에 화해와 협력, 신뢰와 공존의 새로운 패러다임이 자리 잡아야 하는 것입니다.

언제 다시 국수주의가 등장하고 불신과 적대 감정이 되살아날지 모른다는 우려가 아직도 잠재하고 있습니다. 이와 같은 불신과 적대의 대결적 감정을 뛰어넘어야 합니다. 그렇게 했을 때, 동북아는 진정한 협력과 통합의 공동체를 향해 나아가게 될 것입니다.

학생 여러분,

러시아는 동북아 시대의 빼놓을 수 없는 당사자이자, 결정적인 역할을 할 수 있는 힘 있고 큰 나라입니다. 동북아 지역의 평화 구조를 만드는 데 핵심적인 역할을 할 수 있습니다. 이미 6자회담의 일원으로 참여해서 북핵 문제의 평화적 해결을 위해서 노력하고 계십니다. 6자회담이 성공하면 이것은 동북아 다자 안보협력의 실현을 위한 좋은 이정표가 될 것입니다.

러시아는 또 철도 연결과 에너지 개발 등을 통해서 동북아 경제협력의 가교가 될 수 있을 것입니다. 동시베리아 가스가 파이프라인을 통해서 한국과 중국, 일본으로 공급되고, 서울을 출발한 기차가 '철의 실크로드'를 타고 시베리아와 모스크바를 거쳐서 파리, 런던에까지 가는 날도 머지않아 오게 될 것이라고 저는 확신합니다.

학생 여러분,

한국은 이 동북아시아의 요충지에 자리 잡고 있습니다. 이로 인해서 과거 100년 전 우리는 주변 열강들의 침탈의 대상이 되기도 했고, 국권을 잃기도 했습니다. 당시 우리는 동북아시아 질서에 아무런 영향력도 행사할 수 없었습니다.

그러나 이제는 다릅니다. 동북아시아에 새로운 질서를 여는 데 주도적으로 참여할 준비와 역량을 갖추고 있습니다. 대륙과 해양을 잇는 관문이자 세계 11위의 경제력을 가진 나라입니다. 앞선 물류, IT 기반도 갖추고 있습니다.

주변 어느 나라도 침략한 일이 없는, 그래서 어느 나라로부터도 경계의 대상이 아닌 전통적인 평화 세력입니다. 식민과 분단, 동족상잔의 전쟁까지 치른 우리 국민의 평화에 대한 열망은 남다릅니다.

남북 관계도 화해와 협력의 길로 착실히 나아가고 있습니다. 2000년 남북한 정상이 합의한 6·15공동선언의 정신이 하나하나 실천되고, 올 가을에는 반세기 넘게 끊어져 있던 남북 간 철도와 도로가 연결됩니다. 이러한 노력은 한반도는 물론, 동북아시아의 안정에 디딤돌이 될 것입니다.

학생 여러분,

결국 한국과 러시아의 협력이 아주 중요합니다.

양국은 냉전시대를 제외하고는 역사적으로 우호 친선 관계를 지속해 온 오랜 친구입니다. 수교한 지 120년, 그리고 우리 동포들이 러시아에 이주한 지 140년이 되었습니다. 러시아는 일제강점기에도 우리의 자주독립을 지원해 주기도 했습니다.

지금도, 경제·문화 교류는 물론 두 나라 간에 연간 10만 명이 왕래하고 있으며, 이 대학에만도 300여 명의 한국 유학생이 공부하고 있습니다. 앞으로 우리 두 나라는, 내가 어제 푸틴 대통령과 함께 선언한대로, 상호 신뢰하는 포괄적 동반자가 될 것입니다.

친애하는 학생 여러분,

자유롭게 왕래조차 할 수 없었던 불과 십 수 년 전만 해도 지금의 우리 두 나라 관계를 예상했던 사람은 거의 없었습니다.

우리가 가고자 하는 동북아 시대도 결코 희망만은 아닙니다. 여러분과 같이 꿈을 가진 젊은이들의 의지와 노력에 달려 있습니다. 저의 꿈은 꿈으로 끝나고 말지 모르지만, 여러분의 꿈은 반드시 현실이 될 것입니다. 저는 동북아시아의 미래를 지금 여러분을 통해서 바라보고 있습니다.

오늘 이곳에서 여러분을 만난 것을 아름다운 추억으로 간직하 겠습니다. 여러분의 학문적 성취와 모스크바 대학의 무궁한 발전 을 기원합니다.

감사합니다.

2004년 9월. 대통령 노무현은 러시아를 방문한 계기에 모스크바 대학에 서 젊은 학생들을 대상으로 강연한다. 이 자리에서 그는 참여정부의 비전 인 '평화와 번영의 동북아 시대'를 이야기하며 이를 위해 러시아의 역할이 중요함을 강조한다. 동북아시아에 EU와 같은 협력과 통합의 질서를 만들 어 새로운 동북아 시대를 열어 가자는 것이다. 그래서 동시베리아 가스가 파이프라인을 통해 한국으로 공급되고, 서울을 출발한 기차가 '철의 실크 로드'를 타고 시베리아와 모스크바를 거쳐 파리, 런던에까지 가는 꿈을 현 실로 만들자고 호소한다.

2004년 9월 22일, 모스크바 국립대를 방문한 대통령 노무현은 800여 명의 학생을 대상으로 '동북아 시대와 한-러 양국의 미래'라는 제목으로 특별 강연을 했다.

EU 통합과 동북아 시대

2004. 12. 7. 프랑스 소르본느 대학 초청 연설

존경하는 케네 교육총감, 장 로베르 피트 총장,

그리고 교수와 학생 여러분,

따뜻한 환영에 감사드립니다.

소르본느 대학은 세계 지성의 상징입니다. 누구나 한번 와 보고 싶어하는 이곳에서 여러분과 대화하게 된 것을 매우 기쁘게 생각합니다. 그리고 방금 총장님께서 연구소 설립이라는 새로운 제안을 해 주신 데 대해서 매우 감사하게 받아들입니다. 총장님의 제안에 대해서는 이 강연을 마치고 다른 시간에 따로 좀 더 깊이 있게 상의했으면 좋겠다고 생각합니다.

학생 여러분,

희망이 없는 미래는 미래가 아닙니다. 그리고 가능성이 없는 희망 또한 희망이라고 할 수 없습니다.

나는 프랑스의 역사와 문화를 존경합니다.

프랑스는 역사의 고비마다 인류에게 창조적 미래를 제시하고, 그 미래가 실현가능한 것임을 역사로써 증명했습니다. 뿐만 아니라 인류가 추구하는 이상의 실현은 많은 희생과 시행착오를 거쳐야 한다는 역사의 법칙까지 일깨워 주었습니다. 자유와 평등의 횃불을 밝힌 프랑스대혁명, 그리고 그 이후 민주주의를 제도화해 온 과정이 그 대표적인 사례일 것입니다.

한편, 19세기의 역사는 민주주의라는 숭고한 이상만으로 인간의 행복이 보장되지 않는다는 것을 보여 주었습니다.

민주주의 대의가 인류의 보편적 가치로 자리 잡은 20세기에 들어와서도 전쟁과 혁명, 이념 갈등 등 세계는 극단적 대결의 과정을 겪어 왔습니다.

오늘날도 냉전체제는 종식되었지만, 세계 도처에는 여전히 분쟁이 있고, 대화와 타협보다는 힘의 질서가 다시 나타나지 않을까 하는 우려와 불안이 있습니다.

세계질서가 어디로 가게 될지, 인류의 미래가 어떻게 될지 아직도 확신을 갖지 못하고 있습니다.

프랑스 대혁명이 인류에게 희망을 주었듯이 지금 우리에게도 새로운 희망과 그 가능성에 대한 믿음이 필요한 때입니다.

정치력으로 갈등을 종식하고, 과학기술 문명이 악용되는 것을 통제할 수 있고, 기아와 질병, 생태계의 파괴, 그리고 무엇보다도 도덕적 위기가 극복될 수 있는 것이라는 희망을 가질 수 있어야 합니다.

평화를 통한 공존, 화해와 협력을 통한 번영이 가능하다는 믿음을 증명할 필요가 있습니다.

학생 여러분,

원고에는 학생 여러분으로 되어 있지만 이 자리에는 선생님들이 더 많으신 것 같습니다.

그래서 교수 여러분,

저는 그 가능성을 EU에서 찾아보고 싶습니다. EU는 평화와 공존, 화해와 협력의 상징입니다.

이제 유럽은 제국주의의 약육강식, 극단적 대립의 질서를 극복하고, 전 세계 교역량의 40%를 차지하는 평화와 번영의 공동체로 자리매김하고 있습니다.

저는 EU의 발전 과정을 보면서 프랑스에 대한 존경을 다시 한번 확인합니다.

프랑스는 전쟁의 고통을 받은 국가이면서도 독일을 포용하는 도덕적 결단으로써 과거를 청산했습니다. 이를 통해서 국민의 도덕적 수준을 높이고, EU를 주도할 수 있는 명분과 자부심을 확보한 것이라고 생각합니다.

나아가서는 스스로 강대국임에도 불구하고 패권적 질서를 거부하고, 이웃 나라들에게 불안감을 주지 않으면서 통합의 질서를 만들어 가고 있습니다.

이러한 프랑스의 화해와 관용을 높이 평가하며 찬사를 보냅니다.

학생 여러분,

저는 오래전부터 EU의 출현에 깊은 관심을 가지고 있었습니다. 특히 유럽 통합의 아버지 장 모네, 유럽석탄철강공동체 창설을 제의한 슈망 외교장관 등 프랑스 지도자들의 선구적인 노력이 매우 인상 깊었습니다.

대통령에 취임한 이후 '평화와 번영의 동북아 시대'를 국정의 목표로 삼아 왔습니다.

제가 동북아 시대를 이야기하는 것은 힘센 나라나 지배하는 나라가 되고자 하는 것이 아닙니다. 동북아에 EU와 같은 개방적 지역통합체를 만들고, 이러한 질서가 세계질서로 확대되어 나가기를 기대하는 것입니다.

한국은 강대국이 아닙니다. 한때 식민 지배를 당했고 아직도 남북 분단의 아픔을 겪고 있는 나라입니다. 그럼에도 불구하고 동북아에서 프랑스와 같은 역할을 하고자 하는 근거가 있습니다.

동북아시아에는 아직 해소되지 않은 과거사의 앙금이 남아 있고, 또 언제 다시 배타적인 국수주의가 등장하고 적대감정이 되살아날지 모른다는 불신이 잠재해 있습니다.

한국은 이러한 갈등과 불신을 풀 수 있는 도덕적 기반을 갖추고 있다고 생각합니다. 역사에 있어서 그 누구에게도 빚지지 않았고, 해를 끼친 일도 없습니다. 주변국 모두로부터의 어떤 경계의 대상도 아닙니다. 한민족은 역사상 900여 차례의 외침을 받았지만 단 한 번도 주변국을 침략한 적이 없습니다. 한글이라는 고유한 문자를 발명했고, 다양한 문화를 독창적으로 발전시켜서 이웃 나라에 전파했습니다.

일본은 과거 제국주의 시대에 침략전쟁을 일으킨 바 있고, 그이후 지금까지도 주변 국가의 깊은 불신을 극복하지 못하고 있습니다.

중국이 동북아시아의 질서를 주도하려 한다면 주변국들이 불안해할 우려도 있습니다. 중화주의가 패권주의로 변하지 않을까 하는 주변의 불안이 있는 것이 사실이기 때문입니다.

여기에 바로 우리 한국의 주도적 역할과 선택이 가능하고 또 필요한 것입니다.

우리 국민은 이러한 역할을 감당할 만한 충분한 저력을 가지고 있습니다. 6·25전쟁의 폐허를 딛고 세계 10위의 경제와 민주주의

나라를 이룩했습니다. 2차 대전 이후 수많은 나라가 독립했지만 우리만큼 성공한 나라가 많지는 않습니다. 분단의 멍에를 지고 있지만 그 극복 과정에서조차 새로운 질서를 창조하는 진보의 계기로 만들어 가려는 노력을 하고 있습니다.

교수 여러분, 그리고 학생 여러분,

한반도 평화는 동북아 시대에 있어서의 또 하나의 핵심적인 요소입니다. 이 문제에 관한 한, 한국은 주도적인 역할을 해야 할 당사자이고 또한 실제로 많은 노력을 기울이고 있습니다.

일례로 지난 50여 년 동안 휴전선으로 가로막혀 있던 남북 간 철도와 도로가 올해 안에 개통됩니다.

지금 우리가 추진하고 있는 대북 화해협력 정책은 위험을 회피하려는 소극적인 차원의 정책이 아니라 동북아시아에 새로운 역사를 만들어 내려는 적극적인 노력입니다. 북핵 문제를 반드시 평화적으로 해결하려는 것도 이와 관계가 있습니다.

EU의 기초가 프랑스와 독일의 화해에서부터 비롯되었듯이, 한국이 화해의 전령사가 되고, 한반도가 평화의 진원지가 될 때 동북아시아는 새로운 역사가 펼쳐질 것입니다.

나아가서 세계질서는 보다 안정되고 유럽을 비롯한 각 지역도 더 많은 협력과 공존의 기회를 갖게 될 것입니다.

인류의 역사는 그 전환의 시기마다 누구에겐가 소명을 맡겼습니다. 선각자들의 피와 땀으로 역사의 요구에 충실했을 때 인류 사회는 진보를 이뤄냈고, 그렇지 못한 때에는 쇠락의 길을 걸어야 했습니다.

오늘의 세계도 새로운 모색이 필요한 시기입니다.

누가 이 역사의 소명을 받들 것인가요?

이것은 세계 인류를 이끌어 가는 선진국들의 책무라고 생각합니다. 그중에서도 나는 프랑스를 주목합니다. 소르본느 지성의 적극적인 역할을 기대합니다.

역사는 여러분에게 묻습니다. 역사로부터 무엇을 배웠으며 어떤 미래를 꿈꾸고 있는가?

지금 여러분의 생각과 실천이 바로 내일의 역사가 될 것입니다.

정치인 노무현은 오랜 기간 EU를 동경해 왔다. 한국, 나아가 동북아시아가 추구해야 할 하나의 모델로 생각해 왔다. 2004년 12월, 그는 EU의 중심 국가인 프랑스에서 젊은 학생들을 상대로 강연했다. 그는 이날 강연에서 지금의 세계는 새로운 모색이 필요한 시기이며 이 소명을 받들어 나갈 주역으로 프랑스, 특히 소르본느 지성의 적극적인 역할을 기대한다고 밝혔다. 그리고 의미 있는 한마디로 강연을 마무리한다. "지금 여러분의 생각과 실천이 바로 내일의 역사가 될 것입니다."

3 부

민 주 주 의
　　　　와
국 민
통 합

인권위원회의 주장과
정부의 주장이 부닥치는 것이 민주주의

2003. 12. 10. 세계인권선언 제55주년 기념식 연설

존경하는 국민 여러분,

그리고 이 자리에 함께하신 내외 귀빈 여러분,

오늘 UN이 세계인권선언을 한 지 꼭 55주년이 되는 아주 뜻깊은 날입니다. 국내적으로는 그동안 법무부가 주관해 오던 이 행사를 인권위원회가 주관해서 특별한 형식으로, 특별한 뜻을 담아서 이렇게 진행하는 아주 뜻깊은 날입니다. 원고를 만들어 왔는데 이 자리에서 여러 가지 느낌이 많아서 느낌을 솔직히 말씀을 좀 드리고 가겠습니다.

사실 인권의 날, 인권하곤 별 관계없는 분들이 나와서 치사하고 축사하고 사진 찍고 그러지 않았나 하는 느낌도 그동안에 없지 않았습니다. 그런데 오늘 이 자리에 와 보니까 정말 실감이 납니다. 그전보다 격식과 위엄에 있어서 조금 자유롭고 개방적인 느낌을 받습니다만, 뜻은 훨씬 더 깊은 것 같습니다.

조금 전에 나와서 인권선언을 해 주신 분들 한 분 한 분 뵈면, 인권을 침해하는 국가적 폭력에 의해서 스스로 고통받거나 가족을 잃거나 고통받았던 사람들이 계시고, 지금도 이런저런 여러 가지 사유로 인권을 충분히 누리지 못하고 침해받고 고통받는 사람들도 함께 있습니다. 또 인권을 침해당하고 고통받는 이웃을 위해서 수십 년 동안 몸을 바쳐 일해 오신 분들도 오늘 한자리에 나오셔서 인권선언을 해 주셨습니다. 그 어느 때보다도 여기엔 사회적으로 존경받는 사람과 존경받지 않는 사람, 따로 특별한 지위나 권력을 가지지 않은 사람 모두가 함께 올라와서 인권을 말씀하셨습니다. 매우 감동적인 모습이었습니다. 그 자체가 인권의 본질을 정확하게 표현해 준 그런 자리였다고 저는 그렇게 생각합니다.

많은 사람들이 과거에 반독재 투쟁을 했노라고 자랑합니다. "왜 반독재 투쟁을 했느냐"고 물으면 민주주의가 고귀하기 때문에 그랬노라고 대답합니다. "민주주의가 왜 고귀하냐"라고 물으면 민주주의만이 인권을 소중하게 생각하고 존중하는 제도이기 때문에, 민주주의 제도 하에서만 인간의 존엄과 가치가 제대로 보호받을 수 있기 때문에, 그래서 우리가 민주주의를 소중하게 생각하고 그를 위해서 투쟁하고 때로는 목숨을 걸기도 했던 것입니다.

그렇게 해서 이제 우리가 얼른 일단 민주주의 한다고 말할 수 있는 나라가 됐습니다. 이제 국가권력이 공공연히 길거리에서 사람들을 체포하고 고문하는 그런 일은 없는 것 같습니다. 이제 많은 사람들이 한국에 민주주의와 자유와 인권이 상당히 보장된다고 하는 이 시점에 김대중 대통령 정부는 인권위원회라는 것을 새롭게 창설했습니다.

"인권이 보장되는 사회에서 왜 새삼스럽게 인권위원회냐"라고 질문하는 사람들이 참 많이 있었을 것입니다. 그러나 인권의 내용을 곰곰이 따져 보면 우리는 이제 첫발을 내디뎠을 뿐이고, 지금부터 본격적으로 우리의 인권을 생각하고 살리고 키워 나가야 될 때라고 그렇게 생각했기 때문에 인권위원회를 만들어서 열심히 활동하게 하고 오늘 또 이 같은 자리를 만든 것이라고 생각합니다.

인권의 기본은 생존을 위협받지 않을 권리가 아마 첫 번째라고 생각합니다. 우리 사회에는 아직도 많은 이유로 생존과 생활을 위협받고 있는 사람들이 있습니다. 생존이 보장되면 그 위에서는 강요받지 않을 권리가 아마 또 기본일 것입니다. 육체적으로 강요받지 않을 권리, 정신적으로 강요받지 않을 권리, 구속받지 않고 마음대로 말할 수 있는 권리에서 이제 양심적으로 부끄럽지 않을 권리 그것이 우리에게 보장되어야 한다는 것이 그다음의 문제 아니었는가 생각합니다.

그동안에 많은 사람들이 직접 박해를 받지 않더라도 불의한 사회에서 힘 약한 사람들이 억압받는 모습을 보면서 그것이 옳지 않다고 말할 수 있는 자유가 없었던 시대, 용기 있게 그 잘못을 말하지 못한 자신을 부끄러워할 수밖에 없는 그와 같은 시대에서 그것을 극복하기 위해서 아마 많은 분들이 싸워 왔고, 오늘 이 자리에 계신 여러분들 중에서도 아마 지금도 노력하고 계실 것이라고 저는 그렇게 생각합니다.

부끄럽지 않을 자유, 그것이 아직도 문제가 되고 있나 봅니다. 조금 전에 박시환 변호사가 이 자리에서 소개가 됐습니다만, 아마 그분은 다른 어떤 자유를 침해당해서가 아니라 부끄럽지 않게 양심에 따라서 자기의 직업을 수행하고 인생을 살 수 있는 권리가 무엇인지 얼마나 소중한 것인지를 말하기 위해서 스스로 어려운 길을 선택하신 것으로 생각합니다. 이와 같은 사례가 오늘에도 있다는 것은 바로 지금도 우리의 인권 문제는 계속되고 있다는 것을 의

미한다고 생각합니다.

　몇 분들이 제게 어떤 호소 또는 불만을 표현하고 계십니다. 무슨 뜻인지 잘 알겠습니다. 비록 국가기관에 의해서 직접 신체를 공격당하지 않더라도, 직접 자유를 침해받지 않더라도, 경쟁사회에서 경쟁을 방치함으로써 강한 사람이 약한 사람의 권리 위에 군림하게 되고 약한 사람이 경쟁에서 불리한 여건에 섰기 때문에 또는 부분적으로 낙오했기 때문에 결과적으로 건강하고 문화적이고 그리고 인격을 존경받으면서 품위 있게 살기가 어려운 사람들에 대해서 국가가 그 문제를 돕고 해결해 주어야 진정한 의미에서 인권국가가 되는 것이지, 그와 같은 인권의 사각지대를 구경만 하는 국가가 인권 국가라고 할 수 있느냐, 그 질문을 지금 제게 던지고 계십니다. 깊이 새기겠습니다.

　여러분께 미안한 마음이 그지없습니다. 그러나 정부 또한 시장과 싸워서 항상 이길 수 있는 것이 아닙니다. 정부는 권력을 가지고 있지만 시장은 정부보다 더 큰 권력을 가지고 있어서, 시장과 항상 갈등을 일으키면서 시장이 우리 사회의 효율은 증진시키되, 경쟁에서 불리한 여건에 있거나 낙오한 사람들이 시장 바깥으로 팽개쳐지지 않도록 인간적 수준 그 이하로 밀리지 않도록 잘 관리해 갈 책임이 이 국가에 있는데, 시장이 그렇게 쉽지만은 않아서 다투고 있습니다.

　또한 저와 우리 정부를 이끌어 가고 있는 많은 사람들이 소홀함도 없지 않을 것입니다. 그러나 저도 여러분들과 함께했던 시절이 있습니다. 제 스스로 부끄럽지 않은 권리를 정말 저도 누리고 싶은 사람입니다. 대통령으로서 국민들에게 부끄럽지 않게, 특히 인권 문제를 이야기할 때도 부끄럽지 않은 대통령이 되고 싶은 마음이 간절합니다. 최선을 다하겠습니다.

오늘 이 자리에 우리와 피부색을 달리하는 분들도 함께 많이 와 계십니다. 또 핏줄을 함께하는 사람들도 지금도 불법체류자의 자격으로 불안에 떨고 또 실제로 붙잡혀 가기도 합니다.

국가가 외부의 침입으로부터 국민을 보호하고, 내부의 질서를 유지하고 국가 살림을 꾸려 가고 그렇게 하는 기본적인 의무를 통해서 국민들의 삶의 기본을 확보하고, 그 위에서 인권이 또 살아서 모두들 누릴 수 있게 하는, 이것이 국가의 의무인데, 처음 국가가 발생할 때 어떻게 해서든 국가는 국가로서의 또한 막중한 가치, 그 무엇에도 비길 수 없는 높은 가치와 정당성을 가진다는 사상이 우리에게 있고, 오늘날 실제 국제질서가 국가적 이익의 단위로 운용되고 있기 때문에 어느 국가에서도 모든 나라 인민들을 동등하게 대우하지 않는 세계적 질서를 가지고 있고, 그 질서 위에서 역시 모순과 갈등이 생기고 있습니다.

이 문제는 처음에는 고용의 문제로 부닥쳐 오기도 하고, 또 민족적 정체성에 관한 문제로 부닥쳐 오기도 하고, 이질적인 문화가 서로 충돌했을 때 사회 안정에 관한 문제로도 부닥쳐 오기도 합니다. 안타깝게 생각하는 것은 아직 이 문제에 관해서 인권 중심의 국민적 합의를 이루어 내지 못하고, 아직도 국가 단위 국가적 이익 국민적 이익 중심의 사고를 우리가 하고 있는 것이 현실입니다. 이 문제는 인권위원회 그리고 인권을 사랑하는 많은 분들이 이미 문제를 제기하고 있고, 그것이 국민적 합의를 넓혀 나가고 사회적 공론이 되면 그때는 정부도 또한 그것을 되도록 폭넓게 수용할 것이라고 생각합니다.

제가 먼저 앞서서 나서서 외치고 싶은 심정을 느낄 때가 많지만, 다 함께 갈 수 있는 여건이 무르익기 전에 지도자란 사람이 먼저 나서는 것이 그렇게 효과적이지도 않다는 생각으로, 마음은 간절하지만 우리 사회 여건을 함께 만들어 가기 위해서 노력하고 있습니다.

여러분,

대통령이 참 말은 잘한다, 말 그리 잘하지 말고 실제로 내가 당하고 있는 그 형편 그거나 좀 해결해 달라 이렇게 말씀하실 것입니다. 인권위원회가 하자는 대로 좀 하면 될 거 아니냐. 그러나 세상에는 여러 가지 충돌하는 가치가 있습니다. 정부는 정부대로 해야 될 일이 있고, 정부 안에도 서로 충돌되는 여러 가지 가치를 가지고 있습니다. 이 모순들을 되도록이면 모순 없이 조화롭게 가져가는 것이 성숙한 사회입니다.

얼마 전에 인권위원회가 정부와 대통령을 정면으로 비판했습니다. 이것이 가장 좋은 현상입니다. 인권은 남으로부터 강요받지 않는다는 것입니다. 그러나 반면에 세상에서 단 하나의 절대적 진리는 없습니다. 단 하나의 절대적인 전략도 없습니다. 가치에 대해서 판단이 서로 부닥칠 수도 있고, 전략과 정책에 관해서 판단이 서로 부닥칠 수도 있을 때 어떻게 결정할 거냐. 그래서 투표 제도도 만들고 합니다만, 기본적으로 존중하는 것입니다. 최대한 생각이 다른 사람을 존중하고 이익이 다른 사람을 존중하고 그러면서 서로를 이해하기 위해 노력하고, 그래도 끝내 이해가 되지 않는 것은 누가 절대적으로 옳다 누가 절대적으로 그르다가 아니라 투표라든지 표결이라든지 하는 방식으로 문제를 풀어 가면서 시간을 두고 점차 점차 조화를 만들어 가는 것이라고 저는 그렇게 생각합니다. 그래서 인권위의 주장과 정부의 주장이 부닥칠 수 있는 것이 그야말로 민주주의의 당연한 현상이고, 그것이 서로 존중되고 수용되는 것이 정말 저는 의미 있는 일이라고 생각합니다.

그래서 인권위원회도 대통령을 존중하고 때로는 비판하지만 때로는 많은 정책적 대안도 건의해 주시고 합니다. 저도 인권위원회가 하시는 일을 이해하고 돕기 위해서 노력합니다. 때때로 쓴소리를 들을 때는 얼른 당장은 기분이 좀 상하기도 합니다. 그러나 한 발만 물러서서 곰곰이 생각하면서 제 참모들에게 얘기합니다. 그것이 인권위원회의 본분이다, 그렇게 얘기합니다.

존중하겠습니다. 인권위원회만 존중하는 것이 아니라 인권위원회가 대변하고자 하는 많은 여러 분들의 처지와 생각과 이해관계를 최대한 존중하도록 그렇게 하겠습니다.

제 말보다는 저의 실천이 모자람이 많을 것입니다. 저의 생각이나 실천보다 우리 정부는 훨씬 더 모자람이 많을지도 모르겠습니다. 그러나 여러분, 항상 비판하시면서도 믿음을 버리지 말고 함께 가십시다. 열심히 하겠습니다.

끝으로, 정말 인권위원회가 오늘 이처럼 우리 한국의 인권을 침해받는 많은 사람들에게 다 해결은 못 해 주지만 의지할 수 있게 해 주시고 믿음과 기대를 갖게 해 주실 수 있도록 이렇게 해 주시고 또 이와 같은 인권위원회가 만들어지도록 부단히 투쟁하고 노력해 오신 여러분들의 노고에 거듭 치하 말씀을 드리면서, 꼭 제가 빠뜨리고 싶지 않은 한 분을 다시 말씀드리고 싶습니다.

김대중 대통령께서 인권위원회를 만드실 때만 해도, 저도 '어지간히 됐는데 인권위원회 만들어서 뭐 할라는가' 이렇게 생각했습니다만, 지금에야 그 깊은 뜻을 정말 이해할 수 있고, 정치인이 아닌 철학을 가진 지도자가 정말 우리에겐 꼭 필요하고, 또 우리는 그런 지도자를 가졌던 데 대해서 참으로 기쁜 마음입니다. 자랑스럽습니다. 여러분, 잊지 마십시오.

감사합니다.

국가인권위원회는 김대중 대통령 당시 만들어진 기구이다. 대통령 노무현은 국가인권위원회를 만든 김대중 대통령의 뜻을 깊이 이해하고 있었다. 이제야 비로소 인권이 첫발을 내디뎠을 뿐이고, 본격적으로 인권을 생각하고 키워 나가야 할 때라는 뜻이다. 국가인권위원회는 참여정부 당시 이라크 파병에 대해 비판하는 등 정부의 정책에 반대 의사를 분명히 표시하기도 했다. 이날처럼 대통령 노무현은 때로는 준비한 원고에 구애받지 않고 자유롭게 연설했다. 현장에서 받은 느낌을 최대한 연설에 반영하려는 노력이었다. 그래서 때로는 중언부언도 있는 것이 대통령 노무현의 모습이었다.

대화와 타협으로 정정당당하게
승부하고 승복하는 민주주의 문화

2004. 5. 15. 업무 복귀에 즈음하여 국민에게 드리는 말씀

존경하는 국민 여러분,

감사합니다. 정말 감사합니다.

탄핵 국면이 시작되었을 때, 저는 우리 국민들이 이 상황을 잘 극복해 나가 주실 것으로 믿었습니다. 과연 우리 국민들은 훌륭했습니다. 잘 해냈습니다.

대통령 공백이라는 초유의 사태를 조금도 동요하지 않고 차분하게 대처해 나가는 모습을 보면서 저는 우리 국민의 성숙한 시민의식과 민주적 역량에 대해서 다시 한번 굳은 믿음을 갖게 됐습니다.

더욱이 많은 갈등과 혼란이 있을 수 있는 총선거까지 질서정연하게 치러 내시는 것을 보면서 이젠 훌륭하다는 수준을 넘어서 감동적이다 이런 느낌을 받았습니다. 국민 여러분들이 다시 한번 존경스럽습니다. 감사드립니다.

아울러, 신속한 재판을 위해서 밤낮없이 애써 주신 헌법재판소 재판관 여러분께도 감사의 말씀을 드립니다. 조그마한 예단이나 절차상의 문제도 큰 갈등을 불러일으킬 수 있는 민감한 상황에서 냉정하고 공정하게 재판을 진행시켜 잘 마무리해 주신 데 대해서 우리 국민 모두는 높은 신뢰를 보내고 있습니다.

어려운 권한대행의 임무를 국정의 공백 없이 훌륭히 수행해 주신 고건 총리와 각료 여러분께도 치하와 감사의 말씀을 드립니다. 흔들림 없이 대행 체제를 뒷받침한 공무원 여러분에게도 높은 평가를 드리고 싶습니다.

국민 여러분,

지난 두 달 동안 얼마나 걱정이 많으셨습니까? 모든 것이 저의 부족함에서부터 비롯된 것입니다. 그럼에도 불구하고 제게 따뜻한 용기와 격려를 보내 주시고 다시 책임을 맡겨 주신 데 대해서 깊이 감사드립니다. 취임할 때보다 더 무거운 책임감을 느끼고 있습니다. 기대에 어긋나지 않도록 열심히 하겠습니다.

비록 탄핵에 이르는 사유가 아니었다 할지라도 정치적 도의적 책임까지 모두 벗었다고 생각하지 않습니다. 특히 그중에서도 대선 자금과 제 주변 사람들이 저지른 과오는 분명한 저의 허물입니다. 이 자리에서 다시 한번 국민 여러분께 심심한 사죄의 말씀을 올립니다.

임기를 마치는 그날까지 저는 저의 이 허물을 결코 잊지 않고 항상 자신을 경계하는 회초리로 간직하고 가겠습니다. 항상 긴장된 자세로 더 열심히 노력해서 국민 여러분께 진 빚을 갚아 나가도록 하겠습니다.

그렇다고 일을 함에 있어서 망설이거나 머뭇거리지는 않겠습니다. 극복해야 할 많은 난관을 앞에 두고 주저하거나 흔들려서는 안 된다고 생각합니다. 해야 할 일은 책임을 가지고 해 나가겠습니다.

존경하는 국민 여러분,

여러분 모두가 정치개혁을 간절히 바라고 있습니다. 그리고 지난 총선을 치르면서 많은 국민들은 우리 정치권에 대해서 새로운 희망과 기대를 가지게 되었을 것입니다. 저도 그렇습니다.

저는 나름대로 지금까지 새로운 시대를 선도해 가야 한다는 사명감을 가지고 정치를 해 왔습니다. 또한, 시대의 흐름을 인식하면서 항상 정치 발전의 선두에 서 왔다는 자부심도 가지고 있었습니다. 그러나 지난 1년, 정치자금 수사와 총선 결과를 지켜보면서 제가 변화에 앞장서고 있다는 자부심은 이미 어제의 생각일 뿐이고, 이제는 새로운 정치를 앞서서 이끌어 갈 위치에 있지 않다는 사실을 깨닫게 되었습니다.

정치는 이미 많이 바뀌었습니다. 그리고 여야 정치권 모두가 정치개혁의 결의를 다지고 있고 의욕에 넘쳐 있습니다. 그만큼, 정치개혁은 새롭게 구성되는 17대 국회가 앞장서서 해 나갈 것으로 그렇게 믿고 있습니다. 이제 굳이 제가 앞장서려 하지 않겠습니다. 저는 정치개혁이 안정된 정치와 행정의 토대 위에서 질서 있게 추진될 수 있도록 국정을 안정적으로 관리해서 정치개혁을 뒷받침하는 일에 전념하고자 합니다.

국민 여러분,

여러분들은 변화를 바라시면서도 또한 안정을 희구하십니다. 그리고 흔들리지 않는 일관성 있는 정부를 바라고 있습니다. 지금은 빠른 변화가 불가피하고 또 필요한 시기이기 때문에 경제정책이나 사회문제, 정치개혁 문제 등등을 둘러싸고 많은 갈등이 일어날 수 있습니다. 자칫 이해관계를 앞세운 목소리에 국정이 중심을 잃고 끌려 다니게 되면 정치도 경제도 오히려 뒷걸음질칠 수 있습니다. 정치인은 항상 국민의 뜻을 살피고 여론을 존중해야 합니다.

그러나 그러다보면 자칫 여론의 지지에 민감할 수도 있고 높은 목소리에 이끌릴 수도 있습니다.

누군가 원칙과 소신을 가지고 국정의 중심을 잡아서 안정을 유지하면서 변화와 개혁도 일관되게 추진해 나가야 합니다. 이것이 야말로 다음 선거로부터 자유로운 대통령이 꼭 해야 될 일이라고 생각합니다. 이해집단의 목소리나 갈등에 매몰되는 일이 없이, 그 야말로 국정 운영의 안정적 관리자로서 중심을 잡고 해 나가겠습니다. 당장의 성과에 급급하기보다는 10년, 20년 앞을 내다보면서 국정의 올바른 방향을 잡아서 일관성 있게 추진해 나가겠습니다. 때로는 여론의 비난을 받는 일도 있고 인기가 떨어지는 일이 있더라도 국민과 국가의 장래를 위해서 꼭 필요한 일이라면 꿋꿋하게 원칙을 지키면서 해 나가겠습니다.

존경하는 국민 여러분,

저는 지난 두 달 동안, 직무에 복귀하면 화합과 상생의 정치를 펴 달라는 많은 편지를 받았습니다. 실제로 모든 국민들의 소망이 그러합니다. 정치권도 상생의 정치를 약속하고, 또 여야가 만나서 결의도 다졌습니다. 매우 다행스러운 일입니다. 저도 이 자리에서 같은 약속을 드리겠습니다. 꼭 그렇게 하겠습니다.

그런데 저는 이 약속을 준비하면서 마음속에 많은 망설임이 있었습니다. 제 기억에 지난 수십 년 동안 우리 정치는 늘 화합과 단결을 소리 높이 외쳐 왔습니다. 그러나 한 번도 성공하지 못했습니다. 모두가 자신이 옳고 상대방이 자신에게 맞춰야 한다는 생각을 가졌던 것 같습니다. 그래서 화합과 상생은 언제나 공염불로 끝나고 말았습니다.

그래서 저는 어떻게 하면 오늘 드리는 이 약속이 또 한 번의 거짓말이 되지 않고, 책임 있고 명실상부한 약속이 될 것인가를 고심해 왔습니다.

우리는 다시 시작해야 합니다. 상대를 존중하겠습니다. 대화와 타협으로 합의를 이끌어내야 합니다. 대화와 타협 그리고 합의 과정에 공정한 규칙이 적용돼야 합니다. 원칙에 따라 정정당당하게 경쟁해야 합니다. 그리고 그 결과에 승복해야 합니다. 이러한 문화를 만들어야 비로소 화합과 상생이 실현될 수 있습니다.

말로만 되는 것은 아닙니다. 약속만으로도 되는 것이 아니라고 생각합니다. 이제 우리 모두가 함께 노력해서 대화와 타협의 문화를 만들어 나가십시다. 정정당당하게 승부하고 승복하는 민주주의 문화를 만들어 나가십시다.

존경하는 국민 여러분,

경제가 어렵습니다. 그중에서도 특히 중소기업, 영세상인, 그리고 비정규직, 우리 서민들의 생활이 더욱 어렵습니다. 당면한 민생 경제의 어려움을 결코 방치하지 않겠습니다. 당장의 어려움도 풀어야 하거니와, 하루빨리 우리 경제가 회복되고 장기적으로 성장잠재력이 확충돼서 지속적인 경제성장이 가능하도록 하나하나 준비하고 대비해 나가겠습니다.

경제가 어렵다 보니 '현장을 찾아가서 걱정하는 모습을 보여달라', '하루빨리 대책을 내놔라' 이런 요구가 빗발치고 있습니다. 그러나 저는 이 점에 관해서도 주의할 점이 있다고 생각합니다. 현장을 둘러보고 국민의 아픔을 확인하고 함께 나누는 것도 중요하고 또한 그를 통해서 우리 국민들에게 새로운 희망을 주고 안심을 시키는 것도 매우 중요한 일이라고 생각합니다. 그러나 책임질 수 없는 실현할 수 없는 정책이 쏟아져 나와서는 안 됩니다. 너무 조급해해서도 안 된다고 생각합니다. 그리고 그 과정에서 급한 나머지 원칙을 무너뜨려서도 안 된다고 생각합니다. 당장의 발등의 불을 끄기 위해서 미래의 성장잠재력을 훼손하는 일도 있어서는 안 된다고 생각합니다. 시간이 걸리더라도 시간이 걸려야 하는 것은 시간을 두고 차근차근 깊이 있게 토론하고 모든 가능성을 충분히 검토한 다음에 책임 있게 효과 있는 정책을 내놓아야 한다고 저는 그렇게 생각합니다.

몸이 허약해진 사람에게 중병에 걸린 사람에게 주사 몇 대로 영양제 몇 대로 당장 일으켜 세워서 '걸어라' '뛰라' 이렇게 할 수 있다곤 생각지 않습니다. 무리한 정책을 쓰다가 몇 년 뒤에 경제를 더욱 어렵게 만들었던 여러 차례의 경험을 우리는 가지고 있습니다. 다시 이와 같은 어리석음을 범해서는 안 된다고 생각합니다. 물론 서둘러야 할 일은 서두르겠습니다. 그러나 시간이 필요한 일은 인내심을 가지고 차근차근 해 나가겠습니다.

이미 세워 온 계획에 따라서 착실하게 우리의 장기적인 잠재성장력을 키울 수 있도록 그리고 지속적으로 또 빠른 속도로 성장해 갈 수 있도록 기초체력을 다지는 일에 노력을 집중하겠습니다.

경제위기를 걱정하시는 분들이 많이 있습니다. 저도 같은 걱정을 가지고 각별히 경각심을 가지고 상황을 살펴보고 있습니다. 위기의 징후를 방심해서 놓치거나 상황 대처를 게을리 한 결과가 국민들에게 엄청난 고통을 주고 지금도 헤어나기 어려운 많은 경제적 부담을 주고 있습니다. 다시는 이런 일이 발생하지 않도록 하나하나 점검하고 확인하고 대비하겠습니다. 다시는 정부가 소홀해서 다시 경제위기에 빠지는 일은 없도록 반드시 책임지고 관리해 나가겠습니다.

지난 두 달여 동안, 일은 할 수 없었지만 상황을 하나하나 점검할 수는 있었습니다. 여러 가지 어려움이 중첩돼 있는 것이 사실입니다. 더욱이 최근에는 기름값이 매우 걱정스럽습니다. 그러나 이러한 여러 가지 위기적인 요인도 우리 국민과 우리 정부가 감당하지 못할 정도는 아니라는 것이 우리 정부의 판단입니다. 우리는 할 수 있습니다. 반드시 극복해 내겠습니다.

오히려 걱정되는 것은 우려되는 몇 가지의 징후를 너무 과장되게 생각하고 그래서 불안을 더욱더 증폭시키고 비관적 전망을 확산시켜서 거기에 따라 우리 정부와 국민이 과민반응을 하거나 과잉반응을 함으로써 경제에 악영향을 끼칠 수 있는 가능성을 주의해야 된다는 것입니다.

우려하는 목소리 중에는 순수한 우려도 있습니다만 의도적인 우려의 목소리도 없지는 않은 것 같습니다. 개혁을 저지하기 위해서, 자기에게 불리한 정책을 유리한 방향으로 바꾸기 위해서 주장을 관철하기 위한 수단으로 위기를 확대해서 주장하고 그렇게 해서 국민들의 불안을 조장하는 일은 없어야 한다고 생각합니다.

이제는 경제입니다. 저도 동의합니다. 그러나 이제는 경제라는 말 한마디가 장기적으로 우리 경제의 체질을 튼튼하게 하고 장기적으로 우리 경제를 발전시킬 수 있는 올바른 개혁을 저지하는 목소리로 그렇게 작용해서는 안 됩니다.

경제가 모든 것을 당장의 경제문제가 모든 것을 덮어 버려서도 안 된다고 생각합니다. 어려울 때일수록 원칙에 충실해야 합니다. 바로 서 있는 원칙은 반드시 지켜야 하고 어렵다는 이유로 이것을 무너뜨려서는 안 됩니다. 잘못돼 있는 제도는 바로잡아 나가야 됩니다. 원칙이 아닌 것은 원칙으로 바로 세워 나가야 합니다. 어렵다는 이유로 당장의 발등의 불을 꺼야 한다는 이유로 이와 같은 원칙을 포기하는 일은 없어야 합니다. 원칙을 지켜 내지 못하면 기본을 바로 세우지 못하면 우리 경제의 미래를 기약할 수가 없습니다. 지금도 경제이고 미래도 경제입니다. 경제는 원칙에서 출발해야 합니다.

국민 여러분,

희망과 자신감을 가집시다.

지난날 우리는 많은 어려움을 극복해 왔습니다. 지금보다 훨씬 더 심각한 위기를 우리 국민들은 잘 극복해 왔습니다. 지난 1년 동안 참여정부는 많은 꾸지람을 들었습니다.

그러나 아무것도 하지 않은 것은 아닙니다. 발등에 떨어진 불을 관리해 왔습니다. 그리고 앞으로 해야 할 일을 차근차근 준비해 왔습니다. 이제 제대로 된 경제정책을 실천할 수 있는 토대를 마련했습니다. 또박또박 실천해 나가겠습니다. 우리 경제는 혁신 주도형 경제로 발전해 나가야 합니다.

공공부문, 시장 이 모든 부분이 이제 혁신해야 합니다. 기술혁신하고 인재 양성하고 시장개혁하고 우리 경제의 발목을 잡고 있는 정치, 행정 등에 있어서의 모든 부조리를 말끔히 정리하고 보다 더 투명하고 공정한 시장의 토대를 마련함으로써 우리 경제는 다시 살아날 수 있고 경쟁력을 확보해 나갈 수 있습니다. 하나하나 착실히 챙겨 나가겠습니다.

정치개혁, 경제 그 이외에도 국민 여러분들께서 걱정하시는 많은 문제들이 있습니다. 이라크 파병 문제도 그중에 하나일 것입니다. 이와 같은 많은 문제들은 그때그때 필요한 시기에 저의 생각을 정리해서 말씀드리도록 하겠습니다. 오늘은 짧게 복귀하는 저의 각오만을 말씀드리겠습니다.

　다시 시작하는 마음으로 신발 끈을 동여매고 열심히 뛰겠습니다. 도와주십시오. 또 함께합시다. 국민 여러분들께서 함께하시면 우리는 성공할 수 있습니다.

　대통령이 아무리 하려고 노력해도 국민 여러분들의 신뢰와 지지가 없으면 성과를 낼 수가 없습니다. 다소 모자람이 있더라도 여러분들이 함께 해 주시면 성공할 수 있을 것입니다. 최선을 다하겠습니다.

　감사합니다.

2004년 5월 15일, 대통령 노무현은 국회의 탄핵소추로 인한 직무정지가 끝나면서 본관 집무실로 복귀했다. 복귀 연설을 하는 연대는 상징적으로 청와대 본관 앞에 설치되었다. 이날 그는 향후 국정 운영에 대한 자신감을 드러냈다. 직무정지 기간 중에 치러진 총선거에서 열린우리당이 과반수를 넘는 의석을 차지하며 압승을 거두었기 때문이다. 그는 특히 대화와 타협으로 국정을 풀어 갈 것임을 강조했다. 아울러 연설을 통해 악의적으로 경제위기를 부추기는 흐름에 대해서도 일침을 가한다. 탄핵 사태로 최고조에 올랐던 대통령 지지도는 이후 다시 경제위기 논란에 휘말리면서 하향 추세를 보이게 된다.

2004년 5월 15일, 대통령 노무현은 청와대 보좌진과 기자들 앞에서
헌법재판소의 탄핵심판 청구 기각 결정에 즈음한 대국민 담화를 발표했다.

5·18광주가 우리에게 던진 숙제

2004. 5. 18. 5·18민주화운동 제24주년 기념사

광주 시민과 전남 도민 여러분,

우리는 오늘, 24년 전 광주민주화운동의 참뜻을 기리기 위해서 이 자리에 모였습니다. 자유와 정의, 민주주의라는 결코 포기할 수 없는 가치를 위해서 고귀한 목숨을 바치신 5·18영령들 앞에 머리 숙여 삼가 명복을 빕니다.

그날의 상처로 오늘 이 순간까지 슬픔과 고통을 겪고 계신 유가족과 부상자 여러분께 충심으로 위로의 말씀을 드립니다.

광주의 용기와 희생은 결코 헛되지 않았습니다. 5·18광주에서 시작된 민주화의 불꽃은 87년 6월항쟁을 거쳐 평화적 정권교체를 이루어내고, 마침내 시민참여 혁명을 통해서 참여민주주의의 시대를 열어 가고 있습니다.

80년 광주의 함성은 가슴 아픈 기억인 동시에 가슴 벅찬 승리의 노래가 되었습니다. 그때의 광주를 생각하면 지금도 우리의 가슴은 뜨거워집니다.

불의한 권력의 무자비한 폭력에 맞서 분연히 떨쳐 일어섰던 위

대한 광주 시민과 전남 도민 여러분께 한없는 감사와 존경의 말씀을 올립니다.

존경하는 광주 시민과 전남 도민 여러분,

이제 광주는 민주주의의 성지로서 숭고한 빛을 발하고 있습니다. 5·18 당시, 여러분은 참으로 놀라운 용기와 절제력으로 분노와 두려움을 승화시켜 민주주의 시민 상을 구현해 냈습니다. 아니, 이를 뛰어넘어서 도덕적 시민의 모범을 보여 주셨습니다. 너와 내가 따로 없고 다 함께 부상자를 치료하고 아픔과 어려움을 나누었습니다. 여러분 모두가 주인의식을 갖고 스스로 치안을 유지하고 질서를 지켜 냈습니다. 진정한 민주주의가 무엇인지, 누가 어떤 사람이 민주주의를 외칠 자격이 있는지를 온 몸으로 보여 주셨습니다.

지난 3월, 저는 전국의 밤을 환하게 밝혔던 촛불시위를 TV를 통해서 지켜보았습니다. 선진 민주국가에서도 찾아보기 힘든 평화적이고 질서정연한 모습은 제게 크나큰 감동을 주었습니다.

이 일이 어떻게 가능했겠습니까? 그것은 바로 5·18광주가 있었기 때문입니다. 불의를 용납하지 않되 민주적인 행동 또한 포기하지 않았던 5·18광주의 자랑스러운 전통이 우리 국민의 가슴속에 살아 숨 쉬고 있음을 확인할 수 있었습니다.

국민 여러분,

5·18은 독재에 대한 시민의 저항이기도 했지만, 한편으로는 과거 군사독재 정권들이 장기 집권을 위해서 또는 장기 집권의 결과로서 호남을 따돌리고, 국민을 지역으로 갈라치고 이간질해서 분열시켰던 반역적 범죄행위에 대한 저항이기도 했습니다. 그리고 이것은 정당한 것이었습니다.

인류 역사를 돌이켜 보면, 많은 나라가 외부의 적이 아니라 내부의 분열로 멸망했습니다. 지난날 우리의 역사도 그랬거니와 지금도 분열로 인한 고통과 위험에서 헤어나지 못하고 있습니다. 이 점에서 아직까지도 5·18은 완성되지 않았습니다.

저는 분열을 극복하는 일이야말로 우리에게 맡겨진 가장 중요한 과제라고 생각합니다.

다행히 지난 총선을 통해서 이러한 분열 구도가 약간은 무너지는 것 같습니다. 우리는 지금 새로운 정치의 희망을 보고 있습니다. 이 새로운 희망의 싹을 반드시 살려 나가야 합니다. 화합과 상생의 시대를 열어야 합니다.

서로를 존중하며, 대화와 타협의 문화를 만들어 나가야 합니다. 규칙을 존중하고 결과에 승복하는 민주주의 문화를 정착시켜 나가야 합니다. 그리하여 온 국민이 하나가 될 때 비로소 5·18광주의 정신은 완성이 될 것입니다.

그러자면 억압하고 배제하고 일방통행 하던 권위주의 시대의 낡은 생각과 습관을 버려야 할 것입니다. 그 시절의 기득권도 그 시절에 대한 향수도 이제는 버려야 합니다. 고통과 분노, 증오와 원한도 이제 뛰어넘어야 합니다.

용서하고 화해해서 하나가 됩시다. 그러나 이를 위해서는 진심으로 사과하고 용서를 구하고 고통과 상처가 영광이 될 수 있도록 온 국민이 마음을 하나로 모아야 할 것입니다.

존경하는 국민 여러분,

가슴을 열고 지금부터 새롭게 출발합시다. 5·18을 통해 광주는 '두려움을 무릅쓰고 진실을 말하는 용기', '소신을 행동으로 실천하는 용기'를 보여 주었습니다. 이제 말이 아니라 실천으로, 명실상부한 통합의 길로 나아갑시다. 그 통합된 힘으로 우리 사회의 잘못된 관행과 제도를 하나하나 고쳐 나갑시다. 그리하여 성숙한 민주주의 시대를 열고, 마침내 민족이 하나가 되고, 평화와 번영이 함께하는 동북아 시대를 앞장서서 열어 갑시다. 그 안에서 우리의 아들, 딸들이 보람 있고 행복한 삶을 누리게 합시다.

이것이 5·18이 지금 우리에게 던지는 숙제이자, 5·18의 숭고한 뜻을 완성하는 길이라고 생각합니다. 5·18 영령들이 우리를 지켜 줄 것입니다.

오늘 이 자리가 하나 되는 대한민국을 위한 우리의 다짐을 새롭게 하는 계기가 되기를 바랍니다.

광주 시민 여러분, 전남 도민 여러분,

감사합니다.

'나는 호남을 등지고 살 수 없는 사람'. 1997년 정치인 노무현이 대통령선거를 앞두고 선택의 기로에 섰을 때 한 말이다. 그는 결국 김대중 총재의 새정치국민회의를 선택하고 정권교체에 매진한다. 실제로 그는 1990년 3당합당 이후 일관되게, 호남을 고립시키는 지역 구도 정치에 반대했으며 호남당의 간판으로 거듭 부산에 도전하여 패배했다. 그런 정치 역정은 결국 2002년 대선 경선에서 '광주의 기적'이라는 신화가 되어 돌아온다. 그렇듯 광주는 대통령 노무현에게도 남다른 곳이었다. 그는 이날 연설을 통해 대화와 타협의 정치로 5·18광주의 정신을 완성하자고 역설한다.

과감한 결단으로 국민 통합의 시대 열자

2005. 8. 15. 제60주년 광복절 경축사

존경하는 국민 여러분,

그리고 해외동포 여러분,

60년 전 오늘, 우리는 빼앗긴 나라를 되찾았습니다. 그로부터 60년, 우리는 세계 속의 한국으로 우뚝 섰습니다. 그리고 희망찬 내일을 향해서 힘차게 달려가고 있습니다. 우리의 이 모습을 선열들께서도 기뻐하실 것입니다.

뜻 깊은 이날을 맞아서 민족의 자주독립을 위해 모든 것을 바치신 애국선열들께 머리 숙여 경의를 표합니다. 피와 땀으로 오늘의 대한민국을 만들어 오신 국민 여러분께 깊은 존경과 감사의 말씀을 드립니다.

국민 여러분,

해마다 광복절 경축사는 미래를 향한 새로운 희망과 계획을 말하고 다짐하는 데 그 중심을 두었습니다. 그러나 오늘 저는 지난날의 어두운 이야기로 경축사를 시작하려고 합니다. 역사의 과오를 돌이켜보며 다시는 같은 역사를 되풀이하지 않기 위해서 후일의 경계로 삼아야 할 일이 무엇인지를 되짚어 보자는 뜻입니다.

우리나라가 식민지가 된 근본 원인은 당시 세계를 휩쓸었던 제국주의 질서 때문이라고 해야 할 것입니다. 그러나 아무리 제국주의의 파고가 거세었다 할지라도 우리 내부에 이를 이겨낼 만한 준비가 되어 있었더라면 나라를 빼앗기지는 않았을 수도 있었을 것입니다.

흔히들 우리 선조들이 세계정세에 어두웠다고들 합니다. 물론 그것은 사실입니다. 그러나 그것을 결정적인 원인이라고 할 수는 없을 것입니다. 세계정세를 미리 내다보고 나라를 살리기 위한 대안을 내놓은 선각자들이 계셨지만 그 어느 대책도 성공을 할 수가 없었습니다. 나라가 힘이 없고 분열되어 있었기 때문입니다. 어떤 대책을 세운다 해도 이를 실행할 만한 국력이 없었고, 그나마 편을 갈라서 싸우느라 힘을 모을 수가 없었던 것입니다.

나라의 힘을 기르지 못한 것은 어떤 변화도 용납하지 않았던 지배체제와 이에 결합한 기득권 체제 때문이었습니다. 지배 세력은 배타적이고 독선적인 사상 체계에 매몰되어 일체의 다른 사상과 제도를 배척하였고, 새로운 생각을 말하는 사람들의 목숨마저도 용납하지 않았습니다. 명분은 당당했지만 불행하게도 결론은 언제나 기득권 체제를 옹호하는 그것이었습니다.

그들 상호간에도 권력을 놓고 목숨을 건 투쟁을 일삼았습니다. 정교한 사상 체계도 노골적인 권력투쟁의 도구로 이용됐습니다. 지배 세력 스스로 분열했던 것입니다.

권력을 견제할 반대자마저 철저히 배제한 지배 세력은 끝없는 부정부패와 가렴주구로 백성들을 도탄으로 밀어 넣었습니다. 삶의 뿌리가 뽑혀 버린 백성들이 지배 세력을 불신하고 따르지 않게 되었으니 백성과 지배 세력마저 갈라져 버린 것입니다.

지배 세력의 완고한 기득권과 독선적인 사상 체계, 부정부패와 목숨을 건 권력투쟁, 그리고 그로 인한 분열과 대립이 나라를 피폐하게 하고 끝내는 망국에 이르게 한 내부의 원인이 된 것입니다.

국민 여러분,

먼 훗날 우리 후손들이 오늘날의 역사를 보고 우리가 세계정세에 어두웠다고 말하지는 않을 것입니다. 저는 역대 정부가 냉전체제 붕괴 이후의 변화하는 세계질서에 잘 대처해 왔다고 생각합니다. 앞으로도 우리 대한민국은 한반도와 주변 질서에 능동적으로 잘 대처해 나갈 것입니다. 그럴 만한 충분한 안목을 갖추고 있다고 생각합니다.

국력이 모자라서 나라가 위태롭게 되는 일도 이제는 없을 것입니다. 과학기술의 발전과 우수한 인재의 양성은 더욱 가속화될 것입니다. 민주주의와 시장경제도 더욱 발전해 갈 것입니다. 그 위에서 우리 국민은 창의와 다양성을 꽃피울 것입니다. 능히 나라를 지킬 만한 자주국방의 역량도 갖추어 나가고 있습니다.

어떤 독선적인 사상 체계도 이상 더 우리 사회의 변화를 가로막지는 못할 것입니다. 또다시 독재체제가 나타나서 국민의 인권을 짓밟고 자유를 억압하는 일은 없을 것입니다. 국가기관의 불법 행위와 정경유착, 권언유착도 이제는 과거의 일이 될 것입니다.

지금도 여러 가지 불미스러운 사건들이 국민 여러분들을 분노케 하고 있지만 실상은 모두 지난날의 일들입니다. 앞으로 어떤 사건들이 또 불거져 나올지 알 수는 없지만, 적어도 이 시간 이후의 사건은 아닐 것입니다. 더 이상 이런 부정한 방법으로 특권과 특혜를 누리거나 경쟁에서 불공정한 이익을 얻는 일은 없을 것입니다.

그러나 국민 여러분,

유감스럽게도 아직 자신 있게 말하기 어려운 일도 있습니다. 우리 역사에 뿌리 깊이 내려온 분열은 얼마나 극복이 되었으며 앞으로 또 다른 분열의 소지는 없을 것인지, 그리고 이로 인해 나라가 다시 위기에 빠지는 일은 없을 것인지 묻는다면, 자신 있게 그렇지 않다고 말하기가 어려운 것이 사실입니다.

아직도 우리 사회는 크게 세 가지의 분열적 요인을 안고 있습니다. 그 하나는 역사로부터 물려받은 분열의 상처이고, 그 둘은 정치 과정에서 생긴 분열의 구조이며, 그 셋은 경제적 사회적 불균형과 격차로부터 생길지도 모르는 분열의 우려입니다.

나라를 지속적으로 발전의 토대 위에 단단하게 올려놓기 위해서, 그리고 또다시 나라가 위기에 빠지지 않게 하기 위해서, 우리는 반드시 이 분열과 갈등의 구조를 해소해야 합니다.

국민 여러분,

우리가 역사에서 물려받은 분열의 상처는 친일과 항일, 좌익과 우익, 그리고 독재 시대의 억압과 저항의 과정에서 비롯된 것입니다. 이를 극복하기 위해서는 그 시대 역사에 대한 올바른 정리와 청산이 이루어져야 합니다.

친일의 역사로부터 비롯된 분열과 갈등이 광복 60년이 지난 오늘에 이르도록 해소되지 않고 있습니다. 해방은 되었으나 좌우 대결에 매몰되어 친일 세력의 득세를 용납하였고, 그 결과로 친일 세력을 단죄하기는커녕 역사의 진실조차 채 밝히지 못했기 때문입니다.

다행히 작년에는 우리 국회가 '일제강점 하 반민족행위 진상규명특별법'을 만들고, 올해에는 '진실·화해를 위한 과거사정리기본법'을 만들어서 그동안 미루어 왔던 친일 반민족행위의 진상을 밝히고 아직도 빛을 보지 못하고 있는 독립운동사의 나머지 한쪽도 밝힐 수 있게 되었습니다. 이 일이 제대로 마무리되면 과거 식민지 역사에서 비롯된 우리 사회의 분열과 갈등은 이제 정리되는 국면으로 들어서게 될 것입니다.

국회에 계류 중인 '친일 반민족행위자 재산환수에 관한 특별법'까지 통과되면 친일 반민족행위자들이 나라와 민족을 팔아서 치부한 재산을 그 후손들이 누리는 역사의 부조리도 해소될 것입니다.

해방 후, 좌우의 대립과 독재·반독재 간의 오랜 대결도 갈등과 대립의 문화를 남겨 놓았습니다. 좌우익은 서로를 용납하기 어려운 가치체계를 가지고 테러와 학살까지 일삼았습니다. 독재정권도 도청과 감시, 체포와 투옥, 고문과 협박도 모자라서 마침내 죄 없는 사람에게 죄를 만들어서 죽이기까지 했습니다. 자연히 여야의 정치적 대립과 반독재 운동도 타협을 허락하지 않는 투쟁이 될 수밖에 없었습니다.

지금도 여야가 서로를 인정하지 않고, 대화와 타협을 변절과 야합으로 생각하는 사고가 우리 정치를 지배하고 있는 것도 관용을 모르는 바로 이와 같은 대결의 문화의 잔재일 것입니다. 우리가 이 문화를 극복하는 데 걸리는 시간만큼 민주주의 발전은 지체될 것입니다.

이러한 문화적인 잔재보다 더 중요한 문제는 아직도 진상이 규명되지 않은 사건들이 많이 남아 있고, 그에 따라 피해자들의 상처가 치유되지 못했으며 국가의 책임도 끝나지 않았다는 것입니다.

다행히 이 또한 과거사정리기본법을 통해 진상규명과 역사적인 정리를 할 수 있게 되었으니 참으로 잘된 일이라 할 것입니다.

다만 이 청산의 과정에는 다음 몇 가지 유의해야 할 점이 있습니다.

우선, 피해당하고 고통받은 사람들의 상처를 치유하여 진정한 화해를 이룰 수 있도록 해야 할 것입니다. 그러자면 먼저 철저한 진상규명과 사과, 배상 또는 보상, 그리고 명예회복이 이루어져야 합니다.

다음으로, 국가권력의 정당성과 신뢰를 회복하도록 해야 합니다. 국민에 대한 국가기관의 불법행위로 국가의 도덕성과 신뢰가 크게 훼손됐습니다. 국가는 스스로 앞장서서 진상을 밝히고 사과하고, 배상이나 보상의 책임을 다해야 할 것입니다.

이와 관련해서 과거사정리기본법에 규정이 있고, 올 연말에 출범할 과거사정리위원회가 타당성 있고 형평에 맞는 기준을 제시할 것으로 기대합니다. 그러나 그로서도 부족하다고 판단되면 이를 보완하는 법을 만드는 방안도 고려해야 할 것입니다. 입법을 할 경우에는 확정판결에 대해서도 보다 융통성 있는 재심이 가능하도록 해서 억울한 피해자들이 명예를 회복할 수 있는 길을 열어 주면 더욱 좋을 것입니다.

이에 더해서 국가권력을 남용하여 국민의 인권과 민주적 기본질서를 침해한 그러한 범죄에 대해서는, 그리고 이로 인해 인권을 침해당한 사람들의 보상과 배상에 대해서는 민·형사 시효의 적용을 배제하거나 적절하게 조정하는 법률도 만들어야 할 것입니다. 더 이상 국가권력을 남용하여 국민의 생명과 재산을 빼앗아 놓고 나 몰라라 하고 심지어 큰소리까지 치는 일이 없도록 하자는 것입니다.

그래야 국가의 신뢰를 회복하고 정의를 바로 세울 수 있을 것입니다.

국민 여러분,

정치 과정에서 생긴 우리 사회의 분열 구조는 바로 지역 구도와 대결적 정치 문화입니다. 이 구조와 문화가 해소되기 전에는 끊임없는 분열과 대립을 벗어나기 어려울 것입니다.

지역 구도는 민주주의를 왜곡합니다. 민주주의의 기본은 선거입니다. 선거에서 민의가 왜곡되면 민주주의도 왜곡되는 것입니다. 지난날 군사독재는 이 민의를 왜곡하기 위해서 지역감정을 동원했습니다. 그것이 87년 대통령 선거와 90년 3당합당을 거치면서 이제 지역 구도로 굳어 버렸습니다. 그 구조가 지금까지 계속되고 있습니다.

지역 구도는 합리적인 국정 운영을 불가능하게 합니다. 정당이 이념과 정책이 아니라 지역으로 나누어져 있으니 국회가 정책 토론장이 아닌 감정 대결의 장이 되어 버립니다. 인사도 예산도 사업도 모두 지역 대결, 지역 안배로 해석되고 맙니다. 적재적소와 효율과 원칙이 흔들립니다. 설사 흔들리지 않더라도 신뢰를 유지할 수가 없습니다.

그 무엇보다 심각한 것은 지역 구도가 우리 국민을 분열시킨다는 것입니다. 선거 때만 되면 정치인들은 불신과 적대감을 부추깁니다. 국회에 가면 끊임없이 지역 차별을 얘기합니다. 언론에는 지역적인 정치 구도와 지역 소외 얘기가 그치지 않습니다. 지역 민심에 의혹과 분노가 쌓입니다. 선거에서 이보다 더 좋은 수단이 없으니 정치인들은 계속 지역감정을 자극하게 됩니다. 악순환이 반복되는 것입니다. 합리적인 근거도 없는 일로 불신하고 적대하니 이로 인한 갈등은 풀어낼 방법도 없습니다. 지역 구도의 폐해와 부당성을 말하자면 끝이 없습니다.

우선 선거제도를 고쳐야 합니다. 그렇다고 단번에 지역감정이 다 해결되는 것은 아니라 할지라도 정치의 지역 구도는 해소될 수 있을 것입니다. 그리고 정치적 선동으로 갈등을 확대재생산하는 악순환의 고리는 끊어 버릴 수 있습니다.

모든 정치인들이 지역 구도를 옳지 않다고 하는데도 선거제도는 고쳐지지 않고 있습니다. 지역 구도가 정치적 기득권이 되어 버렸기 때문입니다.

정치인 여러분이 결단해야 합니다. 지금과 같은 갈등과 분열의 구도를 가지고는 나라가 발전할 수가 없습니다. 나라가 위기에 처했을 때 올바르게 대처할 수도 없습니다. 나라를 발전시키기 위해 정권을 잡겠다고 하기 전에 나라의 큰 병부터 먼저 고치는 것이 지도자가 되려는 사람들의 도리일 것입니다. 과감하게 기득권을 포기하는 용기와 결단으로 나라의 미래에 새로운 가능성을 열어 주실 것을 간곡히 호소드립니다.

국민 여러분,

경제적 사회적 불균형은 나라의 장래에 심각한 위협이 될 수 있습니다. 계층 간, 지역 간, 기업 규모 간의 소득과 재산, 그리고 지식 정보와 기회의 격차가 날로 커져 가고 있습니다. 양극화가 이대로 진행되면 감당하기 어려운 갈등과 분열의 원인이 되고 지속적인 성장 기반마저 무너질 수도 있습니다.

정부는 최선을 다하고 있습니다. 또 다할 것입니다. 경제를 활력 있고 안정적으로 운영하는 것이 가장 중요한 일입니다. 급격한 경기변동은 격차를 더욱더 벌릴 뿐 아니라 어려운 사람들을 더욱더 어렵게 하기 때문입니다. 당장 도움이 필요한 사람에게는 사회 안전망을 확충해 나갈 것입니다. 긴급지원을 확대하고 개인이나

가정이 감당하기 어려운 곤경은 국가가 덜어 드릴 것입니다. 일하고자 하는 사람에게는 직업 능력을 향상시키고 좋은 일자리를 제공하기 위한 다양한 정책을 펼치고 있습니다. 교육정책도 세계 일류의 인재 양성과 함께 모든 사람들에게 공정한 기회를 제공하는 데 역점을 두어 나갈 것입니다.

정부의 힘만으로는 문제를 다 해결하기 어렵습니다. 기업과 국민 모두가 우리 경제를 살리고 함께 사는 도리를 생각해야 할 때입니다.

기업은 연구개발 투자를 더욱 늘려야 합니다. 세계시장의 활력은 높아지고 있지만, 이와 함께 구조적인 불확실성도 더 높아지고 있습니다. 이것을 뚫고 나가려면 연구개발을 통해서 시장을 넓히는 수밖에 없습니다. 국내 투자도 늘려야 합니다. 국내의 기반 없이 해외에서만 성공하기는 어려울 것입니다. 수출만으로 우리 경제가 계속 성장할 수는 없습니다. 내수기반을 함께 키워야 합니다. 그러자면 국내에 일자리를 만들어야 합니다. 수출로 벌어들인 돈이 일자리를 통해서 돌게 하고 국민들의 소비를 통해서 내수경제를 살려 나가야 합니다.

기업은 또한 인재를 키워 써야 합니다. 우수한 인재를 골라 쓰는 데만 치중하고 기르는 데 인색한 기업이 장기적으로 경쟁력을 갖기는 어려울 것입니다. 이미 인재가 경쟁력인 시대로 들어섰습니다. 비정규직이 늘어나 그들의 소득이 줄고 그 결과로 그 사람들의 생산성이 낮아지고 그래서 다시 그 사람들의 일자리가 줄어드는 이와 같은 악순환의 구조가 되어서는 결코 우리 경제가 살아날 수가 없습니다. 한창 일할 나이에 직장에서 물러나 출근 시간에 갈 곳이 없는 사람들이 넘치는 사회에서는 경제도 기업도 성공할 수가 없습니다. 정부도 기업도 정규직을 늘리고 경력자를 최대한 활용하는 경영전략을 적극적으로 검토해야 할 때라고 생각합니다.

노동조합도 이제 결단해야 합니다. 기업이 어려움에 처해도 정리해고가 어려운 제도 아래서, 비정규직과 대다수 노동자들이 오히려 피해를 보고 있는 것이 현실입니다. 막강한 조직력으로 강력한 고용 보호를 받고 있는 대기업 노동조합이 기득권을 포기하는 과감한 결단을 해야 합니다. 노동조합은 해고의 유연성을 열어 주는 한편, 정부와 기업은 정규직 채용을 늘리고 다양한 고용기회를 만들어내는 대타협을 이루어 내야 할 것입니다.

대기업과 중소기업의 상생 협력도 반드시 성공시켜 나가야 합니다. 기업인뿐만 아니라 대기업 노동자 여러분의 협력이 절대적으로 필요한 일입니다. 적극적인 참여를 당부드립니다.

국가 균형발전 정책도 그동안 기업과 공공기관, 그리고 지자체의 협력 덕분에 많은 진전이 있었습니다. 진심으로 감사드립니다. 앞으로도 지속적인 관심과 동참을 바랍니다.

이 모두가 당장의 이익에는 맞지 않는 일들입니다. 그러나 멀리 보면 스스로를 위한 일입니다. 멀리 내다보아야 합니다. 크게 보아야 합니다. 지금까지 생각은 많았지만 미처 결심하지 못하고 실천하지 못했던 일들입니다. 결단이 필요한 일입니다.

국민 여러분,

우리 국민은 창의와 경쟁, 땀과 열정에서 세계 최고의 역량을 보여 주었습니다. 투명하고 공정한 사회를 만드는 일도 이미 성공의 길로 들어서고 있습니다. 그러나 대화와 타협, 양보와 협력에 있어서는 아직 성공했다고 자부하기 어렵습니다.

이제 우리 모두 결단해야 합니다. 내가 결단하지 않으면 남을 움직일 수 없고 세상을 바꿀 수가 없습니다. 결단은 새로운 기회를 열어 줄 것입니다. 결단하는 그 사람과 우리 모두의 운명을 새롭게 바꿔 줄 것입니다.

역사는 고비마다 우리에게 새로운 소명을 부여했습니다. 일제 하에서는 독립국가 건설을, 산업화시대에는 가난 극복을 우리는 소명으로 받았습니다. 그리고 이행했습니다. 70~80년대에는 수많은 젊은이들이 민주화를 위해 거리로 나섰습니다.

역사는 지금 또 하나의 새로운 과업을 던져 주고 있습니다. 바로 분열의 역사에 종지부를 찍고 국민 통합의 시대를 열라는 것입니다. 이것은 우리가 분단 시대를 극복하고 평화와 번영의 통일 시대를 맞이할 수 있는 발판을 만드는 일이기도 합니다. 저는 국민 여러분과 함께 이 역사적 과업을 완수해 내고자 합니다.

우리 모두 힘과 지혜를 모읍시다. 광복 60주년을 경축하는 오늘 이 자리를 진정한 화해와 통합의 출발점으로 삼읍시다.

2005년 8월 15일, 제60주년 광복절 경축사. 대통령 노무현은 이 연설을 일찍부터 준비하며 각별하게 신경을 집중했다. 이 시기는 그가 한나라당에 대연정을 제안하여 정국이 논란의 한가운데에 있던 시점이었다. 그래서 이날 경축사에서는 이례적으로 지역 구도의 해소를 위해 선거제도를 개혁하는 결단을 정치권이 해야 한다는 내용도 담겨 있다. 나아가 분열의 역사에 종지부를 찍고 국민 통합 시대를 열자고 호소한다. 그럼에도 불구하고 연설의 반향은 기대보다 크지 않았다.

민주주의와 국민 통합

2006. 8. 15. 제61주년 광복절 경축사

61년 전 오늘, 우리는 빼앗긴 나라를 다시 찾았습니다. 그 감격과 기쁨에 온 겨레가 얼싸안았습니다. 그리고 당당한 자주독립국가를 만들어 갈 것을 다짐했습니다.

조국 광복의 그날까지 모든 것을 바쳐 헌신해 오신 애국선열들의 높은 뜻을 기리며, 독립유공자와 유가족 여러분께 존경과 감사의 말씀을 드립니다.

지난 한 세기, 우리의 역사는 고난과 극복의 역사입니다. 나라를 잃은 칠흑같은 절망 속에서도 우리 선조들은 항일 독립투쟁을 멈추지 않았습니다. 우리 국민은 전쟁의 잿더미에서 나라 경제를 세계 10위권의 강국으로 올려놓았습니다. 독재체제를 물리치고 자유와 활력이 넘치는 민주주의 시대를 열어 가고 있습니다. 또한 역사의 진실을 밝혀 민족사의 정통성을 바로 세우고, 나라의 자주적 위상도 새롭게 세워 나가고 있습니다.

오늘의 대한민국을 만들어 오신 국민 여러분께 깊은 감사의 말씀을 드립니다.

국민 여러분,

이러한 도전과 성취의 역사는 앞으로도 계속될 것입니다.

우리 경제는 민생 문제가 구조적인 어려움으로 남아 있습니다마는, 투명하고 공정한 시장 위에서 기술혁신과 인재 양성을 통해서 지속적인 성장을 이어 갈 것입니다. 세계 정상의 제조업을 뒷받침하고 21세기 지식정보화 시대를 이끌어 갈 첨단 과학기술 역량도 한층 강화되고 있습니다. 수도권과 지방이 함께 성장하는 균형 발전의 토대도 마련하고 있습니다.

권위주의는 해체되고, 국민이 진정한 주인 대접을 받는 시대로 들어섰습니다. 우리의 자녀들은 자율과 창의를 꽃피우며 과학과 예술, 체육 등 모든 분야에서 세계의 젊은이들과 당당히 어깨를 겨루고 있습니다. 지금 대한민국과 한국인의 힘은 세계로 뻗어 나가고 있습니다.

그러나 우리의 미래에 희망만 있는 것은 아닙니다. 우리 역사에서 당연히 이루었어야 할 일을 이루지 못한 것도 있습니다.

무엇보다 분단을 극복하는 일이 미완의 숙제로 남아 있습니다. 남북 관계의 진전에도 불구하고 때때로 긴장과 대립이 조성되고 있고, 통일로 가는 길에는 아직도 많은 난관이 가로놓여 있습니다.

동북아시아의 대결적 질서도 우리의 미래를 안심할 수 없게 하는 요인입니다. 식민 지배의 시대는 끝이 났으나 뿌리 깊은 갈등 요소들이 아직 남아 있고, 냉전시대는 끝이 났으나 갈등과 대결 구도는 완전히 해소되지 않고 있습니다. 마치 지진판 구조와 같은 지역적 불안정이 우리가 도전하고 해결해야 할 과제로 우리 앞에 가로놓여 있습니다.

우리 내부에 남아 있는 분열적 역사의 잔재도 역사 발전의 발목을 잡는 장애 요인의 하나입니다. 식민 지배와 좌우의 이념 대결, 그리고 독재 시대를 거치면서 쌓인 갈등과 대립의 정서가 지금도 국민 통합을 어렵게 하고 있습니다.

국민 여러분,

우리 민족의 안전과 평화, 그리고 미래의 번영을 위해서는, 한편으로는 상황을 조심스럽게 관리하면서 한편으로는 이와 같은 도전 요인을 하나하나 극복해 나가야 할 것입니다.

무엇보다도 분단 상황을 지혜롭게 관리해 나가야 합니다. 적대적 감정을 자극해서 신뢰가 무너지는 일이 없도록 해야 합니다. 남북 관계에서 인권도 중요하고 국민의 자존심도 매우 중요합니다. 그러나 그 무엇보다 중요한 것은 한반도의 평화와 안정에 최우선을 두고 상황을 감당할 수 있는 수준으로 관리해 나가는 것입니다.

확실한 억지력을 가지고 철저히 대비하는 동시에, 관용과 인내로써 북한을 설득하고 개혁·개방의 길로 이끌어야 합니다. 개성공단을 비롯한 경제협력 사업을 남북이 함께 평화와 번영의 길로 나아가는 튼튼한 다리로 만들어야 합니다.

가슴속에 남아 있는 분노와 증오의 감정도 이제 넘어서야 합니다. 지난날 북한이 저지른 전쟁과 납치 등으로 고통 받은 사람들을 생각하면 북한에 대해 관용과 화해의 손을 내민다는 것이 결코 쉬운 일은 아닐 것입니다. 그러나 우리와 우리 후손들의 평화롭고 번영된 삶을 위해서는 넓은 마음과 긴 시야로써 지난날을 용서하고 화해와 협력의 길로 함께 나아가야 할 것입니다.

북한은 조건 없이 6자회담에 복귀해야 합니다. 우리는 북한이 핵을 포기하고, 동시에 미국을 포함한 주요국들과 관계를 개선하여 평화와 공동 번영의 길로 나아갈 수 있도록 적극적인 노력과 지원을 아끼지 않을 것입니다.

6자회담의 당사국들은 회담의 재개와 진전을 위해서 다양한 형태의 대화를 시도해야 할 것입니다. 지난해 6자회담에서 이루어진 9·19합의에는 북핵 문제 해결뿐만 아니라 동북아시아의 새로운 질서를 만들어 갈 수 있는 출발점이 제시되어 있습니다.

6자회담이 성공하면 미국은 동북아시아를 평화와 번영의 공동체로 만드는 데 주도적인 기여를 하게 될 것입니다. 또한 그것은 이 지역에 민주주의와 시장경제, 그리고 인권의 가치를 앞당겨서 실현하는 결과를 가져올 것입니다.

존경하는 국민 여러분,

우리의 운명을 멀리 내다볼 때 또 하나의 불안 요인인 동북아의 잠재적인 대결 구도에도 적극 대처해 나가야 합니다.

첫째, 동북아 지역에 새로운 통합의 질서를 구축해 나가야 합니다. 서로 진영을 가르고 진영끼리 뭉쳐서 상대방을 불신하고 견제하는 자세로는 대결의 구조를 해소하기 어렵습니다. 이 지역에 이해관계가 있는 국가들 모두가 대립과 갈등이 아니라 평화와 공존의 질서를 만들기 위해서 마음을 모아야 합니다.

그중에서도 우리 대한민국의 역할은 대단히 중요합니다. 우리가 어떤 태도를 가지느냐에 따라서 다른 나라의 태도도 달라질 수 있습니다. 우리가 먼저 중심을 잡아야 합니다. 그동안 우리 역사는 강대국들의 의지에 따라 결정된 경우가 많았습니다. 그래서 우리는 오랫동안 우리의 운명을 결정하는 일에 강대국의 뜻을 먼저 살피지 않을 수가 없었습니다.

그러나 이제 이것은 달라져야 합니다. 우리의 국력이나 주변국과의 관계가 옛날과는 달라졌습니다. 우리가 추구하는 목표를 국제사회의 현실과 조화시켜 나가되, 한국인의 입장에서 생각하고 결단해 나가야 합니다. 강대국들이 동북아시아의 미래를 얘기할 때 한국인의 운명에 대한 자율권을 존중하도록 우리가 적극적으로 설득해 나가야 합니다.

둘째로는, 지역 평화와 협력 질서를 위협하는 패권주의를 경계해야 합니다. 과거 동북아의 평화를 깨뜨린 것은 열강의 패권주의였습니다. 그때마다 한반도는 전쟁의 소용돌이에 휘말려야 했습니다. 그리고 국민들은 고통을 받았습니다. 러일전쟁, 청일전쟁도 그 이름과는 달리 열강들이 우리의 땅에서 벌인 전쟁이었습니다. 불행하게도 동북아에는 지금도 과거의 불안한 기운이 꿈틀거리고 있습니다.

일본의 헌법 개정 논의를 우려하는 것도 바로 이 때문입니다. 2차 대전이 끝난 지 오랜 세월이 흘렀습니다. 평화헌법 개정 자체를 가지고 시비를 하는 것은 지나친 일이라 할 수도 있을 것입니다. 그러나 일본은 헌법을 개정하기 전에 먼저 해야 할 일이 있습니다.

과거에 대하여 진심으로 반성하고, 여러 차례의 사과를 뒷받침하는 실천으로 다시는 과거와 같은 일을 반복할 의사가 없음을 분명하게 증명해야 할 것입니다. 독도, 역사교과서, 야스쿠니신사 참배, 그리고 일본군 위안부 문제의 해결을 위한 실질적인 조치가 그것입니다. 독일이 오데르-나이세 국경선을 인정한 일과, 최근 프랑스, 폴란드 등 이웃 나라와 협의하여 공동으로 역사교과서를 발간한 사례는 좋은 본보기가 될 것입니다.

셋째로, 우리나라는 우리가 지킨다는 확고한 의지와 그렇게 할 수 있는 힘을 갖추어야 합니다. 이를 위해 참여정부는 국방 개혁을 추진해서 우리의 자주방위 역량을 강화해 나가고 있습니다. 주한미군 재배치를 포함한 한미 안보협력 관계도 미래지향적으로 발전시켜 나가고 있습니다.

전시작전통제권 환수는 나라의 주권을 바로 세우는 일입니다. 국군통수권에 관한 헌법 정신에 맞지 않는 비정상적 상태를 바로잡는 것입니다. 또한 달라진 우리 군의 위상에 걸맞은 것입니다. 지난 20년 동안 준비하고 미국과 긴밀히 협의하면서 체계적으로 추진해 온 일입니다. 확고한 한미동맹의 토대 위에서 진행되고 있고, 미국도 적극적으로 협력하고 있습니다. 저는 우리 군의 역량을 신뢰합니다.

국방력은 총체적인 국력의 크기에 비례합니다. 제조업과 첨단 기술력을 더욱 발전시키고, 교육과 사회 투자를 통해서 지속 가능한 성장 기반을 구축해 나가야 합니다. 서비스산업 육성과 선진통상국가 전략을 적극 추진해서 선진국 문턱을 이제 뛰어넘어야 합니다.

개방은 우리의 생존 전략입니다. 지금까지 대한민국은 높은 교육열과 도전 정신, 그리고 개방을 통해서 성공해 왔습니다. 과거 개방 때마다 많은 반대와 우려가 있었습니다. 그러나 그것은 항상 우리에게 새로운 기회로 증명되었습니다.

미국과의 FTA는 또 하나의 도전입니다. 도전은 항상 불안한 것입니다. 그러나 도전하지 않고는 더 나은 미래를 열어 갈 수가 없습니다. 선진국으로 가기 위해서는 경쟁의 질적 수준을 한 단계 더 높여야 합니다.

미국은 세계 최대의 시장이자 최고의 시장입니다. 그동안은 일본의 성장 모델을 쫓아왔지만, 이제는 중국의 추격을 뿌리치고 일본을 넘어설 새로운 성공 모델을 만들어 나가야 합니다. 그러자면 미국 시장에서, 특히 서비스산업에서 미국과 경쟁하여 성공을 이루어 내야 합니다. 저는 우리 국민의 역량을 믿습니다. 우리 국민은 끊임없이 신화를 창조해 온 국민들입니다.

국민 여러분,

이 모든 것을 위해서는 국민의 의견을 하나로 모을 수 있어야 합니다. 개인의 생각은 각기 다를 수 있지만 국민의 뜻은 하나로 통합되어야 합니다.

우리는 늘 단결과 통합을 얘기했지만 실제로는 자신의 주장을 따르라고 요구했을 뿐, 남의 말을 받아들이거나 타협하려고 하지 않았습니다. 그에 그치지 않고 뜻이 다르다고 서로 배척하고 심지어는 죽이기까지 했던 시절도 있었습니다. 그 시절, 대화와 타협을 말하는 사람은 설 자리를 잃을 수밖에 없었습니다. 이제 그런 시대는 과거가 되었으나 우리 정치와 사회에는 아직도 대화와 타협을 거부하는 극단주의가 남아 있습니다. 극단주의는 국민 통합을 불가능하게 합니다.

국민의 뜻을 하나로 모으는 유일한 방법은 민주주의를 제대로 하는 것입니다. 민주주의 원리의 핵심은 상대주의와 관용입니다. 그리고 규칙을 존중하는 것입니다. 대화와 타협을 통해 합의를 이루고 끝내 합의를 이룰 수 없는 경우라도 규칙에 따라 결론을 내고 그리고 거기에 승복하는 것입니다.

지난날 역사를 돌이켜 보면, 이단을 용납하지 않는 극단주의 비타협 노선이 나라를 분열시켜 왔고 그것이 불행한 역사를 낳았습니다. 앞으로는 통합의 노선이 현실의 힘으로써 나라를 이끌고 역사의 정통이 되도록 그렇게 만들어 나가야 합니다.

해방 후 정부수립 과정에서 하나의 나라를 이루고자 했던 통합주의 노선은 좌절하고 말았습니다. 그러나 좌절했다고 해서 이러한 노선의 역사적인 가치마저 깎아내려서는 안 될 것입니다. 우리 민족의 자주적 역량을 일깨워 분열을 막고자 했던 노력은 다시 평가되어야 할 것입니다.

아울러 우리는 지난날 분열과 대결의 역사가 남긴 상처를 치유하고, 나라와 국민이 하나로 통합된 새로운 미래를 만들기 위해서 각별한 노력을 해야 할 것입니다. 과거 대결과 반목의 역사에서 비롯된 감정의 응어리는 이제 씻어 내야 합니다. 민주주의와 인권이라고 하는 최소한의 가치를 인정하고, 이를 침해한 행위에 대해서는 진심으로 반성하고 사과해야 합니다. 반면에 과거 역사의 과오에서 비롯된, 정통성 시비나 자격 시비도 이제 역사의 평가로 돌립시다. 그래서 진정한 용서와 화해를 이루고 미래를 향해서 함께 나아갑시다.

존경하는 국민 여러분,

대한민국은 2차 대전 이후 독립한 나라 중에서 민주주의와 시장경제를 모두 성공시킨 유일한 나라입니다. 우리가 이룩한 성취는 전 세계 개발도상국들의 모범이 되고 있습니다. 이제 더 큰 도약을 이루어야 할 때입니다. 모든 국민이 평화롭고 안정된 토대 위에서 활력 있는 삶을 누리고, 모든 청소년에게 내일을 위한 기회가 공정하게 주어지는 나라, 선진 한국이 바로 우리의 꿈입니다.

한미 FTA는 경제 선진국을 향한 새로운 도전입니다. 양극화 해소와 동반성장은 복지 한국을 향한 비전입니다. 자주국방은 한반도의 평화와 안전을 스스로의 힘으로 확고히 다져 나가는 의지와 역량의 상징입니다.

국민의 힘을 하나로 모아 끊임없이 혁신하고 창조해 나가면,

참여정부가 마무리되는 2008년에는 국민소득 2만 달러 시대가 열릴 것입니다. 10년 안에 명실상부한 세계 일류국가로 도약하게 될 것입니다.

밝은 미래가 우리 앞에 있습니다. 희망과 자신감을 가지고 힘차게 나갑시다. 지금 해야 할 일은 뒤로 미루지 말고 책임 있게 해나갑시다. 저와 우리 정부도 최선을 다하겠습니다.

감사합니다.

2006년 하반기를 맞는 시점에 있었던 취임 후 네 번째 광복절 경축사. 이때는 대통령 노무현이 힘겹게 국정 운영을 하던 시기이다. 지방선거 패배 후 여당으로부터의 차별화가 시작되고 있었으며 전시작전통제권 환수, 한미 FTA 추진 등으로 진보, 보수 양쪽으로부터 비판이 거세었던 시기이다. 한편 6자회담은 BDA(방코델타아시아) 문제로 교착 상태에 있었으며 북한은 미사일을 발사하는 등 긴장을 더욱 고조시키고 있었다. 그런 상황에서도 대화와 타협으로 국정을 운영해 나가려는 대통령의 의지가 연설 전반에 걸쳐 잘 드러나고 있다.

민주주의를 말하다

2007. 6. 8. 원광대학교 명예박사학위 수여식 특별 강연

제가 국내에서 명예박사학위를 처음 받았습니다. 별 한 것도 없이 명예박사학위를 받기가 쑥스러워서 그동안에 여러 차례 기회가 있었지만 사양했습니다. 그런데 오늘 제가 원광대학교 와서 명예박사학위를 받았습니다. 제가 95년에 이 학교에 와서 강연 한 번 하고, 2001년도에 와서 또 강연 한 번 했습니다. 그런 인연도 있겠지만 그 인연 가지고 제가 박사학위 받겠다고 그렇게 하진 않았을 것입니다. 원광대학교가 그냥 느낌이 좋습니다. 학교 들어오면 분위기가 참 그냥 좋고요, 그다음에 이제 선생님들도 열심히 가르치시겠지만 학생들도 착하고 열심히 하는 것 같고요. 옛날에 김용옥 교수도 와서 공부도 하고요. 근데 그런 느낌, 그게 사실인 것 같고요. 그런 느낌을 받는 것이 원불교라는 종교가 주는 느낌이 있어서 아마 그런 거 아닌가 싶습니다.

제 주변에도 원불교 종교를 믿고 또 중요한 직책을 가지고 있는 사람들이 몇 사람 있는데, 그 사람들의 공통적인 특징이 있습니다. 중심이 분명한데 그러나 어떤 주장이 과하지 않고 합리적입니

다. 무슨 말을 하거나 이론을 말할 때도 독선적이거나 극단적이지 않습니다. 그래서 사람들한테 신망이 있지요. 그러면서도 종교 전체의 활동을 보면 우리 사회에 소리 없이 많은 봉사와 기여를 하고 있어서 굉장히 믿음이 갑니다. 그러면 당신도 믿어라, 이러면 이제 좀 곤란하긴 한데, 제가 이제 성격이 게으르고 해서 그러지 못합니다만, 믿는 거나 다름없이 존경심을 가지고 있습니다. 또 가르침은 다 비슷한 것이어서 저도 좋은 분들 영향을 받고 또 본받을 것 본받으면서 그렇게 삶을 진실하게 살도록 그렇게 노력하겠습니다.

제가 1946년생입니다. 이 학교하고 나이가 같지요. 근데 이제 제가 명예박사학위를 100번째 받는다고 조금 전에 소개 받았는데요. 그것도 참 기분이 좋습니다. 같은 값이면 '백' 자 이런 거 좋지 않습니까, 그렇지요? 그래서 오늘 기분이 무척 좋습니다. 단지 이제 걱정이 되는 게 하나가 오늘 학위 수여장 보니까 '명박'이라 써 놨던데 제가 '노명박'이 되는가 싶어 갖고, 하여튼 뭐 이명박 씨가 '노명박'만큼만 잘하면 뭐, 괜찮습니다. 그래서 그렇게 조금 자화자찬 같지마는 노명박만큼만 해라, 이렇게 하고 넘어가지요.

그다음에 이제 학문적 업적이야 좀 없더라도 현실에서 현장에서 정치라도 좀 똑똑히 해야 그래야 이제 박사 값을 하는 것인데, 요즘 제가 인기가 좀 별로 시원찮아서 학위 주신 분들께 부담을 드리는 거 아닌가 싶어서 무척 마음에 걸립니다.

저보고 자꾸 '국정 실패' 이렇게 말하는 사람들, 저는 어떻든 납득하지 않습니다. 저도 비교적 솔직해서, 잘못이 있으면 잘못이 있다고 하고 '이건 뭐 잘못 생각했다' 말할 수도 있고 또 '이건 한다고 했는데 결과가 좋지 않았다'라고 말할 수 있습니다. 그런데 실제로 별로 말할 게 없습니다. 제 욕심에는 부족함이 많이 있습니다. 국민들의 욕심에도 부족함이 많이 있을 것입니다. 그러나 사람이 한 행동과 이룬 성과는 다른 사람이나 다른 정권이나 다른 나라하고 비교해서 말해야 될 거 아니겠습니까? 사람의 능력을 절대적으로 측정한다는 것은 불가능한 것이고요. 대체 비교해 보면 제가 민주주의를 어느 정권보다 잘못했습니까? 나라 경제가 어느 정권에 비해서 잘못됐다는 것이냐, 한번 그렇게 꼼꼼히 따져 보면, 뭐 그리 크게 자랑할 일은 없을지 모르지만, 그렇게 실패라고 그렇게 매도될 만큼 그렇게 하지는 않았습니다.

제가 머리부터 그런 것입니다만, 하도 억울해서 정책 투입이든 산출이든 정책의 성과를 평가할 수 있을 만한 모든 지표들을 다 모아 봤습니다. 모아서 이 책에 담아 봤습니다(『있는 그대로, 대한민국』, 2007). 실제로는 이 두 배 정도 되는 별도의 책이 만들어져 있습니다. 전부 숫자입니다. 그래프입니다. 그래프로서, 움직일 수 없는 지표로서 우리가 평가해 보자. 국정이라는 것이 모두가 지표로 그렇게 측량되는 것은 아닙니다. 아니지마는, 그러나 이걸로 한번 해 보자, 그렇게 해서 만든 것이 이것입니다. 형편이 안 되시는 분은 어쩔 수가 없지만 형편이 되시는 분은 꼭 한 권씩 좀 사서 보시고, 저, 참 억울한 심정을 풀어 주시면 고맙겠습니다.

여기 보면요, 성장률이 있습니다. 5%는 넘지를 못했습니다. 여러 얘기들이 있을 수 있습니다만, 성장률이 우리 경제 성과에 유일한 지표가 될 수 없습니다. 어떻게 보면 거의 의미가 없습니다. 한 시기 성장률이 높이 올라가는 것은 그 정권의 공적에 의해서 올라가는 것이 아닙니다. 노태우 대통령 때 성장률이 하늘 높은 줄을 모르고 치솟았죠. 그러나 노태우 대통령 시절에 경제 잘했다는 평가를 할 수 있는 것은 또한 아닙니다.

정책 전체, 경제에 대한 전망 전체를 가장 민감한 사람들이 측정해 놓은 것이 주가입니다. 지금의 우리 경제가 아니라 앞으로 우리 경제가 어떻게 될 거냐, 우리 기업들의 수익이 어떻게 될 거냐 하는 데 대한 예측을, 돈 걸고 예측을 말하는 것이 주식의 가격 아니겠습니까? 돈도 걸지도 않고 떠들어 쌓는 사람들 얘기는 소용없습니다. 자기 재산 딱 걸어 놓고 '올라간다' 이렇게 생각하는 사람이 많을 때 주가가 올라가는 거 아니겠습니까? 근데 요새는 좀 너무 많이 올라가서 제가 좀 걱정입니다. 사실은 제가 올해 바랐던 것이 1500선 정도였습니다. 그러나 주가를 움직이기 위해서 제가 한 것은 아무것도 없습니다. 원칙대로 했습니다.

저는 경제에도 원칙이 있다고 생각합니다. 정치에만 원칙이 있는 것이 아니라 경제도 원칙이 있고, 원칙이라는 말을 붙이기가 적절하지 않으면 정석이라고, 바둑에 비유해서 정석이라고 말할 수 있는 정책이, 모범적 정책이 있다고 생각합니다. 저는 그대로 했습니다. 남은 기간에도 그대로 할 것입니다.

이제 박사학위를 받았으니까 기념 강연 아니겠습니까? 제가 상응하는 말씀을 드리고 싶습니다. 아주 좋은 내용이었으면 좋겠는데 정치라는 게 다 여러 사람이 다 아는 일이어서 내용이 어떨지 모르겠습니다. 열심히 한번 하겠습니다. 시간이 많지 않기 때문에 읽을 것은 그냥 읽겠습니다.

자기를 사랑하는 사람이 성실한 사람이라고 생각합니다. 자기를 사랑할 줄 아는 사람은 세상을 사랑하는 사람이라고 생각합니다. 아직 세상을 사랑하지 않고 자기만을 사랑하는 사람이 있다면, 사랑하는 방법이 틀렸기 때문에 세상을 사랑하라고 그렇게 말씀드리고 싶습니다. 그런데 세상을 사랑한다는 것이 쉽지 않습니다. 세상 돌아가는 이치를 알아야 세상을 사랑할 수 있는 것이지요. 세상 돌아가는 이치를 읽고 배우고 경험하고 그리고 크게 보고 또 깊이 생각해서 알아야 한다고 생각합니다.

우리가 그동안에 가치가 무엇인가, 사상이 무엇인가 많은 고심을 하고 있습니다만, 모든 가치와 사상은 한 가지 공통성이 있습니다. 인간의 행복을 주제로 하고 있습니다. 근원에 대해서는 각기 다르게 얘기하고 있지만 근원이 어디 있든 바라보고 있는 목표는 인간의 행복입니다.

사람은 빈곤과 침략으로 인한 고통과 불안을 극복하고자 공동체를 만들고 그리고 권력을 부여했습니다. 권력이 생기고 나서부터는 지배와 억압이 생기기 시작했고 이제는 빈곤과 무질서 대신에 지배와 억압, 전쟁이라는 새로운 고통과 불안이 불행의 새로운 근원으로 등장하기 시작했습니다. 권력이 생긴 결과입니다. 빈곤과 전쟁, 지배와 억압으로 인한 고통은 인간의 역사가 시작된 이래 인간 사회의 핵심적인 문제였고 이를 해결하기 위해서 많은 사상을 창안하고 실험을 해 왔습니다.

저는 그렇게 생각합니다. 그 결과 우리가 도달한 결론은 민주주의라고 생각합니다. 근대 이후의 모든 사상은 결국 민주주의로 귀착된다고 생각합니다. 민주주의는 모든 사람이 행복하게 사는 사회를 만들기 위한 최고의 사상이라고 저는 그렇게 생각합니다. 앞으로 우리 세상은 민주주의가 발전하는 만큼 발전할 것이다, 그렇게 생각합니다.

왜 민주주의인가? 다 아는 이야기인 것 같지마는, 실제로 가만히 따지고 보면 다 알지를 못합니다. 민주주의의 역사를 읽어 보면 소설보다 훨씬 재미가 있습니다. 깊이 들어가 볼수록 더욱 새로운 사실들을 많이 알게 되고 또 이치도 알게 됩니다. 민주주의는 씹을 수록 더 맛이 있습니다.

왜 민주주의인가? 자유, 평등, 인간의 행복, 인간의 존엄, 이것을 중심 가치로 하고 있기 때문에 가장 소중한 사상이다, 이런 정도로 말씀드리고 넘어가야겠습니다. 그 이후 1919년에 바이마르헌법에서는 인간다운 생활이라는 새로운 가치를 하나 더 추가했습니다.

민주주의에 있어서 가장 중요한 것은 기회의 균등을 보장하는 사상이라는 것입니다. 신분과 계급에 의한 지배구조에 근거한 특권을 철폐하고 모든 사람에게 공정한 기회를 보장한다, 이런 사상을 가지고 있기 때문에 민주주의가 소중하다, 이렇게 생각합니다.

번영에 적합한 제도입니다. 돈 얘기 하면은 사람들이 조금 표정짓기가 어려워지는데요. 돈은 좋아하지만 돈의 폐해가 너무 많아서 돈 얘기 하면 좀 입장이 난처해지기도 하는 것인데, 그러나 번영이라는 것은 인간의 행복에 결정적인 조건입니다. 그런데 이 번영에 민주주의가 적합한 제도라는 것이지요.

우선 경쟁의 정치는 경쟁의 시장을 뒷받침할 수 있는 적합한 제도라는 것입니다. 민주주의는 자유를 존중합니다. 자유와 다양성은 창의의 원천입니다. 오늘날 경제의 경쟁은 창의의 경쟁, 혁신의 경쟁이지 않습니까? 민주주의야말로 창의를 꽃피우고 다양성을 존중하는 그와 같은 사상이기 때문입니다.

사회적 자본 이론이 있습니다. 사회적 자본을 풍부하게 하는 제도가 민주주의입니다. 사회적 자본이 뭐냐? 신뢰, 원칙, 연대, 개방, 대개 이런 개념을 사회적 자본이라고 합니다. 2000년에 브라질에서 세계 경영경제학회가 모여서 경영·경제에 성공하기 위한 가장 좋은 사회적 조건이 뭐냐라고 했을 때, 사회적 자본이 충분한 나라,

높은 나라가 경제와 경영에 성공한다, 이런 이론을 내놨습니다.

그런데 여기에 핵심이 되는 신뢰와 원칙, 규범과 원칙을 지킬 수 있는 그 사회의 역량을 말하는 것입니다. 연대는 타협과 양보를 통해서 공동체적인 합의를 이루어 갈 수 있는 역량을 말하는 것이지요. 개방은 FTA 하는 것이 아니고, 여기에서는 정보의 투명한 공개, 그것을 개방된 사회라고 일컫는 것입니다. 이 사회적 자본은 민주주의에서라야 충실해질 수 있습니다. 그러므로 민주주의는 번영에 가장 적합한 제도이다. 이 얘기는 자주 안 듣던 얘기지요? 이게 이제 제 학위 값입니다.

민주주의는 평화의 기술이다. 이것은 칸트의 '영구 평화론'의 기초가 되고 있는 이론입니다. 근데 좀 현실에 있어서 잘 실현되고 있지는 않습니다만, 민주주의는 국민의 뜻을 받드는 정치이기 때문이고, 국민은 전쟁을 원하지 않으므로 따라서 민주주의는 평화의 제도이다, 요약하면 그렇게 된다고 합니다.

평화는 아시다시피 번영과 행복의 기본 조건입니다. 감이 잘 안 오시면 평화의 반대말을 생각해 보십시오. 전쟁. 모든 것은 파괴되고 맙니다. 인간의 행복을 철저하게 파괴하고 경제의 토대도 철저하게 파괴되는 것이 전쟁이기 때문에, 그야말로 평화가 행복과 번영의 기본조건입니다.

민주주의는 공존과 통합의 기술입니다. 민주주의는 사상과 이해관계를 달리하는 사람들 모두 포섭하고 그들을 하나로 통합하는 제도입니다. 다원적인 가치와 이익을 가진 사람들이 서로 집단을 이루어서 분파를 만들고 투쟁과 타협으로 분열을 극복하여 하나의 공동체를 이루어 나가는 통합의 기술입니다.

민주주의는 상대주의 사상에 기초하고 있습니다. 상대주의는 다양성을 인정하고 존중하는 관용의 사상입니다. 관용이 없는 사회는 사생결단의 사회가 될 수밖에 없습니다. 배제의 사회가 됩니다. 그래서 절대주의 또는 극단적 사상으로는 상대방을 억압하고 배제하기 때문에 그 사람들은 공동체 속에 하나로 통합할 수가 없습니다. 죽거나 살거나의 투쟁을 할 수밖에 없는 것이지요. 민주주의만이 서로 다른 생각, 다른 이해관계를 가진 사람을 하나로 포섭할 수 있습니다. 민주주의는 가장 훌륭한 통합의 기술입니다.

민주적인 절차는 상호 존중의 토대 위에서 대화와 타협, 경쟁과 승복, 그리고 재도전의 기회 보장을 통하여 이견과 이해관계를 통합하는 정치 기술입니다. 재도전의 기회, 민주주의에서만 패자에게 부여하는 특별한 은혜입니다. 이것이 민주주의의 참 가치입니다. 그래서 민주주의야말로 상생의 정치 기술입니다. 민주주의에 대해서 가끔 염증이라든지 민주주의가 밥 먹여 주냐, 그렇게 말하는 사람들도 있는데, 이것은 정말 잘못 생각한 것입니다. 민주주의 이외에는 반대자를 이렇게 관용하는 사상이 없습니다.

권력과 지배를 정당하게 하는 제도입니다. 권력은 정당한 것입니다. 그러나 권력은 항상 사람의 인권을 침해해 왔습니다. 권력이 공공의 재산일 때 그것은 정당하고 정의이지만, 권력이 사유화됐을 때 특권이 되고 지배 수단이 되고 다른 사람에 대해서 억압의 수단이 되는 것이거든요. 그래서 권력은 정당한 것입니다. 이 정당한 권력은 정통성이 있을 때 정당한 것입니다. 정통성이 없는 권력은 사람을 불행하게 만드는 것이지요. 바로 민주주의는 국민주권 제도에 의해서, 국민주권 사상에 의해서, 그리고 대의제도에 의해서 자기지배의 원리를 실현할 수 있게 하는 제도이기 때문에 권력에 정통성을 부여하는 제도입니다.

아울러서 권력은 항상 사유화되고 남용될 가능성이 있기 때문에 또한 민주주의는 거기에 대해서도 대비를 해 놨습니다. 권력의 남용을 견제하는 제도, 권력의 적법성을 보장하는 제도로서 법치주의, 권력의 분립과 견제, 사법권의 독립, 적법 절차, 이런 제도를 준비해 놓고 있지요. 그래서 민주주의입니다. 민주주의가 중요하다, 저는 그렇게 생각합니다.

그런데 이제 우리 민주주의는 정말 어디까지 왔는가? 민주주의는 완성된 것인가? 우리나라는 그리고 선진국가는, 여기에 대한 질문이 있을 수 있습니다. 민주주의의 이상은 아직 충분히 실현되지 않고 있습니다. 특권의 지배는 해체되었는가, 모든 사람이 자유와 평등을 누리고 있는가, 기회의 균등은 보장되고 있는가, 평화는 이루었는가, 국민적 통합은 이루어졌는가, 대화와 타협의 민주주의는 과연 실현되고 있는가? 아직도 갈등과 혼란을 계속하고 있지요.

아직 충분히 실현되지도 않았는데 이 시기에 또한 민주주의는 위기를 맞이하고 있습니다. 과거의 위기, 현재의 위기, 미래의 위기를 한번 생각해 보죠. 당초의 민주주의는 '제3계급'의 지배였습니다. 아니 '부르주아 민주주의'라고 얘기를 했죠. 유산계급의 민주주의였습니다. 대중은 소외됐고 그러면서 사회주의가 등장하고 여기에서 다시 혁명의 소용돌이에 빠졌습니다. 그리고 거기에 공산주의라고 하는 전체주의가 성립이 됐었죠. 아울러 또한 이와 같은 혼란에 대항해서 나치즘 같은 전체주의가 다시 등장했다가 또 몰락했습니다. 이때 민주주의가 위기에 처했습니다만, 또 사람들은 어떻게 이 고비는 넘어섰습니다.

오늘날에도 민주주의는 끊임없이 위협을 받고 있습니다. 결국 권력이 국민을 지배하는 수단은 정보와 돈, 무력입니다. 거꾸로 얘기하면 정보라는 것은 끊임없이 거짓 정보를 생산해서 사람을 속이는 것이지요. 자기가 하늘의 아들이라고, 왕이 자기가 하늘의 아들이라고 주장했던 때부터 태초의 속임수가 시작된 것 아닙니까? 정보 조작, 이데올로기 조작이 그때부터 시작된 것입니다. 속임수, 매수, 협박. 옛날에 군사정권 시절에 판사들이 독립이 돼 있어 말을 잘 안 들으니까 아이들 취직하는 데 불이익을 주는 방법으로 억압을 했던 시절이 있었지요. 어떻게 보면 매수이고, 어떻게 보면 협박이지요.

시장은 인간사회에 불가피한 것이지요. 그러나 이 시장이 점차 비대해져서 사람을 위한 시장이 아니라 시장을 위한 사람의 삶을 만들어 낸다, 공동체에게 시장을 위한 행동을 요구한다는 것이 또 하나의 문제이구요. 시장도 자유롭고 공정한 시장, 투명하고 공정한 시장이면 괜찮은데, 그렇지 않은 시장의 독점적 독재적 지배자가 시장을 앞세워서 공동체를 지배할 가능성이 지금 대단히 강한 것 아닙니까? 현실적으로 그렇지요?

여기에 언론 권력이 등장합니다. 언론 권력은 가장 강력한 권력 수단을 보유한 집단입니다. 독재 시대에는 독재와 결탁하고, 시장이 지배하는 시대에는 시장 또는 시장의 지배자와 결탁하고, 권력에 참여해서 부스러기를 얻어먹던 잘못된 언론들이 많이 있었지요. 그리고 독재가 무너지고 나니까 스스로 권력으로 등장해서 누구는 대통령 된다, 누구는 안 된다까지 결정하려고 했었죠? 92년에는 성공했고, 97년에 실패했고, 2002년에 또 실패했습니다만, 2007년에 그들은 또 성공하려고 하고 있지 않습니까? 그렇죠? 성공할 거 같죠?

우리나라만 그런 것이 아니고 (세계 다른 나라도) 그런 것이지요. 지난날의 민주주의에 대한 위협은 민주주의 외부로부터, 민주주의 아닌 힘으로부터의 위협이었습니다만, 이제는 이것은 민주주의 내부에 존재하는 위협입니다. 이것은 가치의 위기를 초래합니다. 정치는 가치를 추구하는 행위입니다만, 시장은 이익을 추구하는 곳입니다. 그래서 가치의 위기가 발생하는 것이지요.

언론과 시장이 세상을 지배하게 됐을 때 그 정통성은 어디에 근거하는가? 시장의 정통성이, 시장이 공동체를 지배할 정통성이 어디서 나오는 것이죠? 시장의 강자가 우리 사회를 지배해도 좋다는 정통성의 근거는 어디에 있는 것이냐? 언론의 정통성은 어디에 있습니까?

역사적으로 언론이 민주주의의 무기였습니다. 권력에 맞선 시민사회의 무기였기 때문에, 그리고 우리 헌법의 정치적 자유의 핵심적인 제도로 인정받고 있기 때문에 언론은 보호받고 있습니다만, 그것은 권력에 맞선 언론, 시민사회의 대변자로서의 언론일 때 그와 같은 특수한 지위를 우리가 인정한 것이지요. 그가 수행하는 행위의 가치성 때문에 거기에 우리가 정통성을 부여했던 것인데, 어느덧 민중을 억압하는 기제로, 민중을 억압하는 편에 서서 민중을 속이는 데 앞장서 있다면 그 정통성은 어디서 인정할 수 있는 것인가? 이것이 우리 민주주의의 하나의 위기라고 생각합니다.

또 하나의 위기는 정치에 대한 불신, 냉소, 무관심. 우선 민주주의에서 결정한 대화와 타협의 결과가 나한테 불만이다, 이런 이기주의적 관점이 있을 수 있죠. 나의 사상에 맞지 않다, 이건 근본주의 사상입니다. 실제로 정치에서 과거 독재 같은 때 특권과 반칙이 있었지요. 그러니까 거기에 대한 불신이 생긴 것입니다. 사적 이익의 추구, 부정부패, 거짓말과 무책임에 대한 불신, 권력의 사유화에 대한 그런 불신이 아직도 우리 국민들 가슴에 깊이 자리 잡고 있습니다.

민주주의가 비용이 많이 듭니다. 딱 한 번 결정하면 되는데 그걸 가지고 와글와글 시끄럽고요. 선거 한 번 하는데 정신이 없습니다. 지금도 시끄럽죠. 싫어하는 사람들이 있거든요. 갈등과 혼란, 그리고 거기에 들어가는 경제적 비용에 대해서 국민들은 짜증스럽게 생각합니다. 사실은 당연히 들어가야 될 비용이지만, 어떻든 정치가 제대로 보답을 못해 주고 있다고 생각하기 때문에 여기서 불신이 생기는 것입니다.

정치는 권력투쟁입니다. 권력투쟁은 필연적으로 어두운 모습을 보이게 돼 있습니다. 권력투쟁 없는 정치는 있을 수 없지만, 권력투쟁은 언제나 우리에게 부정적인 이미지로 다가올 수밖에 없습니다. 이것이 우리의 불신이지요. 어떻든 갈등과 대결, 경쟁은 정치의 속성상 당연한 것이지만, 불가피한 것이지만, 아직 운동경기와 같은 수준의 경쟁으로 가지는 못하고 있습니다. 규칙과 절제 없는 대립과 투쟁입니다.

언론과 여론은 불신과 혐오를 부추기는 경향이 있습니다. 왜냐하면 강자에 대해서는 어쩐지 나쁘게 말하는 것이 좋지요. 요즘 그것 갖고 한몫 보려는 언론들이 있습니다. 제가 언제 강자입니까? 정부에는 옛날에는 강자가 있었지만 지금은 대한민국 정부에 강자가 없습니다. 제가 별로 그렇게 강자라고 생각지 않는데, 여전히 정부라는 이유로 해서 정부를 비틀고 꼬집고 흔들면 한몫 보는 줄 아는 언론들이 있지요. 그래서 간판은 '할 말은 하는 언론', 이렇게 나오지요. 제 편 좀 들어 주십시오. 이럴 때는 박수도 한번 쳐 주시고 한번 활짝 웃어 주시고요.

민주주의에 대한 무관심은 민주주의에 대한 외부의 적이 사라졌기 때문입니다. 전제왕권은 소멸했고, 파시즘은 패배했고, 공산주의는 붕괴했고, 그리고 독재 권력도 점차 붕괴돼 가고 있으니까, 국민들이 이젠 안심이다 하고 신경 꺼 버립니다. 이것이 민주주의의 또 하나의 위기가 되고 있습니다. 조금 전에 말씀드렸듯이 민주주의에는 새로운 지배구조—시장의 지배, 언론의 지배—새로운 지배구조가 등장했음에도 불구하고 잊어버린 것이지요.

권태도 있는 것 같습니다. '무능한 정부보다 부패한 정부가 낫다' 이렇게 말하는 사람들이 있는데, 우리 국민들은 이런 무식한 소리 안 합니다. 이런 무식한 말을 하는 정당이 있는데, 그걸 옮기는 언론이 있고요, 박수치는 국민도 더러 있어요. 아주 위험하지요. 그래서 민주주의의 위기입니다.

그러나 민주주의가 그와 같음에도 불구하고 민주주의의 장래는 여전히 민주주의다. 앞으로도 모든 사상을 포섭해서 민주주의는 진보를 계속해 나갈 것입니다. 민주주의의 가치는 계속 유지되고 발전될 것입니다. 민주주의의 사상과 이론이 포용성이 있고 상대성이 있기 때문에 어떤 변화도 수용할 수 있고 어떤 사상도 그 안에 수용할 수 있습니다. 민주주의는 그 안에 변화의 가능성이 내재돼 있는 사상입니다. 그러므로 계속 진보할 것입니다.

그동안 진보해 왔습니다. 내용적으로는 선거권의 확대, 그리고 인간다운 생활이라는 새로운 가치의 추가, 이런 것입니다. 다만 그럼에도 불구하고 민주주의에 완결은 없을 것입니다. 역사에는 완결이 없기 때문입니다. 그리고 지배와 억압, 전쟁이 생겨난 동기—인간의 본성이지요—인간의 탐욕과 본성은 여전히 존재하고 있기 때문에 민주주의에 대한 위협도 영원히 사라지지 않을 것입니다.

민주주의는 영원히 투쟁하면서 발전할 것입니다. 시련과 투쟁, 진보는 계속될 것입니다.

지금 우리 이 시점에서 민주주의가 앞으로 발전해야 될 과제는 무엇인가 몇 가지 짚어 보겠습니다.

민주주의는 선거하고 대화하고 타협하고 그렇게 한다고 민주주의가 다 되는 것은 아니라는 것이지요. 내용에 있어서 진보성이 갖추어져야 합니다.

좀 전에 말씀드렸듯이 제3계급의 민주주의와 대중의 소외를 말씀드렸는데, 궁핍한 사람에겐 자유가 있는 것이 아닙니다. 궁핍해서 남에게 구속을 받아야 되는 사람에게 평등을 얘기하는 것은 무의미한 것입니다. 그래서 민주주의는 실질적 민주주의라고 하는 실질적 자유, 실질적 평등, 인간다운 삶을 보장하는 민주주의가 돼야 한다는 것이지요. 그래야 진정한 의미에서 민주주의가 될 수 있다는 것입니다.

진보란 무엇인가? 약자의 권리를 보장하자, 이런 것이지요. 약자도 같이 살자, 아주 쉽게 말해서 그렇습니다. 그래서 함께 가는 민주주의, 그것이 진보의 사상이고요. 그렇게 하기 위해서는 약자에게도 그들의 이익을 말할 수 있는 권리를 주어야 한다. 밥만 주는 것이 아니라 권리도 함께 주어야 한다는 것이지요.

더불어 살자는 사상을 연대의 사상이라고 얘기하지요. 또한 우리 사회의 여러 가지 경쟁의 장에서, 권력 간의 경쟁 또는 투쟁의 장에서 기회 균등과 세력 균형을 보장해야 된다는 것입니다. 이런 것이 대개 진보적 사상이라고 말할 수 있지요.

이 진보의 사상은 자유와 평등이라고 하는 민주주의의 고유의 원리 속에 이미 내재하고 있는 가치입니다. 그래서 요즘 와서 진보하는 사람에게 '너 좌파냐? 너 공산주의자냐?' 하고 갑자기 묻는 사람들은 민주주의의 본질적 내용을 다 이해하지 못한 사람들이 하는 얘기라고 생각해야 합니다.

조금 전에 말씀드렸듯이 진보적 민주주의는 통합의 조건입니다. 통합의 실질적 조건은 갈등을 예방하고 해소할 수 있는 사회라야 하는 것이지요. 그러자면 복지와 기회의 균등이 필요하고, 이런 사회를 만들기 위해서는 연대의 사상과 계층 간 집단 간의 세력 균형이 필요한 것입니다. 균형 사회로 가야 한다는 것이지요.

진보를 위해서 제도를 만들 때 시장의 기능을 완전히 죽여 버리자 하는 사상이 있습니다. 극단적으로 시장을 폐지하자도 있었지요. 시장을 많이 규제하자. 가급적이면 시장은 적게 규제하고 시장은 시장대로 살려 가면서 시장의 규제를 덜 하는 방법으로 우리가 말한 이 연대의 가치를 실현할 수 있는 방법을 찾아보자. 이런 의견들의 차이가 많이 있을 수 있겠지요. 시장과 조화되지 않는 진보의 정책은 성공하기가 매우 어렵습니다. 그래서 극단주의 좌파의 주장들이 성공하지 못하는 이유입니다. 근본주의 좌파의 주장이, 근본주의 진보의 주장이 성공하지 못하는 것이 바로 이 점입니다. 그래서 진보적 사상은 시장과 조화해야 한다는 것입니다. 시장은 인간의 본성을 고려해서 만든 제도이기 때문입니다.

대화와 타협의 민주주의입니다. 민주주의를 위한 투쟁의 단계를 우리는 넘어왔습니다. 민주주의가 제도화하는 단계를 우리는 지나왔습니다. 개혁, 청산, 많이 했었죠. 그래서 우리는 민주주의는 투쟁이 본질이다, 민주주의는 개혁이 본질이다라고 생각하는데, 사실은 그것은 민주주의에 이르기까지의 과정이고 어느 정도 민주주의가 제도화된 위에서는 대화와 타협이 민주주의의 본질입니다.

제가 조금 전에 상대주의 말씀드렸지요? 민주주의의 핵심은 관용입니다. 관용의 제도는 서로를 인정하는 것이고 대화와 타협을 통해서 문제를 풀어 가는 것을 의미하는 것이지요. 부득이할 때 규칙을 적용하고 승복하고 하는 것이지요. 그래서 대화와 타협입니다. 그래서 우리 민주주의의 미래 과제이지요. 현재의 과제입니다.

언론, 이거 개혁해야 합니다. 언론은 여론을 지배하는 막강한 권력을 가지고 있습니다. 언론은 헌법상 특별한 대우를 받고 있습니다. 언론은 권력의 횡포로부터 국민의 자유와 인권을 보호하고 민주주의를 위한 투쟁의 깃발 역할을 해 왔기 때문에 특별한 보호를 받았던 것이고 또 앞으로도 받아야 하는 것입니다. 그러나 현실에서는 독재 권력과 유착하여 독재 권력의 앞잡이 노릇을 해 왔고, 새로운 지배구조 하에서는 시장 지배권력과 결탁하여서 시장 지배권력에 봉사하고 있고, 이제는 그 자신이 지배권력이 되려고 하고 있습니다.

우리는 많은 사람들이 언론 자유를 얘기하고 있는데 언론 자유는 정치권력으로부터의 자유만 말하고 있는데, 사실은 돈으로부터의 자유, 말하자면 금권으로부터의 자유가 대단히 중요한 것이고, 오늘 언론 사주가 금권화 돼 있는 사회에서는 언론 사주로부터의 자유가 진정한 의미에서의 언론의 자유입니다. 지금 가장 중요한 언론의 자유는 언론 사주로부터의 자유, 이들 데스크로부터나 좀, 데스크야 뭐 직업상 어쩔 수 없다 할지라도, 사주로부터 언론 자유를 얘기해야지 난데없이 참여정부보고 자꾸 언론 자유, 언론 자유 해요. 언론은 본래의 자리로 돌아와야 합니다. 국민의 편에서 국민의 권리와 이익을 대변하는 시민의 권력이 되어야 합니다. 약자의 권력이 되어야 합니다. 참여정부도 약자니까 좀 도와주시면 안 될까요?

좀 싱거운 소리 했습니다만, 한국의 경우 최소한의 기본도 지키지 않고 있습니다. 앞으로 민주주의가 제대로 가기 위해서 이제 우리는 소비자 권력을 세워야 합니다. 우리는 시장주의를 채택하고 있습니다만 그러나 시장은 한계가 있습니다. 시장이 모든 것을 해결하지는 못합니다. 인간의 행복, 인간의 자유와 평등, 그 모든 것을 해결하지는 못합니다. 한계가 있고 시장도 실패합니다. 시장의 실패로 인해 낙오하는 사람들에 대해서, 이로부터 국민의 권익을 지켜낼 수 있는 뭔가가 필요한 것이지요. 시장 지배자의 부당한 지배도 있을 수 있습니다.

　　언론의 권력화, 누가 제어할 것이냐. 정경유착, 권언유착, 언론의 지배에 맞설 수 있는 사회적 힘과 제도는 무엇인가. 아무리 찾아봐도 없습니다. 결국 국민 개개인의 목소리, 국민들이 단결해서 대응하는 수밖에 없습니다. 시장 권력이 문제가 될 때 소비자들이 서로 정보를 교환하고 조직하고 단결해서 시장 지배권력의 횡포에 맞서야 하는 것입니다.

　　언론도 마찬가지로 소비자가 결단해야 합니다. 『메가트렌드 2010』이라는 책을 보았습니다. 경영에 관한 이론이었습니다. 그 책을 보니까 '깨어 있는 소비자가 기업하는 사람들의 행동을 견제할 수 있다'는 그런 내용이 나와 있었습니다. 어려운 일이지만 안 되는 것은 아니다라는 것이지요. 조직하기 어려운 것은 정보 네트워크로 보완하고, 오늘날 인터넷이 큰 기여를 해 줄 수 있을 것입니다.

　　그러나 소비자 권력이 할 수 있는 일은 한계가 있습니다. 불량품 추방은 가능하지마는 독점과 불공정거래라고 하는 시장의 구조를 제어하는 데에는 역시 한계가 있을 수밖에 없지요. 그래서 이제 소비자 운동은 한 단계 더 나아가야 합니다. '깨어 있는 소비자'를 거쳐서 '깨어 있는 시민'으로 가야 합니다. 시민은 전통적으로 권력의 주체입니다. 분산되어 있을 뿐이지요. 정치의 소비자이지마는 그러나 분명한 주권자입니다. 주권자로서 시장을 제어하고 또 정치를 제어해야 하는 것이지요. 옛날에는 시민 하면 재산과 교양을 가진 제3계급을 의미했고, 그 사람들의 특성은 자유와 인권을 위해서 적극적으로 투쟁하는 시민, 그리고 권력을 지향하는 깨어 있는 시민을 말했습니다.

현대의 시민은 선거권의 확대로써 모든 국민을 포괄하게 됐습니다. 그러니까 여기에는 권리를 위해서 투쟁하지 않는 사람도 포함돼 버린 것이지요. 전 국민이 초기 민주주의 시대의 시민과 같은 시민 자세로 무장됐을 때 제대로 된 민주주의가 될 수 있지 않겠는가. 행동하는 시민에 의한 민주주의, 이것이야말로 국민주권의 내실화 방법이라고 생각합니다.

대개 일반적으로 민주주의의 과제에 대해서 말씀을 드렸습니다. 우리나라뿐만이 아니고 어느 나라나 다 이런 문제를 가지고 있지요. 한국 민주주의의 과제도 비슷한 것인지 한번 보시지요.

민주주의를 위한 투쟁, 청산과 개혁, 상당 수준에 간 것 같습니다. 지금 특권을 주장하는 사람들은 과거의 권력기관이 아니고 오로지 언론 하나가 남아 있습니다. 시장 지배권력은 아직 잘 드러나지 않고 있을 뿐이지요. 부패 정치도 일소됐다고 생각합니다만 부활할 가능성이 보입니다. 공천헌금, 후보 검증에 대한 언론의 무관심, 여론의 무관심, '부패가 낫다'라는 이런 망발, 그리고 이와 같은 부패를 봉쇄하기 위한 제도 개혁이 가능한데, 제도 개혁에 대해서 언론도 국민도 무관심하지요. 정치자금 제도, 공천 제도를 고칠 만한 대목들이 있는데 무관심하고 있습니다.

대개 이런 문제는 있지만 어떻든 청산과 개혁은 상당히 이루어진 것으로 봅니다만 그러나 대화와 타협의 민주주의는 아직 많이 멀었다는 것이고요. 중요한 것은 민주주의가 이렇게 갈등과 혼란을 계속하고 국회에서 법안이 정체되고 이렇게 되었을 때 소위 속도의 시대, '경쟁의 속도가 국가의 성패를 좌우한다'는 말이 사실이라면 우리도 지금 좀 위기에 처해 있다고 말할 수 있지 않겠습니까? 사학법 가지고, 뭐 가지고, 어쨌든 국회를 지금 잡고 있습니다.

가장 중요한 것은 한국에서 분열주의를 극복하고 통합주의의 정치를 이루어 내야 합니다. 한국에서 모든 좌절의 역사는 다 분열로부터 비롯되고 있습니다. 역사를 읽어 보면 너무나 선명합니다. 지난날의 우리 역사가 수용 불가능한, 관용 불가능한 사상과 세력 간의 투쟁이었습니다. 아무리 민주주의가 관용이라고 하지만 친일과 관용할 수가 없지 않았겠습니까? 친일세력으로부터 반민특위가 해체됐지요. 동존상잔의 전쟁을 거쳤고요. 독재·반독재, 어쨌든 상용하기 어려운 기나긴 투쟁이 있었기 때문에 오늘날에도 비타협 투쟁의 풍조가 남아 있습니다. 아직도 극단주의가 많이 남아 있습니다. 넘어서야 하는 것이지요. 이 대결주의를 넘어서야 하는 것이고요.

지역주의, 6월항쟁을 혁명이라고 이름을 붙이면 좋겠는데 이름 붙이지 못하고 있습니다. 미완성의 혁명입니다. 절반의 승리이지요. 절반의 좌절 아닙니까? 분열 때문이지요. 정권교체를 못 했지요. 지역 대결은 타협이 불가능한 구조입니다. 이익은 서로 교환할 수 있지만 지역을 어떻게 교환할 수 있습니까? 지역 대결 정치가 경쟁이 없는 정치를 만들어 내지요. 그러면 당연히 정치의 품질이 저하되고 공천이 이권화되어서 공천비리가 생기고 부정부패로 이어지는 것입니다. 지역주의, 반드시 극복해야 됩니다.

어떻든 지난번 참여정부의 출범은 지역주의에 대항하는 정치 세력의 정말 놀라운 승리였습니다. 영남 사람 노무현과 그 일당에게 호남에서 몰표를 주셔 가지고 저는 지역통합이 이루어진 것으로 생각했습니다. 우선 감사합니다. 그런데 제가 그것을 다 지켜 내지 못해서 무척 마음이 아픕니다. 16대 총선에서 민주당은 영남 지역에서 13% 득표를 했습니다. 17대 총선에서 열린우리당은 영남에서 32%를 득표했습니다. 만일 대통령 선거에서 열린우리당이 영남에서 32%를 득표할 수 있다고 가정하면 무조건 이기는 것이지요. 그렇지 않습니까?

그런데 지금 좌절의 조짐이 나타나고 있습니다. 열린우리당이 분해되고 있는 것이지요. 차별화한다는 겁니다. 노무현 때문에 열린우리당 망했으니까 우리 나가겠다 이거지요. 보따리 싸 가지고. '무슨 정책이냐?' 물으면 대답이 없습니다. '당신, 인기 낮지 않냐?' 이거거든요. '당신들 인기는 나보다 더 낮지 않소?'

회사가 부도가 나려고 할 때는요, 회사가 부도가 나려고 할 때 그 회사가 되려면 이사들이 나가서 자기 집이라도 잡히고 사채라도 얻어 와야 그 회사가 사는 거 아닙니까? 죽을 때는 다 같이 죽더라도. 회사가 아직 부도도 나기도 전에 여유자금이 좀 바닥이 났다고 보따리 싸 들고 전부 다 우수수 나가 버렸습니다.

정치윤리에 관한 문제입니다. 정치를 제대로 배우지 못한 사람들이 국회에 왕창 들어와 가지고요. 제대로 훈련받지를 못했지요. 어떤 정치를 훈련받았냐면요, 2001년에 차별화한 사람들의 지지도가 쑥쑥 올라갔지요. 그거 배신적인 행위 아닙니까? 2002년에 제가 그때 후보였는데 후보가 좀 흔들리니까 바깥에 있는 후보하고 내통을 해요. 그랬지 않습니까? 그랬지요? 바깥에 있는 후보하고 내통해 가지고 후보 바꾸려고, 꿈틀거렸어요.

그 후보가 만일에 와서, 왔으면 이겼을까, 만일에 그 후보가 이겨서 대통령이 됐더라면 대한민국의 오늘날 정책이 어디로 갈 거 같습니까? 지금처럼 갈 거 같습니까? 균형발전 할 거 같아요? 민주주의 할 거 같아요? 그래도 얼마간의 진보 정책을 할 거 같습니까? 남북 평화 할 거 같습니까? 유엔사무총장 나왔겠어요? 그때 그 내통했던 사람들이 지금 조금도 반성하지 않고 참여정부 실패 얘기하고 있어요. 나는 참여정부 실패 얘기하는 사람들은 전혀 사실에 근거하지 않는 중상모략을 하는 사람이라고 단정합니다. 만일에 알고도 무슨 얘기를 한다면 정신이 이상한 사람들이지요.

뭐 실패했냐고 한번 나와 얘기해 보자고요. 그 사람들이 믿는 게 있지요. 지역주의 하나만 부추기면 언제든지 안방에서 당선된다 이거지요. 안방정치 하겠다는 거 아니겠습니까? 그래 놓고 무슨 '실패한 정부의 책임자는 오지 마라' 이러는데, 그 책임자는 차별화 열심히 하고 있는데 왜 오지 마라 해요. 딱 품질이 서로 맞지 않습니까? 정치, 그렇게 하면 안 된다는 것이지요.

이 지역주의를 우리가 극복하지 못하면요, 계속해서 호남은 고립됩니다. 호남 충청 표 다 보태도 이인제 씨가 나오지 않으면 못 이기거든요. 97년에 이기니까 호남 충청 손잡아 이겼다는 이런 공식을 가지고 있는데, 숫자만 보면 알아요. 간단한 전자계산기로 두드려 보면 이인제 씨가 동쪽에서 5백만 표를 깨 주지 않았으면 죽었다 깨도 이기지 못하는 거 아닙니까? 뻔한데. 이인제 씨가 또 어디 있습니까, 지금? 요행을 바라서는 안 되는 것이지요. 지역주의를 깨고 정책 대결로 가야 하는 거 아닙니까? 지금 정책 대결은 선명하지 않습니까?

그래서 정책으로 경쟁하는 정치를 해야지 지역으로 대결하는 정치를 절대 하면 안 됩니다. 반드시 극복해야 됩니다. 자기의 선거에서 경쟁 없이 당선되겠다고 하는 이와 같은 획책에 그야말로 호남의 국민 여러분들이 절대로 휘둘려서는 안 됩니다. 제가 좀 흥분했습니까?

한국 정치의 진보적 민주주의는 정말 중요합니다. 우리나라의 복지지출은 미국·일본의 절반, 유럽의 3분의 1, 복지 후진국입니다. 우리나라는 정치 후진국, 언론 후진국, 복지 후진국, 세 가지 측면에서의 후진국, 이것만 벗어나면 우리나라 바로 선진국 갑니다. 복지 후진국.

작은 정부가 아니라 책임을 다하는 정부. 책임을 다하자면 절대로 세금 깎으면 안 됩니다. 감세론 얘기하는 사람들요, 그러면서 무슨 보육 예산 더 주고 또 어디 뭐 하고 무슨 복지 한다고 하는데, 뭐요, 도깨비 방망이로 돈을 만듭니까? 흥부 박씨가 어디서 날아온답디까? 세금, 이명박 씨가 내놓은 감세론이요, 6조 8천억 원의 세수 결손을 가져오게 돼 있거든요. 6조 8천억 원이면 우리가 교육 혁신을 할 수도 있고요, 복지 수준을 한참 끌어올릴 수도 있습니다. 감세론, 절대로 속지 마십시오.

정치에 대한 신뢰를 회복하기 위해서는 정치인들이 가치를 추구하는 대의의 정치를 해야 합니다. 원칙과 일관성을 가지고 가야하고요. 기회주의를 청산해야 돼요. 정치인들이 보따리 싸들고 어디 유리한 데 찾아다니는 이런 정치는 이제 끝내야 합니다. 아니, 서울서 영남으로 떨어지러 내려가는 사람도 있는데 자기 지역이라도 그냥 지켜야 될 거 아닙니까? 자기 당이라도 지켜야 될 거 아닙니까? 왜 보따리 싸들고 오락가락 그래요. 그러니까 정치가 신뢰가 떨어지는 거 아니겠습니까? 우리 언론도 국민도 불신과 냉소주의를 극복하기 위해서 좀 책임 있는 대응을 해 줘야 합니다.

우리 정치가 책임정치로 가야 하는데요, 정치하는 사람도 책임을 져야지만, 책임진 사람도 책임을 져야 하지만, 정당 하는 사람들, 정당의 지도부, 그 국가의 지도자에 대해서 지도력을 좀 세워 주세요. 지금처럼 이렇게 흔들면요, 살아남을 정권 없습니다. 살아남을 정당 지도부도 없습니다. 하나도 도와주지도 않고 지도부 혼자서, 어디 국민들한테 나가도 지도부 하나만 딸랑 내보내고 따라가는 국회의원도 없고요. 그런 정당이 어떻게 지도력이 설 수 있겠습니까? 여소야대에다가 전 언론이 이렇게 흔들어 대는데 대통령이 어떻게 일을 할 수 있겠습니까? 그렇게 흔들어 놓고 국회에서 해 줄 건 안 해 주고 나중에 와서 책임져라. 그렇게 책임을 지우는 것이 아니고, 그렇게 하는 것이 견제가 아니고, 할 땐 맡겨 주고 할 수 있게 맡겨 주고, 그 결과에 대해서 책임을 물어야 될 거 아닙니까? 노무현 정책이 잘못된 거 있으면 그 결과에 대해서 책임을 물어라 이거지요. 균형발전 정책이 잘못됐으면 균형발전 정책 책임 묻고, 혁신 정책이 잘못 됐으면 그것 묻고, 10대 성장 동력이니 뭐니 이런 것 잘못 됐으면 거기에 책임을 물어라 이겁니다. 그래야되는 거 아니에요? 하지도 못하게 해 놓고 책임지라고 하는 법이 어디 있어요.

정치윤리에 관한 문제입니다, 기본적으로. 대안을 가지고 반대해야 되고요. 규칙으로 승부하고 결과에 승복하고 그리고 다음 선거에서 다시 승부를 해야지, 다음 선거 가기도 전에 출발하는 놈잡고. 국민의정부 시절에는 총리 인준해 주는 데 6개월 걸렸습니다. 7개월 걸렸지요? 7개월 동안 총리도 인준 안 해 줬어요. 한 시간이 넘어 버려서 이제 넘어가야겠네요.

박정희 정권 초기에 '한국적 민주주의'라는 말이 있었지요, 나왔지요. 유신시대에는 이 말이 우리 헌법에 들어갔습니다. 헌법 책에 나왔습니다. 오늘날에도 독재 시대에 대한 반동에서 유래한 후진적인 제도와 문화가 많이 있습니다.

대통령 단임제, 독재가 겁이 나서 단임으로 한 거 아닙니까? 이건 그 당시 각 정당의 득표 전략하고도 상관이 있는 것인데요. 전 세계에서 막 후진국을 벗어난, 독재국가를 벗어난 국가에서만 5년 단임제를 가지고 있지 선진 국가에서는 5년 단임제 하는 나라가 없습니다. 한마디로 5년 단임제를 가지고 있는 나라는 민주주의 선진국 아니다 이런 증명이고요, '쪽팔린다' 이런 뜻입니다. 오늘 신문 제목에 '쪽팔린다'만 또 나올 겁니다.

당정 분리, 저도 받아들였고 또 그 약속을 지키기 위해서 노력했습니다만, 그동안에 그랬어야 할 이유가 있어서 당정 분리를 채택을 했습니다. 앞으로는 당정 분리도 재검토해 봐야 됩니다. 책임 안 지는 거 보셨죠? 대통령 따로 당 따로, 대통령이 책임집니까, 당이 책임집니까? 당이 대통령 흔들어 놓고 대통령 박살내 놓고 당이 심판받으러 가는데, 같은 겁니까 다른 겁니까? 어떻게 심판해야 되지요? 책임 없는 정치가 되어 버리는 것이지요. 정치의 중심은 정당입니다. 대통령 개인이 아니고요. 대통령의 정권은 당으로부터 탄생한 것입니다. 당정 분리라는 것도 재검토해 볼 필요가 있다, 이제는. 지난번까지는 부득이했지만 이제는 넘어설 때가 된 거아니냐. 왜냐하면, 당을 지배하는 제왕적 권력의 부작용은 많이 해소됐다고 봐야 되지 않겠습니까?

대통령의 정치 중립론, 어떻게 대통령이 정치 중립을 합니까?

대통령이 가치를 가지고 전략을 가지고 정당과 함께 치열한 선거를 통해서 정권을 잡고 그다음 정권을 지키는 데까지, 비록 내가 안 나오더라도 의무를 가지고 있는 사람 아닙니까? 참여정부 이후의 정부가 여전히 민주정부가 되도록 지켜야 될 의무가 있는 사람 아닙니까? 그 사람에게 정치 중립 하라. 또 공무원법에서는 정치활동은 괜찮다, 이래 놨거든요. 대통령의 정치활동은 예외로 한다, 이렇게 되어 있습니다, 공무원법에는. 그래 놓고 선거에는 중립하라. 정치에는 중립 안 해도 되고 선거에는 중립하는 방법이 있습니까? 차라리 선거운동은 하지 마라, 그거야 어느 정도 이해가 가지요. 어디까지가 선거운동이고 어디까지가 선거 중립이고 어디까지가 정치 중립입니까? 모호한 구성 요건은 위헌이지요. 그렇지 않습니까?

오늘 제가 이명박 씨 감세론, 누구누구 감세론 그리 되면 우리나라 복지 정책은 완전히 골병듭니다라고 말했는데, 이것도 선거운동입니까? 자, 선거 중립을 안 지킨 겁니까? 만일에 '이렇게 말하는 사람이 정권 절대로 잡으면 안 됩니다' 이렇게 말하면 선거운동이고, '이런 사람이 정권을 잡으면 나라가 잘 되겠지요?' 이러면 선거운동 아닌가요?

그냥 '이 정책은 옳지 않습니다', 말을 못해요? 복지냐 감세냐 이걸 놓고 지난 2년 동안 치열하게 공방을 벌여 왔는데 거기에 대해서 '대통령은 지금부터 입 닫아라', 그런 법이 어디 있습니까? 그래서 사실에 맞지 않는 이런 것도 앞으로는 바꾸어 고쳐 나가야 됩니다. 언론이든 누구든 대통령 때려 패는 데는 전혀 아무 제한이 없는데 나는 방어를 못 하라는 거 아니에요. 이거는 공격 방어의 문제가 아니고 앞에 이미 결론은 다 냈지만, 그 점에 관해서도 너무 이것은 불공평한 것이지요. 불공정한 것입니다. 누구나 자기를 방어하고, 방어의 최선은 공격 아닙니까? 공격하는 사람, 그 사람의 도덕적 신뢰성, 논리적 신뢰성, 정책적 역량의 신뢰성을 공격해 줘야 되는 거 아닙니까? 당연한 거 아닙니까?

대운하, 민자로 한다는데, 그거 진짜 누가 민자 들어오겠어요? 그런 의견을 말하는 것을. 정치적 평가 아닙니까? 참여정부 안 그래도 실패했다 해 쌓는데, 내가 이 얘기 아닙니까? '여보시오, 그러지 마시오. 당신보다 내가 나아. 나만큼만 하시오.' 그 얘깁니다.

세계에 유례가 없는 위선적인 제도이거든요. 이건 어떻게든 앞으로 저희도 노력해 보겠습니다만, 정부가 선거법을 함부로 어떻게 할 수도 없고요, 참 난감해요. 어떻든 여러 가지 방도를 한번 찾아보겠습니다.

국회가 정부를 견제해야 된다, 여소야대가 좋다, 이건요, 정당정치가 있기 이전에, 미국 혁명 당시에 생긴 아주 원론적인 권력분립론이지요. 지금은 정당에 의해서 의회와 정부는 통합되고, 그렇지요? 정당에 의해서 의회와 정부는 하나로 통합되고, 정당과 정당 간의 견제를 통해서 견제가 유지되고, 그 견제의 가장 좋은 방법은 아까 말씀드렸던 대로 다음 선거에서 보자. 다음 선거가 있다는 사실이 권력으로 하여금 대단히 조심스럽게 행동하도록 하는 거 아니겠습니까? 근데 여기에 잘못된 생각들이 있습니다. 그래서 '여소야대가 좋다'라고 설문에 답하는 분들이 있는데, 잘못된 생각입니다.

그다음에 연합에 대한 부정적 인식, 연대·연합에 대한 부정적 인식. 정당과 정당 사이에는 연합하고 연대할 수 있습니다. 우리나라는 연정 제가 얘기를 한번 꺼냈더니, 그 시기에 연정 얘기를 꺼

낸 것이 그렇게 적절하지는 않았다는 비판은 얼마든지 제가 수용할 수 있습니다. 그러나 연정이라는 의미 자체를 가지고 온 나라가 난리가 나 버렸어요.

전 세계에 선진 민주주의 하는 나라가 연정을 하고 있습니다. 소연정, 대연정, 협력적 민주주의를 하고 있고, 그 나라의 정치들이 선진 정치이고 효율이 높고 국민의 권리가 훨씬 더 신장되어 있다는 사실을 인정해야 되는 것이지요. 그래 놓고 한쪽에서는요, 연정하자고 했다고, '당신, 독재자의 딸하고 연정할 수 있느냐?', 이런 얘기를 하는데, 합당하는 것과 연정하는 것은 아주 다른 것이지요. 합당과 연정의 구별도 못 하는 사람들이 저를 공격해 대니 제가 얼마나 힘이 들겠습니까?

한국의 민주주의, 그렇습니다. 그래서 이제 앞으로 한국이 해야 되는 것은 그렇습니다. 문제 해결은 참여 민주주의로 가자. 그동안 우리 한국은 민주주의를 위한 투쟁, 4·19, 10·16, 5·18, 6월 항쟁, 할 만큼 했습니다. 잘했습니다. 민주주의, 이제 청산과 개혁도 상당히 많이 했습니다. 이제 민주주의 안에서 민주주의를 내실화하는 운동으로 국민이 나가야 될 때가 됐다고 생각합니다. 그것은 바로 참여입니다. 선거에 참여해서 지도자를 선택하고 시민운동을 통해서 민생 정책, 정치의 개혁을 지속적으로 추진해 나가고 정치에 참여, 정당 운동과 그 밖의 여러 가지를 통해서 정치를 스스로 담당해 나가야 하는 것입니다.

돈 정치를 추방할 수 있었던 것은 노사모 덕분입니다. 노사모가 있어서, 노사모가 돈도 많이 모아 주었지만, 돈 없이 선거를 치를 수 있는 기반을 마련해 주었기 때문에 상대적으로 제가 돈을 적게 썼고, 그러니까 '좋다, 수사 한번 해 보자' 하고 웃통 딱 벗고 나갈 수 있었지 않습니까, 그렇죠? 10분의 1 안 되는 거 맞습니다. 자꾸 다른 돈을 넣어 가지고 자꾸 10분의 1 이러는데, 선거 때 썼던 거 생각하면 10분의 1 안 됩니다. 안 되는데, 어떻든 그렇게 해서 수사를 할 수 있는 가능성을 제게 만들어 준 것입니다. 노사모가 없었으면 대통령이 못 됐거나 수사를 못 했거나 둘 중의 하나입니다. 민주주의 개혁 정권을 수립했고, 진보적 정권을 수립하고, 그리고 지금 제가 보수 언론과 맞서 싸우고 있습니다.

언론개혁, 한국의 민주주의의 진보를 위해서, 선진 민주주의를 위해서 딱 남은 몇 가지 소위 진보적 민주주의 해야 하는 것이고, 정치 선진화해야 하는 것이고, 그리고 언론 선진화해야 된다는 이것을 알기는 다 알지요. 정치하는 사람이 언론의 밥인데, 대통령도 밥인데, 어떻게 감히 이 일을 할 수 있느냐? 충분하지는 않지만 저를 이해하려고 노력하고 지지하고 또 참여해 주는 사람들의 조직이 있기 때문에 이 일을 할 수 있는 것이지요. 두고 보십시오. 다음 정권 넘어가면 기자실이 되살아날 것 같아서 제가 확실하게 대못으로 대못질을 해 버리고 넘겨주려고 합니다.

말씀을 드렸습니다만, 딱 말씀을 드려 놓고 보니까 박사감이네요. 뭐.

정치인 노무현은 국회의원 시절부터 하나의 꿈이 있었다. 바로 '정치학 교과서'를 쓰는 일이다. '정치는 권력투쟁이다', 이 문장이 그가 바로 책의 첫머리로 쓰려고 생각해 둔 것이었다. 그는 대통령이 되기 이전에는 물론 재임 중에도 끊임없이 책을 읽었다. 정치의 모든 현상, 특히 민주주의에 대해 깊이 사색하고 연구했다. 이 강연은 깊은 천착을 통해 완성한 일종의 민주주의론이다. 그중에서 진보적 민주주의론이라 할 수 있다. 강연 전반에 걸쳐 그의 사상가적 면모를 엿볼 수 있다.

2007년 6월 8일, 대통령 노무현은 이날 원광대학교에서 명예 정치학박사학위를 받고 '민주주의 똑바로 하자'라는 제목으로 특별 강연을 했다.

6월항쟁과 미완의 과제

2007. 6. 10. 제20주년 6·10민주항쟁 기념사

존경하는 국민 여러분,

정말 감회가 새롭습니다. 그날의 기억이 아직도 생생한데 벌써 20년이 흘렀습니다. 4·13호헌조치는 서슬이 시퍼랬습니다. 그러나 국민의 소망은 간절했고, 분노는 뜨거웠습니다. 마침내 두려움을 떨치고 일어났습니다. 그리고 군사독재를 무너뜨렸습니다.

국민이 승리한 것입니다. 정의가 승리하고, 민주주의가 승리한 것입니다. 참으로 감격스러운 역사가 아닐 수 없습니다.

그러나 수많은 사람들이 땀과 피를 흘리고, 목숨까지 바쳤습니다. 이 자랑스러운 역사를 위해서 목숨을 바치신 분들의 고귀한 희생에 경의를 표하며 삼가 명복을 빕니다. 항쟁을 이끌어 주신 항쟁지도부, 하나가 되어서 승리의 역사를 이룩하신 국민 여러분께 깊은 존경을 표합니다.

국민 여러분,

6·10민주항쟁은 특별히 기억에 새겨 두어야 할 의미가 있는 역사입니다.

6월항쟁은 국민이 승리한 역사입니다. 그동안 우리 역사에는 자랑스러운 역사로 기록할 만한 크고 작은 많은 투쟁이 있었고, 오늘날 우리는 이들을 엄숙하게 기념하고 있지만, 안타깝게도 아무런 주저함이 없이 승리한 투쟁으로 말할 만한 역사를 찾기는 어려운 것이 사실입니다.

그러나 6월항쟁은 승리했습니다. 항쟁 이후 20년간, 우리는 군사독재의 뿌리를 완전히 끊어 내고 민주주의를 꾸준히 발전시킴으로써 6월항쟁을 승리한 역사로 주저 없이 말할 수 있게 되었습니다. 승리한 역사는 소중한 것입니다. 국민에게 자신감을 심어 주고, 그 위에 새로운 역사를 지어 갈 수 있기 때문입니다.

6월항쟁은 자연 발생적인 항쟁이 아니라, 잘 조직되고 체계화된 국민적 투쟁이었습니다. 항쟁의 지도부는 잘 조직되어 있었고, 각계의 지도자들이 두루 참여하여 국민들에게 신뢰를 주었습니다. 그리고 지향하는 가치와 목표를 뚜렷이 단순하게 제시함으로써 국민 모두가 참여하는 대중적 투쟁을 이끌어 낼 수 있었습니다. 그리고 승리했습니다. 잘 조직된 국민의 의지와 역량이 역사의 진보를 이루어 낸 것입니다.

6월항쟁은 가치와 목표를 더욱 뚜렷하게 제시하여 국민을 통합하고 잘 조직하면 더 큰 역사의 진보를 이루어 낼 수 있다는 믿음의 근거가 될 것입니다.

6월항쟁의 승리는 축적된 역사의 결실입니다. 우리 국민은 오랜 동안 많은 항쟁의 역사를 축적하여 왔습니다. 부패하고 무능한 전제왕권의 학정에 맞섰던 민생·민권 투쟁, 일본 제국주의 압제에 맞섰던 수많은 민족 독립 투쟁, 그리고 군사독재에 맞선 꾸준한 민주주의 투쟁들이 그것입니다.

우리 국민은 수많은 좌절을 통하여 가슴에 민주주의의 가치와 신념을 키우고, 그리고 역량을 축적해 왔습니다. 의미 있는 좌절은 단지 좌절이 아니라 더 큰 진보를 위한 소중한 축적이 되는 것입니다. 우리는 6월항쟁의 승리를 보고 일시적인 좌절을 두려워하지 않는 지혜, 당장의 성공에 급급하여 대의를 저버리지 않는 지혜를 배워야 할 것입니다.

존경하는 국민 여러분,

6월항쟁은 그 역사적 의미로만 소중한 것이 아니라, 국가 발전의 획기적인 전기를 마련하였다는 점에서도 큰 의미가 있습니다.

87년 이후 우리 경제는 개발연대의 요소 투입형 경제를 넘어서, 지식기반 경제, 혁신 주도형 경제로 전환하고, 세계와 경쟁하여 당당하게 성공하고 있습니다.

국민총생산은 87년 세계 19위에서 2005년 12위로 상승했습니다. 같은 기간 동안 1인당 국민소득은 63위에서 48위로 상승하였습니다. OECD 국가 중에는 24위입니다. 그 밖에도 많은 경제지표는 우리 경제가 87년 이후 장족의 발전을 하였다는 사실을 증명해 주고 있습니다.

관치경제, 관치금융을 청산하여 완전한 시장경제를 실현하고, 투명하고 공정한 시장을 만들어서 그 위에 다양성을 존중하고 자유와 창의로 경쟁할 수 있게 한 결과입니다.

6월항쟁의 승리와 정권교체, 그리고 지난 20년간 꾸준히 이어진 청산과 개혁이 없었더라면 이룰 수 없는 성과를 이루어 낸 것입니다.

97년 경제위기 때문에 많은 지체가 있었습니다. 아직도 그 당시의 지표를 회복하지 못한 항목이 많이 있습니다. 97년 경제위기는 관치경제, 관치금융, 법치가 아닌 권력의 자의적 통치라는 독재 시대의 낡은 체제를 신속히 개혁하고 정비하지 못했기 때문에 생긴 것입니다. 완전한 정권교체로 완전한 민주 정부가 들어서서 신속하고 철저한 개혁으로 극복한 것입니다.

그럼에도 97년 이후의 우리 경제의 지체를 빌미로 민주 세력의 무능을 말하는 사람들이 있습니다. 참으로 양심 없는 사람들의 염치없는 중상모략이 아닐 수 없습니다.

민주주의와 인권의 신장에 관해서는 굳이 더 설명할 필요가 없을 것입니다. 저는 해외에 나가서 우리 한국이 단지 경제에만 성공한 나라가 아니라 민주주의에도 성공한 나라라는 말을 수없이 들었습니다. 그리고 민주주의 정통성을 가진 지도자가 국제사회에서 제대로 대우받고 나라의 위상도 높인다는 사실도 실감하고 있습니다.

다시 한번 민주주의를 위해서 헌신해 오신 모든 분들께 깊은 존경과 감사의 말씀을 드립니다.

국민 여러분,

그러나 6월항쟁은 아직 절반의 승리를 넘어서지 못하고 있습니다. 6월항쟁의 정신을 아직 활짝 꽃피우고 결실을 맺지 못했기 때문입니다.

지난 20년 동안 우리는 정권교체를 이루고, 특권과 유착, 권위주의와 부정부패를 청산하고, 투명하고 공정한 사회를 만들어 가고 있습니다. 뒤늦기는 하지만, 친일 잔재의 청산과 과거사 정리도 착실히 해 나가고 있습니다. 제도의 측면에 있어서는 독재체제의 청산과 민주주의 개혁에 상당한 성과를 거두고 있다고 말할 수 있을 것입니다.

그러나 아직 반민주 악법의 개혁은 미완의 상태에 머물러 있습니다. 지난날의 기득권 세력들은 수구 언론과 결탁하여 끊임없이 개혁을 반대하고, 진보를 가로막고 있습니다. 심지어는 국민으로부터 정통성을 부여받은 민주 정부를 친북 좌파 정권으로 매도하고, 무능보다는 부패가 낫다는 망언까지 서슴지 않음으로써 지난날의 안보 독재와 부패 세력의 본색을 공공연히 드러내고 있습니다. 나아가서는 민주 세력 무능론까지 들고 나와 민주적 가치와 정책이 아니라 지난날 개발독재의 후광을 빌어서 정권을 잡겠다고 하고 있습니다.

지난날 독재 권력의 앞잡이가 되어 국민의 눈과 귀를 가리고 민주시민을 폭도로 매도해 왔던 수구 언론들은 그들 스스로 권력으로 등장하여 민주 세력을 흔들고 수구의 가치를 수호하는 데 앞장서고 있습니다.

저는 그들 중에 누구도 국민 앞에 지난날의 과오를 반성했다는 말을 듣지 못했습니다.

군사독재의 잔재들은 아직도 건재하여 역사를 되돌리려 하고 있고, 민주 세력은 패배주의의 늪에 빠져 우왕좌왕하고 있습니다.

이런 사정으로 아직 우리 누구도 6월항쟁을 혁명이라고 이름 붙일 엄두를 내지 못하고 있습니다.

이 모양이 된 것은 6월항쟁 이후 지배 세력의 교체도, 정치적 주도권의 교체도 확실하게 하지 못했기 때문입니다. 민주 세력의 분열과 그에 이어진 기회주의 때문입니다.

87년의 패배, 90년 3당합당은 우리 민주 세력에게 참으로 뼈아픈 상실이 아닐 수 없습니다. 지역주의와 기회주의 때문에 우리는 정권교체의 기회를 놓쳐 버렸고, 수구세력이 다시 뭉치고 일어날 기회를 준 것입니다. 그중에서도 가장 뼈아픈 상실은 군사독재와 결탁했던 수구 언론이 오늘 그들 세력을 대변하는 막강한 권력으로 다시 등장할 수 있는 기회를 허용한 것입니다.

분열과 기회주의가 6월항쟁의 승리를 절반으로 깎아내린 것입니다. 그래서 우리는 나머지 절반의 승리를 완수해야 할 역사의 부채를 아직 벗지 못하고 있습니다.

국민 여러분,

우리 앞에 놓인 과제는 자명합니다. 나머지 절반의 책임을 다하는 것입니다. 그것은 민주주의를 제대로 하는 것입니다.

반독재 민주화 투쟁의 시대는 이제 끝이 났습니다. 새삼 수구세력의 정통성을 문제 삼을 수는 없습니다. 민주적 경쟁의 상대로 인정하고 정정당당하게 경쟁할 수밖에 없습니다. 그렇게 하여 대화와 타협, 승복의 민주주의를 발전시켜 나가야 합니다.

이를 위해서는 87년 이후 숙제로 남아 있는 지역주의 정치, 기회주의 정치를 청산해야 합니다. 수구세력에게 이겨야 한다는 명분으로 다시 지역주의를 부활시켜서는 안 될 것입니다. 기회주의를 용납해서도 안 될 것입니다.

이와 함께 눈앞의 정치에 급급할 것이 아니라 후진적인 정치제도도 고쳐서 선진 민주제도를 만들어야 합니다. 대통령 단임제와, 일반적으로 선거운동을 금지하고 대통령에 대한 정치적 중립을 요구하는 선거법, 당정분리와 같은 제도는 고쳐야 합니다. 여소야대가 더 좋다는 견제론, 연합을 야합으로 몰아붙이는 인식도 이제는 바꾸어야 합니다. 그래야 우리도 선진국다운 정치를 할 수 있습니다.

언론도 달라져야 합니다. 더 이상 특권을 주장하고 스스로 정치권력이 되려고 해서는 안 됩니다. 사실에 충실하고, 공정하고 책임 있는 언론이 되어야 합니다. 한국의 민주주의는 언론의 수준만 큰 발전할 것입니다. 이것은 마지막 남은 개혁의 과제라고 생각됩니다.

주권자의 참여가 민주주의의 수준을 결정할 것입니다. 정치적 선택에 능동적으로 참여해서 주권을 행사하는 시민, 지도자를 만들고 이끌어 가는 시민, 나아가 스스로 지도자가 되는 창조적이고 능동적인 시민이 우리 민주주의의 미래입니다.

저는 우리 국민의 역량을 믿습니다. 마음만 먹으면 못 해낼 것이 없는 우리 국민입니다. 20년 전 6월의 거리에서 하나가 되었던 것처럼 이제 우리의 민주주의를 완성하는 데 함께 힘을 모아 나갑시다. 지역주의와 기회주의를 청산하고 명실상부한 민주국가, 명실상부한 국민주권 시대를 열어 갑시다.

감사합니다.

1987년 6월, 노무현은 부산의 뜨거운 아스팔트 위에 서 있었다. 그는 부산에서 6월항쟁을 주도한 주역이었다. 시민들과 함께 벅찬 감격으로 노래를 불렀다. '사람 사는 세상이 돌아와…' 그의 눈에 뜨거운 눈물이 맺혔다. 그로부터 20년 후, 그는 대한민국 대통령으로서 6·10민주항쟁 20주년 기념사를 한다. 이날 기념사를 통해 그는 6월항쟁을 절반의 승리로 규정하며 그 이유로 민주 세력의 분열과 뒤이은 기회주의를 지적한다. 1987년의 패배와 1990년의 3당합당을 이야기한다. 6개월 앞으로 다가온 17대 대선을 향해 던지는 절절한 메시지였다.

1987년 6월의 어느 날, 변호사 노무현은 부산 시민들과 함께 박종철 고문치사사건에 항의하며 '고문살인 은폐조작 웬말이냐 군부독재 타도하자'라는 플래카드를 펼쳐들고 시위대 맨앞에 서서 구호를 외쳤다.

4 부   역 사

바 로
세 우 기

한국의 선택에 따라
동북아시아의 정세가 변화하는 시대

2004. 3. 1. 제85주년 3·1절 기념사

3·1운동이 갖는 역사에서의 무게가 워낙 무거워서 자연히 3·1절 기념식도 무겁습니다. 비록 뜻이 깊지만, 귀엽고 아름다운 우리 아이들이 나와서 힘찬 노래를 불렀는데도 분위기가 풀리질 않습니다. 저는 3·1운동 같은 이런 역사적인 큰 기념식을 맞이할 때마다 너무 딱딱하다, 이렇게 느낍니다. 이제 이 시점에서 좀 더 밝은 마음으로 좀 더 자연스럽고 열린 자세로 편안하게 역사의 사실을 돌이켜보고 기념하는 것이 좋다고 생각합니다.

여든다섯 해 전 3·1운동은 전 국민이 떨쳐 일어났습니다. 경과보고에서 말씀드렸듯이 정말 뜻 깊은 것은 전 국민이 하나가 됐다는 것입니다. 빈부, 노소, 더 배우고 덜 배운 사람의 차이 없이, 사회적 신분과 지위에 관계없이, 특히 전 종교인들이 전부 하나가 됐다는 것은 정말 우리 역사에서 놀라운 일입니다. 그 당시에도 서로 다르고 그래서 다툼이 있었습니다. 그럼에도 불구하고 하나가 됐습니다. 우리 한국 역사에서 이처럼 전 국민이 하나가 됐던 일이 그 이전에도 별로 없었고 그 이후에도 사실 별로 없었습니다.

하나로 아울렀던 그 가운데에는 우리 민족의 자주독립의 정신이 있었습니다. 혼이 있었습니다. 그리고 자유와 평등이라는 인류사회의 보편적 대의가 있었습니다. 이 가치는 아무리 시대가 변해도 아무리 세월이 흘러도 결코 달라질 수 없는 불변의 가치입니다. 그 이후 상해임정이 수립되고 독립운동은 더욱더 치열해졌고 세계만방에 한국인의 정신과 의지를 널리 떨쳤습니다.

'우리의 해방과 우리의 독립이 외세의 도움에 의한 것이다, 우리 스스로 이룬 것이 아니다'라고 말하는 분들이 있습니다. 실제로 그런 점이 전혀 없지는 않을 것입니다. 그러나 우리 국민들이 3·1운동에서 하나가 돼서 목숨을 걸고 이렇게 떨쳐 일어나지 않았더라면 아마 우리 한민족은 전후 처리에서 잊혀졌을지도 모르고 따라서 오늘 우리 한국은 독립국가로서 성립되지 못했을지도 모릅니다.

3·1운동은 우리 역사의 기본입니다. 오늘 우리가 헌법에서 그 법통을 상해임시정부에 잇대고 있습니다만 바로 그것은 3·1운동의 정신에서 출발된 것입니다. 이제 3·1운동의 정신을 이어받아서 우리는 민주주의를 상당히 발전시켰고 세계 12번째를 자랑하는 경제력을 키웠습니다. 참으로 우리 애국선열들이 자랑스럽고 존경스럽습니다. 다시 한번 머리 숙여서 감사의 인사를 드립니다.

그러나 우리가 이 기념식을 하는 이 시점에도 저와 여러분, 그리고 우리 모두의 가슴에 부끄러움과 아쉬움이 남아 있습니다. 비록 해방되고 독립했지만 나라는 분단된 나라였습니다. 동족끼리 피 흘리고 싸웠습니다. 처참한 비극을 겪었습니다. 아직도 서로 대결하고 있습니다. 국내에서, 남한 내에서 좌우는 대립했고 그 좌우의 대립에 엉켜서 많은 대립들이 있었습니다. 불신과 갈등이 있었습니다. 과거는 말끔히 청산되지 않았고 새로운 역사의 대의도 분명히 서지 못했습니다.

역사적 사실과 진실은 아직 많은 것이 묻혀 있습니다. 아직도 국회에서 친일의 역사를 어떻게 밝힐 것인가를 놓고 혼란을 거듭하고 있습니다. 지금도 정신대 할머니들은 한을 씻지 못하고 정리되지 못한 역사 앞에서 몸부림치고 있습니다. 독립투사 그분들의 후손들이 오늘 누리고 있는 사회적 처지는 소외와 고통입니다. 우리의 독립투사들이 우리의 역사를 주도하지 못했습니다. 아직도 우리의 역사에 대한 해석, 오늘의 현실에 대한 인식에 있어서 대립과 갈등을 우리는 극복하지 못하고 있습니다.

이제 우리는 다시 한번 일어서야 합니다. 3·1운동 때 목숨을 걸고 일어섰던 우리 선열들이 마음속에 품었던 그 비장한 마음을 가지고 다시 한번 우리 스스로를 돌아보고 다시 일으켜 세워야 합니다. 마음을 모으고 지혜를 모아서 우리에게 남겨진 아직까지 풀지 못한 이 숙제를 풀어 나가야 할 것입니다. 우리 스스로를 너무 부끄러워하고 너무 질책만 하고 그래서 낙담할 일만은 아니라고 생각합니다. 우리 민족은 할 수 있습니다. 자신을 가지고 하나로 뭉치면 무슨 일이든 해낼 수 있을 것입니다.

1945년 식민지에서 해방된 나라 중에서 민주주의, 우리 대한민국만큼 잘하는 나라가 없습니다. 경제는 지난 40년간 100배의 성장을 이루어 냈습니다. 전 세계가 놀람과 부러움으로 우리를 바라보고 있습니다. 비록 우리는 아쉽게 생각하는 역사이긴 합니다만 남북 간의 대결도 한 발 한 발 극복해 나가고 있습니다.

7·4 공동성명, 그리고 남북 간 기본합의를 거쳐서 2000년 6월 15일에는 마침내 남북 정상이 만나서 6·15 정상 합의를 이루어 냈

습니다. 그 이후 착실히 한 발 한 발 남북 관계는 풀려 가고 있습니다. 북핵 문제가 남북 문제에 가로놓여 있습니다만 이 문제에 관해서도 우리 한국은 착실히 주도적으로 참여해서 상황을 관리해 나가고 있습니다. 저는 북핵 문제를 풀어 나가는 그 어느 대목에서도 우리 한국 국민들의 간절한 염원을 외면하지 못할 것이라고 생각합니다.

이제 용산기지 이전이 결정되었습니다. 몇 년 지나면 용산기지는 우리 국민들, 우리 서울 시민들에게 반환될 것입니다. 간섭과 침략과 의존의 상징이던 그 용산기지가 우리 국민들의 손에 돌아옵니다. 성장한 대한민국, 점차 자주권이 강화되고 어엿한 독립국가로서의 대한민국 국민들의 품에 돌아올 것입니다.

안보에 있어서 한국군의 역할은 점차 증대돼 가고 있습니다. 머지않아 한국군 중심의 안보 체제로 전환될 것입니다. 100년 전 우리 민족은 이 동아시아에 있어서 아무런 변수가 아니었습니다. 스스로의 독립을 지킬 힘이 없었음은 물론이거니와 우리 조선이 일본의 편을 들든 중국의 편을 들든 러시아의 편을 들든 그것은 대세에 영향을 주지 못했습니다.

그러나 지금은 그렇지 않습니다. 스스로의 자주와 독립을 지킬 만한 넉넉한 힘을 가지고 있습니다. 이제 우리 한국이 어떤 길을 선택하느냐에 따라서 동북아시아의 정세가 변화할 수밖에 없습니다. 자신감을 가질 만합니다. 정말 자신을 가지고 함께 나갑시다. 친미냐 반미냐 이렇게 얘기하지 맙시다. 우리의 자주와 독립을 영원히 지켜 나가고 후손들에게 떳떳한 역사를 물려주기 위해서 우리가 할 일을 합시다.

친미냐 반미냐가 우리를 재는, 우리를 평가하는 잣대가 될 수 없습니다. 한 발 한 발 자주권을 강화해 나가고 독립국가의 실력을 쌓아 나가는 것입니다. 그것을 하는 데 필요한가 아니한가 그렇게 평가합시다. 한반도의 평화를 정착시키고 그 위에 번영을 이룹시다. 나아가서 그것이 동북아시아의 평화와 번영으로 이어지게 나가야 합니다. 그 위에 한국의 자주와 독립이 있고 그 위에 우리가 평화와 자유와 행복을 함께 누려 가야 합니다. 한반도뿐만이 아니라 동북아시아, 그리고 동아시아, 전 세계의 평화와 번영의 질서에 적극적으로 그리고 주도적으로 참여해 나갈 수 있는 당당한 대한민국을 만들어 나갑시다.

실력을 가다듬어야 합니다. 그러나 저는 이 문제에 관해서 걱정하지 않습니다. 우리 한국 국민들이 개인적으로 집단적으로 실력을 쌓고 힘을 기르는 데는 탁월한 능력이 있다고 생각합니다. 우리가 이 시점에서 꼭 해야 될 것은 마음을 열고 차이를 극복하고 상대를 존중하고 대화로써 모든 문제를 풀어 갈 줄 아는 통합된 국민, 3·1운동 때 85년 전 전 국민이 모든 차이를 극복하고 하나가 됐듯이 우리 후손들에게 물려줄 우리의 미래를 위해서 다시 한번 차이를 극복합시다. 동이다 서다 나라를 지역으로 갈라서 그렇게 해서 정당이 뭉치고 그렇게 해서 감정 대립을 하는 이 정치도 이제 끝을 냅시다. 노사 간에 갈등이 있었습니다만 이런 많은 갈등들은 잘 극복돼 갈 것이라고 생각합니다.

항일을 했던 사람, 친일을 했던 사람, 어쩔 수 없어 입을 다물었던 사람들, 이 사람들 사이에 맺혀 있는 갈등, 그리고 좌우 대립의 사이에서 생겼던 많은 갈등, 아직 아물지 않은 상처, 이 상처들을 극복하기 위해서 새로운 역사적 안목으로 우리 스스로를 돌아보고 용서하고 화해하는 지혜를 만들어 가십시다. 그것은 스스로 한 발

물러서는 것입니다. 스스로 가슴을 여는 것입니다.

북한에 대해서는 설명이 어렵습니다. 상식이 통하지 않는 많은 부분이 있습니다. 그러나 그럼에도 불구하고 결국 한민족으로서 보듬어 가야 하고 끝내 우리가 책임져 가야 될 사람들이라는 생각으로 따뜻하게 문을 열고 대화로써 풀어 나갑시다.

일본에 대해서 한마디 꼭 충고를 하고 싶은 말이 있다면, 한국이 한국의 정치 지도자가 굳이 역사적 사실을, 오늘 일어나고 있는 일본의 법·제도의 변화를, 아직 해결되지 않은 문제에 관해서 말하지 않는다고 모든 문제가 다 해소된 것으로 생각해서는 안 됩니다. 앞으로 만들어 가야 될 미래를 위해서 마음에 상처를 주는 얘기들을 절제하는 것이 미래를 위해서 도움이 된다는 뜻으로 우리 국민들은 절제하고 있습니다.

특히 우리 정부는 절제하고 있습니다. 우리 국민들의 가슴에 상처를 주는 발언들은 흔히 지각없는 국민들이 하더라도, 흔히 인기에 급급한 한두 사람의 정치인이 하더라도 적어도 국가적 지도자의 수준에서는 해서는 안 된다. 우리 국민들이 우리 정부가 절제할 수 있게 일본도 최선을 다해서 노력해야 합니다. 그 이상의 말씀은 더 드리지 않겠습니다.

여러분들께 이 자리에서 당부 드리고 싶은 말씀은 일본이 한마디 한다고 해서 우리도 감정적으로 대응하는 일은 절제하십시다. 역사의, 과거사의 문제이든 동북아시아의 미래사의 문제이든 그것은 감정으로 만들어 나갈 수 있는 일은 아닙니다. 차분하게 냉정하게 그렇게 해서 대응하면서 어떻게 하면 우리가 평화와 번영의 동북아시아 질서를 주도적으로 이끌어 나갈 것인가, 그것이 우리 한국 국민들의 자랑이고 자부심이 되게 할 것인가, 오늘 3·1운동

85주년을 맞는 이 시점에서 마음에 단단한 다짐과 함께 차분하고 냉정한 미래의 준비를 당부드리면서 저의 기념사에 갈음합니다.

감사합니다.

2004년 3월 1일, 취임 후 두 번째 맞이하는 삼일절. 대통령 노무현은 일본을 향해 하고 싶은 말이 있었다. 2003년 한 해, 미래지향적인 자세로 상대했지만 일본은 여전히 과거를 진심으로 반성하는 자세를 보여 주지 않고 있었다. 그는 전날까지도 거듭 고심한 메시지를 대변인을 통해 연설 팀에 내려 보냈으나 내용이 제대로 전달되지 않았다. 삼일절 아침에 그 사실을 확인한 그는 급하게 원고를 직접 작성하여 행사장에서 낭독했다. 연설문을 보면 알 수 있듯이 통상적으로 다듬어진 원고와 약간 톤이 다르다. 결과적으로는 오히려 평소보다 박수를 더 많이 받은 연설이 되었다.

올바른 미래를 창조하기 위해
역사의 진실을 제대로 밝혀야

2004. 8. 15. 제59주년 광복절 경축사

존경하는 국민 여러분,

그리고 해외 동포 여러분,

쉰아홉 돌 광복절을 온 국민과 함께 경축드립니다. 아울러 오늘을 있게 하신 애국선열들의 높은 뜻을 기립니다.

불의와 압제에 굴하지 않고 일제에 맞서 싸운 선열들의 빛나는 정신이 있었기에 지금 우리는 당당할 수 있습니다. 선열들의 희생과 공로가 오늘의 대한민국을 있게 한 것입니다. 모든 것을 바쳐서 독립된 나라와 불굴의 민족혼을 물려주신 애국선열들께 머리 숙여 경의를 표합니다. 독립 유공자와 유가족 여러분께도 깊은 존경과 감사의 말씀을 드립니다.

국민 여러분,

우리는 선열들이 꿈꾸었던 풍요롭고 힘 있는 나라를 건설하기 위해 지난 반세기 동안 땀 흘려 왔습니다. 선열들은 전쟁의 잿더미 위에서 세계 11위의 경제를 이룩해 낸 우리를 자랑스러워하실 것입니다. 군사독재를 물리치고 민주주의를 꽃피워 낸 우리가 대견

스러울 것입니다. 지금 아테네에서 뛰고 있는 우리의 장한 아들딸들을 보면서 1936년 베를린에서 쌓였던 울분도 이제는 풀리셨을 것입니다.

지금까지 이룩한 경제적 성취와 민주주의의 발전은 우리 국민의 위대한 역량을 보여 준, 신화와도 같은 역사입니다.

그러나 우리 국민의 저력은 여기서 멈추지 않습니다. 한 단계 더 도약한 대한민국을 만들기 위해서 새로운 도전에 나서고 있습니다.

국민들이 정치의 당당한 주역으로 나섰습니다. 지난 수십 년간 계속된 지시와 통제의 굴레를 이제 벗어던졌습니다. 국민의 힘으로 투명하고 깨끗한 정치를 실현해 가고 있습니다. 이제 누구도 국민 위에 군림할 수 없는 시대, 국민 모두가 적극적으로 참여하고 앞장서서 이끌어 가는 시대, 명실상부한 국민주권의 시대가 열리고 있는 것입니다.

민주주의의 진전에 발맞춰서 우리 경제도 변화하고 있습니다. 정부가 경제를 이끌어 가던 관치경제의 시대를 벗어나서 시장경제의 자율성과 창의성을 높여 나가고 있습니다. 정경유착과 불공정거래, 독점의 횡포를 근절하면서 공정하고 투명한 시장을 만들어 가고 있습니다.

이제 오로지 실력으로 경쟁하는 시장이 만들어질 것입니다. 반칙과 특권이 설 땅은 없을 것입니다. 열심히 기술을 혁신하고 인재를 키운 기업이 성공하는 시대가 될 것입니다. 그만큼 우리 경제는 경쟁력이 높아지고 체질도 튼튼하게 될 것입니다.

지금 우리 앞에 많은 과제가 놓여 있지만 대한민국은 놀라운 속도로 변화하고 있습니다. 보다 나은 내일을 향해서 전진하고 있습니다. 이렇게 새로운 대한민국을 만들어 가는 것, 이것이야말로 선열들의 뜻을 받들고 그 희생에 보답하는 길이라고 확신합니다.

국민 여러분,

그러나 지금 이 시간, 우리에게는 애국선열에 대한 존경만큼이나 얼굴을 들기 어려운 부끄러움이 남아 있는 것도 사실입니다. 광복 예순 돌을 앞둔 지금도 친일의 잔재가 청산되지 못했고, 역사의 진실마저 제대로 밝혀지지 않고 있기 때문입니다.

애국선열들이 하나뿐인 목숨까지 내놓고 투쟁했던 그 시간에 민족을 배반하고 식민통치를 앞장서서 대변했던 친일 행위가 여전히 역사의 뒤안길에 묻혀 있습니다.

더욱 부끄러운 일은, 역사의 바른 길을 걸어 온 독립투사와 그 후손들은 광복 후에도 가난과 소외에 시달리고, 오히려 친일에 앞장섰던 사람들이 사회 지도층으로 행세하면서 애국지사와 후손들을 박해하기도 했다는 사실입니다. 심지어 한때는 친일 인사가 독립운동가의 공적을 심사하는 어처구니없는 일이 벌어지기도 했습니다. 독립운동을 했던 사람은 3대가 가난하고 친일했던 사람은 3대가 떵떵거린다는 뒤집혀진 역사 인식을 아직까지 우리는 씻어내지 못하고 있는 것입니다. 우리는 이 왜곡된 역사를 반드시 바로 잡아야 합니다. 진상이라도 명확히 밝혀서 역사의 교훈으로 삼아야 할 것입니다.

이제 와서 반민족 친일파를 처벌하고 그들의 기득권을 박탈한다는 것은 현실적으로 어려울 것입니다. 과거로 돌아가자는 것도 더더욱 아닙니다. 올바른 미래를 창조하기 위해서입니다. 역사는 미래를 창조해나가는 뿌리입니다. 우리 아이들에게 정의와 양심이 살아 있는 바른 역사를 가르칠 때 그들이 바른 미래를 만들어 갈 수 있기 때문입니다. 오늘 우리가 이 자리에 모여서 59년 전, 광복의 의미를 되새기는 이유도 바로 여기에 있을 것입니다.

분열과 갈등을 걱정하는 분들이 계십니다. 화합하고 포용하자고 하십니다. 그런데 왜 진실을 밝히는 일에 의견이 갈리고 대립이 있어야 하는지 저는 도저히 이해할 수가 없습니다. 진실은 합심해서 밝혀야 합니다. 진실이 밝혀져서 부끄러운 일이 있다 해도 회피할 일이 아닙니다. 밝힐 것은 밝히고 반성할 것은 반성해야 합니다. 그 토대 위에서 용서하고 화해할 때 비로소 진정한 용서와 화해가 있을 수 있는 것이라고 생각합니다. 또 그것이 진정으로 국민의 힘을 하나로 모을 수 있는 길이라고 저는 생각합니다.

존경하는 국민 여러분,

반민족 친일 행위만이 진상규명의 대상은 아닙니다. 과거 국가권력이 저지른 인권침해와 불법행위도 그 대상이 되어야 합니다. 진상을 규명해서 다시는 그런 일이 없도록 해야 할 것입니다.

저는 이 자리를 빌려, 지난 역사에서 쟁점이 됐던 사안들을 포괄적으로 다루는 진상규명 특별위원회를 국회 안에 만들 것을 제안드립니다.

이미 국회에서는 진상규명과 관련하여 열세 건의 법률이 상정되어 있습니다. 그러나 법안마다 기준이 다르고 이해관계가 엇갈리기 때문에 개별적으로 다루기가 어려운 것이 사실입니다. 국회가 올바른 진상규명이라는 원칙에만 동의한다면 구체적인 방법은 국민 여러분의 의견을 수렴해서 충분히 합의해 낼 수 있을 것입니다.

그리고 그동안 각종 진상 조사가 이루어질 때마다 국가기관의 은폐와 비협조 문제가 논란의 대상이 되어 왔습니다. 그러나 이번만은 그런 시비가 없어야 할 것입니다. 고백해야 할 일이 있으면 기관이 먼저 용기 있게 밝히고 새롭게 출발하는 것이 좋습니다.

물론 부담도 있을 것입니다. 권위와 국민의 신뢰가 무엇보다도 중요한 국가기관이 스스로 부끄러운 과거를 들추어낸다는 것은 힘든 일일 것입니다. 그러나 더 큰 신뢰를 쌓고 올바른 권위를 세우기 위해서는 더 이상 진실을 묻어 둬서는 안 된다고 생각합니다.

그동안 여러 가지 이유로 수십 년을 미루어 왔습니다. 언젠가는 해야 될 과제라면, 풀어야 될 역사적 과업이라면, 지금 우리가 해야 합니다. 지금이 질곡의 역사를 직접 경험한 세대가 생생하게 증언할 수 있는 마지막 기회입니다. 그래서 내년에는 역사를 바로잡아 가고 있다는 확신을 가지고 광복 예순 돌을 이 자리에서 다시 기념할 수 있게 되기를 간절히 바랍니다.

국민 여러분,

지금 우리가 겪고 있는 분열과 반목도 우리의 굴절된 역사에서 비롯된 것입니다.

친일과 항일, 좌우 대립, 독재와 민주, 서로를 인정할 수 없는 대결의 시대가 오랫동안 계속되어 왔습니다. 특히 과거 독재정권이 정략적인 목적으로 지역을 가르고 차별과 배제를 되풀이하면서 갈등과 불신의 골은 더욱 깊어졌습니다. 이제 이 분열의 역사에 종지부를 찍어야 합니다.

무엇보다도 상대를 존중하고 대화와 타협을 통해서 문제를 풀어 가는 성숙한 민주주의 문화를 뿌리내려야 할 것입니다. 부당한 차별을 바로잡고, 사회적 약자와 소수자들에게 더 많은 관심과 배려를 기울여야 합니다.

정책이 아니라 지역으로 갈려서 감정적인 대립을 일삼는 지역 정치 구도도 이제는 고칠 때가 됐습니다. 지역 구도를 극복할 수 있는 선거구제 개편에 관한 정치권의 큰 결단을 다시 한번 호소합니다.

국가 발전과 국민 통합의 심각한 장애가 되고 있는 수도권과 지방 간의 불균형도 이상 더 방치할 수 없습니다. 더 악화되기 전에, 다시 돌이킬 수 없는 상황으로 되기 전에 반드시 해결해야 합니다.

신행정수도 건설과 국토 균형 발전을 통해서 수도권은 한 차원 높은 질적 발전을 모색하고, 지방도 각기 특성 있는 발전의 길을 걸어가야 합니다.

존경하는 국민 여러분,

광복의 기쁨을 되새기는 오늘, 선열들께 면목이 없는 또 하나의 현실은 바로 남북 분단입니다. 지구상에 냉전의 벽이 허물어진 지 십 수 년이 지났지만 한반도는 여전히 아직 냉전체제를 벗어나지 못하고 있습니다.

당장 통일이 이루어지기는 어려울 것입니다. 그러나 통일이 되는 그날까지, 전쟁의 위험을 없애고 남북 교류와 협력을 확대해 가는 일은 한시도 멈출 수 없는 일입니다.

참여정부는 역사적인 6·15공동선언의 정신을 하나하나 착실하게 실천해 나가고 있습니다.

분단 이후 처음으로 남북 장성급 군사회담이 열려서 군사적 신뢰 구축을 위한 토대를 마련해 가고 있습니다. 밤낮없이 울려대던 비무장지대의 선전 방송도 휴전 50년 만에 이제 사라져 가고 있습니다. 올림픽에서 남과 북이 손에 손을 잡고 입장하는 모습도 더 이상 낯설지 않습니다. 얼마 전 개성에서는 남과 북이 힘을 모아 민족의 대역사를 새로이 시작했습니다. 올해 말 시범 가동 되는 개성공단 건설이 2012년 모두 마무리되면 여의도 면적의 열 배나 되는 남북 공동 번영의 터전이 마련됩니다. 그렇게 되면 남북 모두가 커다란 경제적 이익을 얻을 수 있을 것입니다. 나아가서 한반도에서 전쟁 위험이 감소되고 우리 경제의 대외 신인도도 높아지는, 일석삼조의 효과를 거둘 수 있을 것입니다. 올 가을에는 경의선이 연결되고 도로도 개통될 것입니다. 지난 반세기 동안 끊어졌던 민족의 혈맥이 다시 이어지고, 장차 육로를 통해서 중국과 러시아, 유럽까지 가는 시대가 열리는 것입니다. 이렇게 펼쳐질 밝은 미래를 위해서도 북핵 문제는 반드시 평화적으로, 그리고 조속히 해결되어야 합니다.

우리는 북핵 문제가 해결되면 북한의 개혁·개방을 지원하기 위한 포괄적이고도 구체적인 계획이 있음을 이미 밝혔습니다. 이제 북한 당국이 결단을 내려야 할 단계입니다. 그래서 7천만 겨레가 함께 손잡고 평화와 공영의 길을 열어 나가야 합니다.

이와 함께, 우리와 북한 그리고 미·일·중·러가 참여한 6자회담의 소중한 경험을 살려서 동북아시아의 평화와 번영을 위한 새로운 틀을 발전시켜 나갈 수 있을 것입니다.

존경하는 국민 여러분,

지금 우리에게 필요한 것은 자신감입니다. 우리의 운명을 스스로 만들어 나갈 수 있다는 믿음입니다.

우리의 50대, 60대, 70대 어른들은 그야말로 무에서 유를 창조해서 여기까지 왔습니다. IMF 외환위기도 그 어느 나라보다 빨리 극복해 낸 우리 국민들입니다. 아직 그 후유증이 남아 있기는 하지만 오히려 경제 체질을 바꾸는 좋은 계기가 되고 있습니다.

일본 경제가 10년간 침체의 늪에서 이제 막 벗어나고 있지만, 우리도 지난 몇 년 동안 더 착실하게 구조조정을 해 왔고 혁신과 창의력이 주도하는 경제로 빠르게 변화시켜 나가고 있습니다.

중국의 고속 성장도 부러워하거나 두려워할 일이 아닙니다. 미래 경쟁력의 원천인 기술력과 효율적인 시장 시스템, 민주주의 문화, 그 어느 면에 있어서나 우리는 보다 발전된 내일을 기대할 수 있습니다.

그럼에도 지금 우리는 스스로의 미래에 관해서 자신감을 갖지 못하고 있습니다. 중국의 미래는 밝게 보고 일본의 현재는 높이 평가하면서 정작 우리 자신에 대해서는 지나치게 스스로를 비하하는 경향이 있습니다.

당장 피부로 느끼는 경제가 어렵기 때문에 우리 국민 모두가 걱정하고 있는 것은 사실입니다. 그러나 지나친 비관과 불안감, 그리고 자기비하는 결코 도움이 되지 않습니다. 연초부터 지속해 온 일자리 창출, 투자 활성화, 민생 회복의 노력도 머지않아 효과를 나타낼 것입니다. 그리고 장기적으로 성장잠재력을 확충하기 위한 지속적인 노력도 게을리 하지 않고 있습니다.

자만해서도 안 되겠지만 지금 우리의 역량에 대해서도 정확하게 평가해야 합니다. 그리고 그에 맞는 자신감을 가져야 합니다. 희망과 자신감을 가지고 힘차게 나아갈 때 미래가 열리는 것입니다.

안보에 대한 인식도 바로잡을 필요가 있습니다. 지금 우리는 100년 전 중국과 일본 그리고 열강의 틈바구니에서 사분오열하다가 국권을 빼앗긴 그때의 그 힘없는 나라가 결코 아닙니다. 우리의 역사와 영토를 지킬 만한 충분한 힘을 가지고 있는 국가요 국민입니다.

이제 우리 국민이 어느 방향으로 가고자 하느냐에 따라서 동북아의 질서와 구도가 달라질 수 있습니다. 적어도 동북아시아의 미래를 예측하는 데 있어서 대한민국의 선택은 결코 빼놓을 수 없는 중요 변수가 되고 있습니다.

그러나 아직도 우리는 자주국방을 얘기하면 마치 한미동맹을 해치는 것처럼 불안해하고 있습니다. 우리의 달라진 역량에 대한 자신감 부족을 표현하는 것이라고 생각합니다. 자주국방은 한미동맹과 배치되는 것이 아니라 상호보완적인 것입니다. 한미 우호관계를 보다 굳건히 하고 미래지향적으로 발전시키기 위해서도 자주국방은 착실히 추진되어야 합니다.

미국에 대해서 무조건 반대하는 목소리도 마찬가지입니다. 우리의 어제와 오늘, 그리고 내일에 대한 책임과 장애 사유가 모두 미국으로부터 비롯되고 있다는 외세 결정론적 사고에서 비롯된 것이라고 생각합니다. 그래서는 우리가 만들어 나갈 능동적인 역사에 대한 대안이 나올 수가 없습니다.

지난 10여 년간 끌어왔던 용산 미군기지 이전 협상이 우리의 노력과 미국의 협조로 마무리됐습니다. 한때는 청나라 군대가, 일제 때는 일본군사령부가 주둔했던 바로 그 땅입니다. 무려 120여 년간 외국 군대가 주둔하던 서울의 한복판이 이제 우리 국민의 품 안으로 돌아올 것입니다.

모든 것이 우리가 하기에 달려 있는 것입니다. 오늘 우리의 꿈과 의지가 바로 내일의 역사를 만들어 가는 것입니다. 우리 스스로를 믿고 자신 있게 미래를 창조해 갑시다.

국민 여러분,

우리가 가는 길은 분명합니다. 평화와 번영의 동북아 시대입니다. 그곳에 유럽 인구의 네 배에 이르는 거대한 시장과 무한한 자원이 펼쳐져 있습니다.

의지를 가지고 일관되게 노력해 나간다면 우리는 이 지역에 협력과 통합의 새 질서를 만드는 중심적인 역할을 해낼 수 있습니다. 동북아의 경제 허브로 도약할 수 있는 미래가 우리 앞에 놓여 있습니다.

우리 함께 힘과 지혜를 모아 나갑시다. 그 통합된 힘으로 우리의 운명을 자주적으로 개척해 나갑시다. 우리가 주도하는 대한민국의 새 역사를 만들어 나갑시다. 우리 모두가 우리 역사의 당당한 주인이 됩시다.

감사합니다.

취임 후 두 번째 광복절 경축사. 이날 대통령 노무현은 광복 60주년을 한 해 앞두고 과거 국가권력이 저지른 인권침해와 불법행위에 대해서도 진상을 규명해야 할 필요가 있다고 말한다. 이를 위해 지난 역사에서 쟁점이 됐던 사안들을 포괄적으로 다루는 진상규명특별위원회를 국회 안에 만들 것도 제안한다. 질곡의 역사를 직접 경험한 세대가 생생하게 증언할 수 있는 마지막 기회라는 이야기도 덧붙인다. 지난날 계기가 있을 때마다 시도되어 왔지만 번번이 미완으로 끝났던 역사의 진실 규명 작업을 자신의 임기 안에 마무리하겠다는 의지의 표현이었다.

사과에 합당한 일본의 실천을 요구한다

2006. 3. 1. 제87주년 3·1절 기념사

독립유공자와 내외 귀빈 여러분,

여든일곱 번째 3·1절을 매우 뜻 깊게 맞이합니다.

기미년 오늘, 우리의 아버지·어머니, 할머니·할아버지들은 나라를 찾기 위해서 맨주먹으로 일어섰습니다. 자주독립과 민족자존이란 대의 앞에 목숨을 걸고 총칼에 맞섰습니다.

삼천리 방방곡곡을 뒤흔든 대한 독립 만세 소리는 어떠한 압제에도 굴하지 않는 우리의 독립 의지를 세계만방에 떨쳤으며, 억압받던 민족혼을 다시 일깨웠습니다. 독립을 갈구하는 세계 약소민족들에게 희망의 등불을 밝히기도 했습니다.

이러한 3·1운동의 위대한 정신은 상해임시정부 수립으로 이어졌고, 나라 안팎의 독립투쟁을 더욱 뜨겁게 달구었습니다. 그리고 마침내 우리는 나라를 되찾았습니다.

조국 광복을 위해서 헌신하신 애국선열들께 머리 숙여 경의를 표하며, 유가족과 독립유공자 여러분에게 깊은 존경과 감사의 말씀을 드립니다.

국민 여러분,

작년 3·1절에 저는 "한일 두 나라가 진실과 성의로써 과거사의 앙금을 걷어내고 진정한 화해와 협력의 길로 나가자"고 강조했습니다. 잘못된 역사 인식과 감정을 정리하지 않고서는, 한일 관계는 물론 동북아시아의 미래를 기약하기 어렵기 때문입니다.

그러나 지난 1년 동안 신사참배와 역사교과서 왜곡, 그리고 독도 문제까지 크게 달라진 것이 없습니다. 지도층의 신사참배는 계속되고 있고, 침략전쟁으로 독도를 강점한 날을 기념까지 하고 있습니다.

사정이 이러하니, 우리 국민들 입장에서는 아직도 일본이 침략과 지배의 역사를 정당화하고 또다시 패권의 길로 나아갈지 모른다는 의구심을 갖는 것은 당연한 일일 것입니다.

신사참배는 전쟁 반대의 결의를 다지기 위한 것이고, 개인의 문제로서 다른 나라가 간섭할 문제가 아니라고 말하고 있습니다. 그러나 국가적 지도자가 하는 말과 행동의 의미는 당사자 스스로의 해명이 아니라 그 행위가 갖는 객관적 성격에 의해서 평가될 수밖에 없습니다. 국가 지도자의 행위는 인류 보편의 양심과 역사의 경험에 비추어서 과연 합당한 일인지를 기준으로 평가받을 수밖에 없습니다.

일본은 이미 사과했습니다. 우리는 거듭된 사과를 요구하지는 않습니다. 사과에 합당한 실천을 요구할 뿐입니다. 사과를 뒤집는 행동을 반대하는 것입니다.

'주변국이 갖고 있는 의혹은 근거가 없다'고 말만 할 것이 아니라 의심을 살 우려가 있는 행동을 자제하는 것이 옳습니다. 이미 독일과 같이 세계 여러 나라가 실천하고 있는 선례가 그 기준이 될 수 있다고 생각합니다.

일본이 '보통국가', 나아가서는 '세계의 지도적인 국가'가 되려고 한다면 법을 바꾸고 군비를 강화할 것이 아니라, 먼저 인류의 양심과 도리에 맞게 행동함으로써 국제사회의 신뢰를 확보하는 것이 올바른 길일 것입니다.

저는 대다수 일본 국민들의 뜻도 이와 다르지 않다고 생각합니다. 우리는 일본 국민의 양식과 역사의 대의를 믿고 끈기 있게 설득하고 또 요구해 나갈 것입니다.

국민 여러분,

우리의 역사 문제도 정리하고 가야 합니다.

용서와 화해의 전제로서 진실을 밝히고, 과거사에서 비롯된 분열을 해소하고, 신뢰와 통합의 새로운 사회를 만들기 위해서 우리는 지금 과거사 정리를 하고 있습니다.

그런데 이들 과거사는 그 자체가 바로 역사입니다. 과거사 정리 과정을 보면 우리 역사에는 아직도 밝혀지지 않았거나 잘못 기록된 역사가 상당히 있다는 짐작을 할 수 있습니다.

이웃 나라에 대해서 잘못 쓰여진 역사를 바로잡자고 당당하게 말하기 위해서는 우리 역사도 잘못 쓰여진 곳이 있으면 바로잡고, 묻혀 있는 것이 있으면 발굴해야 할 것입니다.

지금 진행 중인 과거사 정리 과정은 이러한 역사적 관점에서 이해되어야 하고, 또 이러한 관점을 고려하여 진행되어야 할 것입니다.

국민 여러분,

3·1운동 당시 온 겨레가 함께 외쳤던 그날의 함성과 그날 하나가 되었던 우리 민족의 혼을 함께 기억합시다. 그렇게 하나 된 힘

으로 선진 한국의 꿈을 반드시 이루어 냅시다. 우리 후손들이 자랑할 만한 영광스러운 대한민국의 역사를 만들어 갑시다.

감사합니다.

"일본은 이미 사과했습니다. 우리는 거듭된 사과를 요구하지는 않습니다. 사과에 합당한 실천을 요구할 뿐입니다. 사과를 뒤집는 행동을 반대하는 것입니다." 2003년 일본 국회 연설에 비하면 일본에 대해 쓴소리를 마다하지 않는 기조. 2004년, 2005년을 거치면서 일본은 기존의 사과를 무색케 하는 발언으로 한일 관계를 악화시켜 왔다. 그리고 이즈음 대통령 노무현은 모든 사안에 대해 일본을 강하게 의식하면서 경계를 더욱 강화한다.

국가권력의 합법적 행사,
그리고 일탈의 무거운 책임

2006. 4. 3. 제주4·3사건 희생자 위령제 추도사

유가족 여러분,

우리는 오늘, 58년 전 분단과 냉전이 불러온 불행한 역사 속에서 무고하게 희생당한 분들의 넋을 위로하기 위해서 이 자리에 함께 모였습니다.

저는 먼저, 깊은 애도의 마음으로 4·3 영령들을 추모하며 삼가 명복을 빕니다. 오랜 세월 말로 다할 수 없는 억울함을 가슴에 감추고 고통을 견디어 오신 유가족 여러분께 진심으로 위로의 말씀을 드립니다.

아울러 무력 충돌과 진압 과정에서 국가권력이 불법하게 행사되었던 잘못에 대해서 제주도민 여러분께 다시 한번 사과드립니다.

제주도민과 유가족 여러분,

2년 반 전, 저는 4·3사건 진상조사 결과 보고를 받고, 대통령으로서 국가를 대표하여 여러분께 사과를 드린 바 있습니다. 그때 여러분이 보내 주신 박수와 눈물을 저는 지금도 생생하게 기억하고 있습니다. 그리고 그것이 무엇을 의미하는지 늘 가슴에 새기고 있

습니다.

정부는 그동안 희생자의 명예 회복과 추모 사업 등에 많은 노력을 기울여 왔습니다. 지난달에도 2,800여 명을 4·3 희생자로 추가 인정했고, 이곳 4·3평화공원 조성을 적극 지원하고 있습니다. 유해와 유적지를 발굴하는 일도 지속적으로 지원해 나갈 것입니다.

이제 4·3사건위원회가 건의한 정부의 사과와 명예 회복, 추모 사업 등은 나름대로 상당한 진전이 이루어진 것 같습니다. 아직도 아쉬운 부분이 적지 않을 것입니다만, 이에 대해서는 국민적인 공감대를 넓혀 가면서 가능한 일 하나하나를 점진적으로 풀어 나가야 할 것이라고 생각합니다.

앞으로도 평화와 인권의 소중함을 일깨워 준 4·3사건을 제대로 알리고, 무고한 희생이 헛되지 않도록 최선을 다해 나가겠습니다.

국민 여러분,

자랑스러운 역사이든 부끄러운 역사이든, 역사는 있는 그대로 밝히고 정리해 나가야 합니다. 특히 국가권력에 의해서 저질러진 잘못은 반드시 정리하고 넘어가야 합니다.

국가권력은 어떠한 경우에도 합법적으로 행사되어야 하고, 일탈에 대한 책임은 특별히 무겁게 다루어져야 합니다. 또한 용서와 화해를 말하기 전에 억울하게 고통 받은 분들의 상처를 치유하고 명예를 회복해 주어야 합니다. 이것은 국가가 해야 할 최소한의 도리이자 의무입니다. 그렇게 했을 때 국가권력에 대한 국민의 신뢰가 확보되고, 그 위에서 우리 국민들이 함께 상생하고 통합할 수 있을 것입니다.

아직도 과거사 정리 작업이 미래로 나아가는 데 걸림돌이 된다고 생각하는 분들도 있는 것 같습니다. 그러나 저는 결코 그렇지 않다고 생각합니다. 과거사가 제대로 정리되지 않았기 때문에 갈등의 걸림돌을 지금껏 넘어서지 못했던 것입니다.

누구를 벌하고, 무엇을 뺏자는 것은 결코 아닙니다. 사실은 사실대로 분명하게 밝히고, 억울한 누명과 맺힌 한을 풀어 주고, 그리고 다시는 이런 일이 일어나지 않도록 함께 다짐하자는 것입니다. 그래야 진정한 용서와 화해를 통해서 우리 국민이 하나가 되는 길로 나아갈 수 있을 것입니다. 지난날의 역사를 하나하나 매듭지어 갈 때, 그 매듭은 미래를 향해서 내딛는 새로운 디딤돌이 될 수 있을 것입니다.

제주도민 여러분,

제주도는 대한민국의 보배입니다. 우리 국민은 물론 세계인이 사랑하는 평화의 섬, 번영의 섬으로 힘차게 도약하고 있습니다. 저는 제주도가 반드시 해낼 것이라고 믿습니다. 도민 여러분은 폐허를 딛고 아름다운 섬을 재건해 냈고, 그 어느 지역보다 높은 자치 역량을 보여 주고 계십니다. 주민 스스로 결의해서 항상 중앙정부가 기대하는 이상의 높은 성과를 이루어 오셨습니다. 여러분이 앞장서 나아가는 만큼 정부도 열심히 성원하고 힘껏 밀어드리겠습니다. 함께 힘을 모아 풍요롭고 활력 넘치는 제주를 만들어 나갑시다. 이 평화의 섬을 통해 한국과 동북아시아의 평화, 나아가서는 세계의 평화가 이루어질 수 있도록 만들어 갑시다.

다시 한번 4·3 영령들을 추모하며, 영원한 안식을 빕니다.

그리고 저는 오늘 이 자리에서 이 행사를 지켜보면서 그 엄청난 고통과 분노가 시간이 흐르면서 돌이켜 볼 수 있는 역사가 되고, 그 역사의 마당에서 진행되는 공연을 보면서 앞으로 또 수십 년의 세월이 흐르면 이것이 제주도의 새로운 하나의 문화로서 자

리 잡고, 그것이 우리 모든 국민들에게 이젠 분노와 불신과 증오가
아니라 사랑과 믿음 그리고 화해를 가르쳐 주는 그런 아주 중요한
상징물이 될 것이라는 그런 기대를 가지게 되었습니다. 함께 노력
합시다.

감사합니다.

대통령 노무현은 2003년 10월 제주를 방문한 자리에서 1948년 4월 3일
발생한 이른바 '4·3사건'에 대해 정부 차원에서 최초로 사과하면서 제주도
민을 위로한다. 이를 기점으로 4·3평화공원 조성과 피해자의 명예회복 등
이 신속히 추진되기에 이르렀다. 그리고 3년 만에 찾아온 제주도. 그는 이
자리에서 강조한다. "자랑스런 역사든, 부끄러운 역사든 역사는 있는 그
대로 밝히고 정리해 나가야 한다. 특히 국가권력에 의해 저질러진 잘못은
반드시 정리하고 넘어가야 한다."

2006년 4월 3일, 제58주년 제주4·3사건 희생자 위령제에 참석한 대통령 노무현은 추도
사를 통해 유가족을 위로했다. 아울러 무력 충돌과 진압 과정에서 있었던 국가 권력의 불
법적 행사에 대해서 제주도민에게 다시 한번 사과의 말씀을 전했다.

독도는 통한의 역사가 새겨진 역사의 땅

2006. 4. 25. 한일 관계 특별담화 발표

존경하는 국민 여러분,

독도는 우리 땅입니다. 그냥 우리 땅이 아니라 40년 통한의 역사가 뚜렷하게 새겨져 있는 역사의 땅입니다.

독도는 일본의 한반도 침탈 과정에서 가장 먼저 병탄되었던 우리 땅입니다. 일본이 러일전쟁 중에 전쟁 수행을 목적으로 편입하고 점령했던 땅입니다.

러일전쟁은 제국주의 일본이 한국에 대한 지배권을 확보하기 위해 일으킨 한반도 침략전쟁입니다. 일본은 러일전쟁을 빌미로 우리 땅에 군대를 상륙시켜 한반도를 점령했습니다. 군대를 동원하여 왕궁을 포위하고 황실과 정부를 협박하여 한일의정서를 강제로 체결하고, 토지와 한국민을 마음대로 징발하고 군사시설을 마음대로 설치했습니다. 우리 국토 일부에서 일방적으로 군정을 실시하고, 나중에는 재정권과 외교권마저 박탈하여 우리의 주권을 유린했습니다.

일본은 이런 와중에 독도를 자국 영토로 편입하고, 망루와 전선을 가설하여 전쟁에 이용했던 것입니다. 그리고 한반도에 대한 군사적 점령 상태를 계속하면서 국권을 박탈하고 식민지 지배권을 확보하였습니다.

지금 일본이 독도에 대한 권리를 주장하는 것은 제국주의 침략전쟁에 의한 점령지의 권리, 나아가서는 과거 식민지 영토권을 주장하는 것입니다. 이것은 한국의 완전한 해방과 독립을 부정하는 행위입니다. 또한 과거 일본이 저지른 침략전쟁과 학살, 40년간에 걸친 수탈과 고문·투옥, 강제징용, 심지어 위안부까지 동원했던 그 범죄의 역사에 대한 정당성을 주장하는 행위입니다. 우리는 결코 이것을 용납할 수가 없습니다.

우리 국민에게 독도는 완전한 주권 회복의 상징입니다. 야스쿠니신사 참배, 역사교과서 문제와 더불어 과거 역사에 대한 일본의 인식, 그리고 미래의 한일 관계와 동아시아의 평화에 대한 일본의 의지를 가늠하는 시금석입니다.

일본이 잘못된 역사를 미화하고 그에 근거한 권리를 주장하는 한, 한일 간의 우호 관계는 결코 바로 설 수가 없습니다. 일본이 이들 문제에 집착하는 한, 우리는 한일 간의 미래와 동아시아의 평화에 대한 일본의 어떤 수사도 믿을 수가 없을 것입니다. 어떤 경제적인 이해관계도, 그리고 문화적인 교류도 이 벽을 녹이지는 못할 것입니다.

한일 간에는 아직 배타적 경제수역의 경계가 획정되지 못하고 있습니다. 이는 일본이 독도를 자기 영토라고 주장하고, 그 위에서 독도 기점까지 고집하고 있기 때문입니다.

동해 해저 지명 문제는 배타적 경제수역 문제와 연관되어 있습니다. 배타적 수역의 경계가 합의되지 않고 있는 가운데, 일본이 우리 해역의 해저 지명을 부당하게 선점하고 있으니 이를 바로잡으려고 하는 것은 우리의 당연한 권리입니다.

따라서 일본이 동해 해저 지명 문제에 대한 부당한 주장을 포기하지 않는 한 그리고 배타적 경제수역에 관한 문제도 더 미룰 수 없는 문제가 되었고, 결국 독도 문제도 더 이상 조용한 대응으로 관리할 수 없는 문제가 되었습니다.

독도를 분쟁지역화 하려는 일본의 의도를 우려하는 견해가 없지는 않으나, 우리에게 독도는 단순히 조그만 섬에 대한 영유권의 문제가 아니라 일본과의 관계에서 잘못된 역사의 청산과 완전한 주권 확립을 상징하는 문제입니다. 공개적으로 당당하게 대처해 나가야 할 일입니다.

존경하는 국민 여러분,

이제 정부는 독도 문제에 대한 대응 방침을 전면 재검토하겠습니다. 독도 문제를 일본의 역사교과서 왜곡, 야스쿠니신사 참배 문제와 더불어 한일 양국의 과거사 청산과 역사 인식, 자주독립의 역사와 주권 수호의 차원에서 정면으로 다루어 나가겠습니다.

물리적인 도발에 대해서는 강력하고 단호하게 대응해 나갈 것입니다. 세계 여론과 일본 국민에게 일본 정부의 부당한 처사를 끊임없이 고발해 나갈 것입니다. 일본 정부가 잘못을 바로잡을 때까지 전 국가적 역량과 외교적 자원을 모두 동원하여 지속적으로 노력해 나갈 것입니다. 그밖에도 필요한 모든 일을 다 할 것입니다. 어떤 비용과 희생이 따르더라도 결코 포기하거나 타협할 수 없는 문제이기 때문입니다.

저는 우리의 역사를 모독하고 한국민의 자존을 저해하는 일본 정부의 일련의 행위가 일본 국민의 보편적인 인식에 기초하고 있는 것은 아닐 것이라는 기대를 가지고 있습니다. 한일 간의 우호 관계, 나아가서는 동아시아의 평화를 위태롭게 하는 행위가 결코 옳은 일도, 그리고 일본에게 이로운 일도 아니라는 사실을 일본 국민들도 잘 알고 있을 것이기 때문입니다. 우리가 감정적 대응을 자제하고 냉정하게 대응해야 하는 이유도 여기에 있습니다.

일본 국민과 지도자들에게 간곡히 당부합니다.

우리는 더 이상 새로운 사과를 요구하지 않습니다. 이미 누차 행한 사과에 부합하는 행동을 요구할 뿐입니다. 잘못된 역사를 미화하거나 정당화하는 행위로 한국의 주권과 국민적 자존심을 모욕하는 행위를 중지해 달라는 것입니다. 한국에 대한 특별한 대우를 요구하는 것이 아니라 국제사회의 보편적인 가치와 기준에 맞는 행동을 요구하는 것입니다. 역사의 진실과 인류 사회의 양심 앞에 솔직하고 겸허해지기를 바라는 것입니다.

일본이 이웃 나라에 대해서, 나아가서는 국제사회에서 이 기준으로 행동할 때, 비로소 일본은 그 경제의 크기에 알맞은 성숙한 나라, 나아가서는 국제사회에서 주도적인 역할을 할 수 있는 국가로 서게 될 것입니다.

국민 여러분,

우리는 식민 지배의 아픈 역사에도 불구하고 일본과 선린우호의 역사를 새로 쓰기 위해서 부단히 노력해 왔습니다. 양국은 민주주의와 시장경제라는 공통의 지향 속에 호혜와 평등, 평화와 번영이라는 목표를 향해 전진해 왔고 또 큰 관계 발전을 이루었습니다.

이제 양국은 공통의 지향과 목표를 항구적으로 지속하기 위해서 더욱더 노력해야 합니다. 양국 관계를 뛰어넘어 동북아시아의 평화와 번영, 나아가서 세계의 평화와 번영에 함께 이바지해야 합니다. 그러기 위해서는 과거사의 올바른 인식과 청산, 주권의 상호 존중이라는 신뢰가 중요합니다.

일본은 제국주의 침략사의 어두운 과거로부터 과감히 떨쳐 일어나야 합니다. 21세기 동북아의 평화와 번영, 나아가 세계 평화를 향한 일본의 결단을 기대합니다.

감사합니다.

일명 '독도연설'로 불리는 유명한 연설. 대통령이 직접 글을 작성하여 담화를 발표했다. 발표 직전 연설 팀에서 문장만 최소한으로 다듬었다. 그는 이 무렵 일본 제국주의의 한국 침략에 관한 책과 자료들을 두루 읽었는데 그 내용들이 연설 속에 많이 반영되어 있다. 이즈음 대통령 노무현은 일본의 야스쿠니신사를 직접 방문하겠다는 의사를 사석에서 여러 차례 밝히곤 했다. 야스쿠니가 어떤 곳인지를 세계의 여러 나라에 알리겠다는 의지의 표현이었다.

2006년 4월 25일, 대통령 노무현이 '최근 한일 관계에 대한
대통령 특별담화'를 발표하기 위해 청와대 세종전실로 입장하고 있다.

5 부

새 로 운
길

신문의 미래가 민주주의의 미래

2005. 5. 30. 제58차 세계신문협회 총회 개회식 축사

존경하는 게빈 오렐리 세계신문협회 회장,

장대환 한국신문협회 회장, 그리고 내외 귀빈 여러분,

제58차 세계신문협회 총회 개막을 축하드립니다. 세계 각국에서 오신 신문 발행인과 편집인, 기자 여러분을 진심으로 환영합니다.

올해는 인쇄 신문이 탄생한 지 400주년이 되는 해입니다. 한국은 이미 13세기 초에 세계 최초로 금속활자를 발명한 바 있습니다. 이러한 역사를 가진 대한민국 서울에서 뜻 깊은 행사가 열리게 된 것을 매우 기쁘게 생각합니다.

이번 총회를 준비하신 관계자와 여러분 모두에게 깊은 감사의 말씀을 드립니다.

내외 귀빈 여러분,

신문은 인류 역사상 가장 오래되고 친숙한 매체입니다. 지구촌의 수많은 사람들이 매일 아침 신문을 통해서 세상과 만나고 있습니다. 저 또한 신문과 함께 하루를 시작합니다.

신문의 역사는 민주주의와 인권신장의 역사라고도 말할 수 있

습니다. 기사 한 줄, 사진 한 장이 인류의 역사를 바꿔 놓은 사례도 많이 있습니다. 지금 이 시각에도 많은 언론인들이 세계 곳곳에서 자유와 정의, 평화를 위해서 땀 흘리고 계십니다. 이 자리에 계신 여러분, 그리고 세계의 모든 언론인들에게 이 같은 점에서 깊은 감사와 경의를 아울러 표시합니다.

우리 신문도 역사의 질곡 속에서 맡겨진 사명을 다하기 위해서 노력을 다해 왔습니다. 일제와 독재정권에 맞서 싸우다가 신문이 폐간되기도 했고, 수백 명의 기자들이 한꺼번에 해직당하는 고통을 당하기도 했습니다. 그럼에도 정의로운 펜을 꺾지 않은 신문과 언론인들이 있었기 때문에 우리는 지금 세계 어디에 내놔도 손색 없는 민주주의를 하고 있다고 자부할 수 있게 됐습니다.

존경하는 참석자 여러분,

이번 총회에서는 신문의 위기와 혁신전략에 대해서 논의하는 것으로 알고 있습니다. 이 분야에서 저는 별 아는 바가 없습니다만, 또 다른 관점에서 제 결론부터 말씀드리면, 신문의 민주성과 책임성을 한 단계 더 높이는 것이 또 하나의 '성공의 열쇠'라는 것입니다.

많은 사람들이 신문의 위기를 얘기하지만, 여전히 신문은 막강한 영향력을 가지고 있습니다. 그것은 권력이라고 표현해도 지나치지 않을 것입니다.

정부 권력이 모든 것을 지배하던 시대는 이미 지나가고 있습니다. 정부의 지배구조는 투명해졌으며 참여적인 거버넌스로 전환되고 있습니다. 이제 사회 공론의 장에서 의제를 독점적으로 주도하는 주체는 없습니다. 정부, 기업, 시민, 네티즌, 신문과 방송이 함께 의제를 이끌어 가고 있습니다.

그중에서도 신문은 공론의 장에서 가장 잘 짜여져 있는 조직입니다. 제도적인 집행력이 없다는 점에서는 정부보다는 취약하다 할 수 있지만, 그러나 공동체의 의제를 주도하는 데 있어서는 오히려 더 막강한 힘을 행사하고 있다고도 할 수 있습니다.

　18세기 시민사회 이후 정치권력에 대한 언론의 견제 역할이 강조되고 그에 따라 언론의 자유에 대한 보호는 매우 중요하게 강조됐지만, 언론 자체가 시장의 독점과 내부적인 독점적 지배구조를 통해서 권력화할 수도 있다는 사실은 고려되지 않았습니다. 이에 따라 독자가 언론을 통제할 수 있는 제도적 대안이나 시장의 메커니즘은 아직 크게 발전하지 않고 있습니다.

　그런 점에서 언론 권력의 남용을 제어할 수 있는 제도적 장치와, 언론인의 윤리적 자세와 절제는 매우 중요한 일이라고 생각합니다.

　민주적인 지배구조를 갖추는 것도 그 하나라고 생각합니다. 의사표현의 자유와 다양성을 담보할 수 있는 합리적인 내부구조를 갖추고 있을 때, 신문은 민주주의의 당당한 주체로서 우리 사회를 감시하고 비판할 자격을 갖는다, 이렇게 말할 수 있을 것입니다.

　또한 다양하고 균형 있는 공론의 장을 만들어야 합니다. 특정한 지배집단의 가치나 이해관계에 치우친 언론이 시장을 지배하게 되면 사회적 약자의 이익은 설 땅을 잃게 됩니다.

　의제 선정의 책임감도 매우 중요하다고 생각합니다. 신문이 미래를 말할 때 시민들은 희망을 갖게 되고, 신문이 불신과 증오를 말하면 사회는 대립과 갈등으로 치달을 수도 있다고 생각합니다. 지금도 한편으로는 평화를 주장하면서도 다른 한편으로는 대량살상 무기와 같은 민감한 문제에 관해서 끊임없이 의혹을 부풀려서 불신을 조장하고, 그 결과로서 국가간 대결을 부추기는 일은 없는지 되돌아볼 필요가 있을 것입니다.

그리고, 자유와 인권이 위기에 처한 사회에서 언론의 비판적 기능은 여전히 강조되어야 하지만, 민주주의의 위기가 아니라 통합의 위기가 문제되고 있는 사회에서는 갈등을 조장하는 언론이 아니라 미래지향적이고 창조적인 대안을 제시하는 언론이 필요할 것입니다.

저는 이러한 노력을 통해서 독자의 신뢰를 회복하는 것이 신문의 위기를 극복할 수 있는 길이 될 것이라고 생각합니다.

내외 귀빈 여러분,

지난 수년 동안 우리나라의 언론 환경은 정말 많이 달라졌습니다. 이제 정부가 언론에게 부당한 압력을 행사하는 일은 생각조차할 수 없습니다. 정부에 대한 언론의 비판은 지나칠 정도로 자유롭습니다. 정부는 타당성 있는 비판이면 적극 수용하되, 사실과 맞지 않는 내용은 바로잡도록 요구하고 있습니다.

정부는 또한 행정정보를 최대한 투명하게 공개해서 국민의 알 권리와 국정 참여 기회를 확대해 오고 있습니다. 아울러 언론의 자유롭고 공정한 경쟁을 위한 제도적 기반을 마련하고, 신문발전기금 설치 등 신문산업 진흥 방안도 착실히 추진해 나가고 있습니다.

존경하는 세계 언론인 여러분,

신문의 미래는 민주주의의 미래입니다. 여러분이 민주주의에 대한 확고한 신념을 가지고 진실과 정의, 그리고 희망을 써 내려 갈 때 인류는 더 평화롭고 행복한 세상을 약속받을 수 있을 것입니다.

이번 총회가 이러한 신문의 역할과 사명을 재확인하고, 희망찬 미래를 열어 가는 소중한 기회가 되기를 기대합니다.

여러분 모두 한국에 머무시는 동안 즐겁고 보람된 시간을 보내시기 바랍니다.

감사합니다.

정치인 노무현은 언론, 특히 일부 신문과는 긴장과 갈등의 관계를 유지해 왔다. 대통령이 되어서도 다르지 않았다. 오히려 대통령 재임 중에는 언론과 더욱 날선 관계를 유지했다. 대통령 권력과 언론 권력이 유착하는 일 없이 각자의 길을 가며 서로를 견제해야 바람직한 관계가 성립된다는 생각이었다. 이날 연설에서도 그는 언론 권력의 남용을 제어할 수 있는 제도적 장치, 그리고 언론인의 윤리적 자세와 절제가 매우 중요하다는 점을 강조했다. 특히 통합의 위기가 문제되고 있는 사회에서는 미래지향적이고 창조적인 대안을 제시하는 언론이 필요하다는 점을 역설했다.

지속적이고 광범위하며 근본적인, 참여정부의 혁신

2006. 2. 15. 대한민국 혁신포럼 2006 축사

존경하는 강신호 회장님, 그리고 신상민 사장님을 비롯한 다섯 분의 공동위원장님, 그리고 내외 귀빈 여러분,

'대한민국 혁신포럼' 진심으로 축하드립니다. 경제계, 과학기술계, 문화계, 시민단체, 그리고 공공부문의 혁신 리더들이 모두 한자리에 모인 것은 정말 뜻 깊은 일이라고 생각합니다. 이번 포럼이 혁신에 대한 국민적 공감대를 확산시키고, 대한민국을 한 단계 업그레이드할 수 있는 소중한 계기가 되리라고 믿습니다.

내외 귀빈 여러분,

세상이 변화하고 있습니다. 변화하지 않으면 앞서갈 수 없습니다. 변화하지 않으면 살아남기도 어려울 만큼 빠른 속도로 변화하고 있습니다.

대응 전략은 혁신입니다. 핵심적인 동력도 바로 혁신에서 나옵니다. 정치, 경제, 사회, 문화 모든 영역에서 기업과 정부, 정당, 사회조직 모두가 혁신해야 합니다. 개인도 혁신해야 합니다. 조직이든 개인이든 혁신하지 않으면 낙오할 수밖에 없는 환경입니다. 혼

자 낙오하는 것이 아니라 국가 사회의 짐이 되어서 우리 모두를 함께 낙오하게 만들지도 모릅니다.

생각을 바꾸어야 합니다. 낡은 생각을 버려야 합니다. 깊이 생각해서, 크게 그리고 멀리 내다보고 책임 있게 행동해야 할 것입니다. 변화의 흐름을 앞서서 파악하고, 원인과 의미를 알아내고, 대안을 찾아내고, 그리고 실천하는 것입니다. 생각이 바뀌고 실천이 축적되면 그것이 습관이 되고, 습관이 사회적으로 확대될 때 그것은 이제 문화가 될 것입니다.

혁신의 중심에는 학습이 있습니다. 혁신에 성공한 조직에는 언제나 왕성하게 학습하는 사람들, 그리고 사람들의 조직이 있습니다. 세계 일류로 인정받는 우리 기업이나, 관세청·특허청·국세청 같은 공공부문의 모범 사례를 보면 혁신하는 습관이 조직 문화로 정착되어 있습니다.

학습은 함께하는 것입니다. 학습을 통해서 서로 배우고 성공의 결과를 나누어 가지면서 그렇게 해서 경쟁하고 성장하는 것입니다. 그렇게 하기 위해서 여러분은 이 자리에 함께 모이신 것일 것입니다. 경쟁을 통해서 성장하고 협력을 통해서 더 큰 경쟁에서 성공할 수 있는 역량을 기르기 위해서 우리는 이 자리에 함께 모였다고 생각합니다.

중요한 것은 리더의 역할입니다. 지도자의 강한 의지와 전략적 관리 역량 없이 혁신에 성공하는 조직은 없다고 들었습니다. 그런 점에서 이 자리에 계신 여러분께 거는 기대는 정말 큽니다. 우리 국민 모두가 함께 기대하고 있습니다. 혁신에 대한 열정과 노력으로 여러분이 속한 조직은 물론이고, 대한민국의 새로운 변화를 만드는 데 큰 역할을 해 주시리라고 믿습니다.

내외 귀빈 여러분,

정부도 혁신을 최우선 전략으로 채택하고 추진하고 있습니다.

저와 국무위원들이 강한 의지를 가지고 혁신에 나서고 있습니다. 공무원들도 더이상 혁신의 대상이 아니라 혁신의 주도자로서 적극적으로 참여하고 있습니다. 최근 정부 기관의 평가를 보면 혁신 노력이 조직의 문화로 확산되고 있는 부처가 전체의 81%에 이른다고 합니다.

또한 참여정부의 혁신은 로드맵에 따라서, 로드맵이라는 말을 어떻게 바꾸면 좋을지 모르겠습니다만, 실천 지도에 따라서 이정표에 따라서 이렇게 말할까요? 따라서 일관성 있게 추진해 가고 있습니다. 혁신의 범위도 보고서 쓰는 방법 이런 사소한 것에서부터 각종 절차, 시스템 그리고 행정 인프라에 이르기까지 그야말로 미치지 않는 분야가 없습니다. 제도만 고치는 것이 아니라 모두가 참여하는 학습 과정을 통해서 토론을 통해서 하나하나 제도를 바꾸어 나가고 있습니다. 겉만 대충 손질하는 것이 아니라 문제의 뿌리를 철저히 찾아내고 그리고 대안을 모색하고 확실하게 고칠 것은 고쳐 나가고 있습니다.

'지속적이고 광범위하며 근본적인 혁신', 이것이 우리가 지향하는 혁신의 목표입니다.

지난 3년간 적지 않은 변화가 이루어지고 있습니다. 정책의 수요와 환경을 보다 깊이 분석해서 정책의 품질을 높이고 그래서 오류를 줄이고 시행착오를 줄이고 예산을 절약하고 효율성을 높여 나가는 노력을 꾸준히 해 나가고 있습니다.

이를 위해서 정책 품질 관리, 성과 관리, 톱다운 예산편성 등 많은 시스템을 새롭게 만들고, 결과를 평가해서 이를 조직과 개인의 상벌과 인사로 연결시키는 평가 체계까지 하나하나 착실히 구축해 나가고 있습니다.

공무원 인사에 고위공무원단과 같은 경쟁 제도를 도입하고 통계·기록 관리를 비롯한 기본적인 행정 인프라까지 선진국 수준으로 갖추어 나가고 있습니다.

행정 시스템을 근본적으로 혁신하고 있습니다. 전자정부 수준은 UN 평가에서 2년 연속 세계 5위에 올라와 있습니다. 특히 조달·통관·홈택스 시스템 등은 많은 나라들의 주목을 받고 있습니다.

청와대도 일하는 방법을 꾸준히 혁신하고 있습니다. 그 결과 조직 전체의 효율성이 향상되고 있습니다. 우선 대통령인 제 자신의 시간 관리에 여유가 좀 생겼습니다. 그래서 좀 더 멀리 내다보고 중요한 일을 보다 깊이 생각하고 공부할 수 있는 여유를 가지고 국정에 임하고 있습니다. 시간의 가치를 훨씬 높였다, 이렇게 여러분들께 자신 있게 또 자랑스럽게 말씀드리고 싶습니다.

지난해부터는 혁신의 분위기를 지자체와 공공부문 전체로 확산시켜 나가고 있습니다. 이런 일선 조직의 혁신이 가시화되면 달라진 행정 서비스의 질을 국민 여러분이 직접 느낄 수 있을 것입니다.

정부 혁신의 목표 수준은 민간기업과 경쟁해서 앞서가는 것입니다. 민간에서 정부의 혁신을 한 수 배우자 할 수준으로까지 나가는 것입니다. 그리고 선진국에서도 우리 한국의 행정을 벤치마킹하는 수준까지 끌어올리자는 것이 우리의 목표입니다. 그렇게 될 수 있도록 열심히 하겠습니다.

내외 귀빈 여러분,

혁신에 있어서 여러분과 저는 이제 동반자의 길에 들어섰습니다. 같은 길을 함께 가는 친구만큼 큰 힘이 되는 것은 없습니다. 서로 격려하면서 힘차게 달려가면 우리 모두 성공의 보람을 함께 얻을 수 있을 것입니다.

힘을 모아서 '세계 10위권의 선진혁신국가'를 만들어 나갑시다. 경제와 민주주의에서의 기적을 혁신의 기적으로 이어 나가십시다.

이번 포럼의 큰 성공과 여러분 모두의 건승을 기원합니다.

정치인 노무현을 이해하는 또 하나의 키워드는 바로 '혁신'이다. 그는 취임 초부터 정부혁신지방분권위원회를 구성하여 혁신을 추진했다. 주말이면 장차관들과 함께 토론을 벌이면서 혁신의 방향을 공유하기도 했다. 청와대 내부에서는 업무 혁신의 일환으로 문서관리시스템인 이지원 프로그램을 개발하기도 했다. 그는 언제나 한자리에 머무르는 사람이 아니었다. 끊임없이 변화하고 혁신하는 정치인이었다. 이 연설을 통해 혁신에 대한 그의 생각과 통찰을 읽을 수 있다.

2006년 2월 15일, '대한민국 혁신포럼 2006'에서 축사하는 대통령 노무현

참여정부 안보 정책과 자주국가의 길

2006. 12. 21. 민주평화통일자문회의 제50차 상임위원회 연설

(전략)

우리가 민주평화통일자문회의거든요. 우리 정부 또는 우리나라에서 이 사안은 통일외교안보정책 사안입니다. 큰 틀에 있어서 안보의 영역에 포섭되는 일이라고 이렇게 말씀드릴 수도 있겠지요. 안보 문제와 밀접하게 연관되어 있습니다. 표리관계가 있는 것이지요.

우리가 통일을 왜 해야 되냐. 더 잘 살기 위해서 더 사람답기 위해서 이런 목표가 있을 것입니다만, 보다 더 절실한 것은 평화를 확보하기 위해서 아니겠습니까? 그것이 첫 번째이고, 일단 평화가 확보되는 것이 제일 중요한 문제이고, 그다음에 그를 통해서 우리가 좀 더 풍요롭게 살 수 있는 계기가 만들어지면 더 좋은 것이고요.

핏줄을 같이하고, 말을 같이 쓰고, 문화를 함께하는 사람이 하나로 함께 통합되어서 사는 것이 보다 사람답게 사는 일이라고 생각한다면, 사람답게 살기 위해서 통일해야 되는 것이지요. 그래서 평화입니다. 평화라는 것이 안보의 핵심 개념이거든요.

214

안보가 뭐냐? 전쟁에서 이기는 것도 안보의 목적이고 평화도 안보의 목적 아닙니까? 그러나 고유의 의미에서 우리가 안보라고 얘기할 때는 평화를 지향하는 국가적 활동이지요. 전쟁에서 이기는 것보다는 전쟁을 예방하는 것이지요. 그렇지 않겠습니까? 그래서 평화를 지향하는 안보, 이걸 좀 확실하게 했으면 좋겠다. 전쟁에서 이기는 안보, 그것보다는 평화를 지향하는 안보라는 개념을 확실히 하면 좋겠고요.

어떻게 할 거냐? 대화를 지향하는 안보를 해야 됩니다. 안보를 위해서 끊임없이 대결적 분위기를 조성하는 경우가 있습니다. 안보를 튼튼하게 하기 위해서 상대를 경계하게 되는 것이지요. 그래서 상대를 경계하는데 거기에 적대적 감정이 들어가고 불신이 들어가고, 또 그렇지요, 적대감 감정과 불신이 들어가는 것입니다. 안보가 전쟁을 예방하는 것이라면 어느 정도이면 전쟁을 예방할 수 있느냐. 적이 공격했을 때 완벽하게 제압할 수 있는 수준, 나는 털끝도 안 다치고 아니면 거의 껍질이나 약간 벗겨지고 찰과상 정도 입거나 타박상 정도 입고 완전히 제압하는 수준, 그러면 확실하지요. 안보를 위한 대비가 확실하지요.

그다음에 이제 적어도 저쪽이 상식을 가진 사람이라면 공격을 해서 이길 수 없다, 싸움을 해서 이길 수 없고, 따라서 점령할 수 없고, 따라서 지배할 수도 없다, 이 단계를 한번 생각해 보십시다. 이겨도 점령하지 못하면 무슨 소용입니까? 점령해도 지배하지 못하면 전쟁을 일으킨 보람이 어디에 있겠습니까? 그러면 그 가능성이 없으면 상식을 가진 사람이면 전쟁 시작 안 할 거다. 그래서 이기지 못할 수준이면 되지 않겠느냐. 한 대 때리려고 하다가 한 대 반을 맞을 형편이면, 붙었는데 팔 하나 부러트렸는데 자기 팔은 두

개 부러져 버렸다, 이 정도면 제정신 가진 사람이면 안 하지 않겠느냐. 목적을 어디에 둘 거냐, 힘의 비교를 어느 정도에 둘 거냐, 그다음에 그런 것을 판단해 보고 정신없는 짓 안 할 것이다. 그러면 상대를 평가해 본다 이거지요. 상대가 제정신이 멀쩡한 사람인지, 아니면 완전히 믿을 수 없을 만큼 돌아 버린 사람인지, 아니면 영머리가 아주 나쁜 사람인지를 판단을 해 봐야 되는 것이지요.

그러니까 이 전제를 할 때, 그래서 이 전제가 부도덕한 사람이고 약간 맛이 간 사람이고 또 무슨 짓을 할지 모르는 이제 비정상인 사람으로 되는 거지요. 그래서 제가 대통령 후보가 됐을 때 패널들이 저한테 '노 후보, 김정일이라는 사람이 어떤 사람이오? 합리적인 사람이라고 생각합니까?' '예' 하면 그날로 박살나는 거거든요. '아니오' 해도 곤란하고. 이 대답하기 어려운 질문을 하는 것이 한국 유일의 정치 풍토, 정치 문화 아닌가. 그 사람도 판단력은 있겠지요, 이런 얘깁니다. 어떤 기준의 판단력, 민주주의 사회 기준의 사고력과 분석력을 갖고 있는 판단력이냐, 공산주의 또는 주체사상이라고 하는 그 체제에 맞는 수준의 그것을 기준으로 봤을 때 그 수준에서는 적어도 판단력이 있지 않겠느냐, 쉽게 말해서 사람이 저 죽을 짓 하겠냐, 이런 것이지요. 궁지에 몰리면, 완전히 궁지에 몰리면 무슨 짓을 할지 모른다, 이런 것은 우리가 상상할 수 있는 것인데, 저 죽을 짓까지 무릅쓸 만큼 돌아 버린 거냐, 아니면 이상한 사람이냐, 이것까지 우리는 지금 합의를 못 이루고 있는 거거든요.

예방한다고 할 때, (전쟁이) 났을 때는 안 다쳐야 되는데, 어쨌든 이기더라도 많은 상처를 입지 않습니까. 많은 손실을 입으니까. 그래서 안 나게 해야 되는데, 안 나게 하는 그 억지력의 판단 기준이 정상적인 사람을 기준으로 할 거냐 돌아 버린 사람을 기준으로 할 거냐, 이 문제를 가지고 우리 한국이 얼마만큼 심각하게 싸우고 있는지 아십니까? 지금 신문에 나오고 있는 여러 가지의 어찌 보면 만화 비슷한 얘기들이 사실은 여기에 근거를 두고 있습니다. 말하자면, 제정신 가진 사람이면은 지금 한국을 향해서 북에서 한국에게 도발적 행위를 한다는 것은 바로 자살행위나 마찬가지라는 판단을 할 수밖에 없기 때문에 안보 문제에 대해서는 이제 적절하게 관리해 나가면 되는 것이다라는 것이 저의 생각인데, 그렇지 않게 생각하는 사람들이 가끔 저희더러 사상 검증을 하는 것이죠. 장관 지명해 가지고 국회 청문회에 내보내 놓으면은 '6·25가 남침이요 북침이요' 묻거든요. 제가 6·25전쟁이 남침인지 북침인지도 모르는 사람을 장관으로 임명할 만한 사고력을 가진 대통령이라는 전제가 붙지 않습니까? 참 억울하거든요. 저는 제정신입니다.

이래서 어렵습니다. 모든 것을 전쟁으로 해결할 것이 아니라, 힘으로 해결할 것이 아니라, 대화로써 해야 되는 것인데요. 이 대화의 전제는 민주주의의 기본 원리인 상대방의 존재를 인정해야 됩니다. 나아가서 존중해야 됩니다. 상대방의 의견이 옳을 수도 있다는 가능성을 인정해야 됩니다. 내가 틀릴 수도 있다는 가능성을 인정해야 됩니다. 이것을 이른바 철학적으로 상대주의라고 하는 것 아니겠습니까? 한마디로, 관용이라는 말로 표현될 수 있는 것이지요. 관용, 이것이 대화의 전제지요. 대화를 통해서 남북문제를 풀어 가고, 전쟁, 주먹질, 주먹을 꺼내기 전에 말로 먼저 좀 하고 이것이 대화를 통한 안보 아니겠습니까?

그래서 남북 간 대화하려고 하는데, 인간에 대한 인식이 다르다 이거지요. 또 우리 국내에서도 대화를 좀 하려고 하니까 인간에 대한 인식이 다릅니다. 가치에 대한 인식이 다릅니다. 우리나라는 오랫동안 척사위정론이라고 하는 사상 체계를 가지고, 서학 한다고 수백 명씩 잡아 죽이고, 마침내 1866년경에는 8천 명을 잡아 죽였지 않습니까? 우리나라 역사에서 그렇습니다. 선비정신 같이 좋은 것은 우리가 이어받아야 되겠지만 우리나라의 전통적 사상에 이와 같은 위험한 요소가 내포되어 있었다는 것을 우리가 다시 한번 더 돌이켜봐야 됩니다. 성찰해 봐야 됩니다. 그것이 끊임없이 사람을, 반대편을 죽이는 문화를 만들어 왔거든요. 그래서 사문난적이라 하고 척사위정, 이 두 말로 표현되는, 말하자면 철저히 타도해 버리는 문명, 문화 이것을 가지고 왔는데, 이것을 우리가 극복하지 않으면 안 됩니다.

다음에 우리 안보 좀 조용히 했으면 좋겠습니다. 조용하게 안보하면 되는데, 정부가 안보, 안보 하고 나팔을 계속 불어야 안심이 되는 국민 의식, 인식, 이것 정말 참 힘듭니다. (북한이) 미사일을 쐈어요. 쐈는데, 강원도 북쪽 어디에서 저 함경북도 앞바다 어느 쪽으로 미사일을 빵 쐈는데, 한국으로 그 미사일이 날아오지 않는다는 것은 너무나 명백한 사실이지 않습니까? 다 알고 있는 일이지 않습니까? 정치적 정세, 안보적 정세가 장기적으로 총체적으로 서서히 변화해 가는 것이지, 그날 큰일 나는 것 아니거든요. 그날 전쟁 나는 것 아니란 말입니다. 그런데 정부가 나서 가지고 국민 여러분! 미사일을 쐈습니다. 라면 사십시오, 방독면 챙기십시오, 이것 해야 합니까? 새벽에 비상을 걸어야 됩니까?

아침에 보고를 받았습니다. 보고를 받고, 긴급히 안보상임회의를 소집하자고 했는데, 하지 마라. 하지 맙시다, 하지 맙시다. 국민들을 놀래키게 할 이유가 뭐 있습니까? 그래서 11시에 한 번 모입시다. 관계 장관 간담회로 합시다. 간담회를 했습니다. 간담회로 하나 상임위원회로 하나 새벽 5시에 모이나 저녁 11시에 모이나 그 일 처리에는 아무 소장(차이)이 없습니다. 결과적으로 달라지는 것이 없을 뿐만 아니고, 예측하는 단계에서 달라질 게 아무것도 없습니다. 왜 북 치고, 장구 치고 국민들한테 겁주지 않았냐고, 얼마나 나를 구박을 주는지요. 조용히 합시다. 우리나라 안보, 그렇게 북 치고 장구 치고 요란 떨지 않아도 충분히 한국의 안전을 지켜 낼 만한 국력이 있고 군사력이 있습니다.

저도 와서 국방비 올렸지 않습니까? 저를 지지했던 많은 사람들은 군비 축소해서 복지에 써야 된다고 얘기했지만 저는 군비 축소 안 했습니다. 올렸습니다. 그것은 한국의 군사력이라는 것은 역사적으로 대북 군사력만이 완전한 것이 아니다. 한국의 군사력이 약해서 중국과 일본의 군사력을 당해 내지 못할 형편, 한반도에 힘의 공백 상태가 생겼을 때 한반도가 임진왜란, 청일전쟁, 러일전쟁, 그렇게 다 전쟁터로 변했지 않았습니까? 그렇지 않도록, 외국 군대가 우리나라에 와서 전쟁놀이 못 하게 할 정도의 국방력을 가지고 있어야 되지 않겠습니까?

그래서 중국과 일본, 미국, 이 사이에 중첩적인 잠재적 적대 관계가 동북아시아의 다자안보 체제라든지 또는 동북아시아 공동체라는 이와 같은 새로운 구상을 통해서 전환되기 전까지는 한국은 상호주의의 국방력을 가지고 있어야 된다는 거지요. 그렇지 않습니까? 그렇습니다.

그래서 군 국방비를 제가 결코 줄이지 못한다, 줄여서는 안 된다라고 했지만, 그러나 이제 대북 정책 가지고 국민들을 그렇게 밤낮없이 불안스럽게 할 이유는 없다, 그렇게 하지 않아도 안보 괜찮습니다. 그러나 저는 지금 이렇게 얘기하고 여러분들께서 이 자리에서는 박수를 쳐 주셨습니다만, 여론조사하실 때는 전부 곱표 다 치셨을 겁니다. 여론조사 결과 보니까요, 니 편 내 편 할 것 없이 전부 잘못했다고 다 곱표 쳐 놨는데, 정말 정치라는 것이 어렵구나, 양심껏 소신껏 뭐 하라 해 쌓는데, 양심껏 소신껏 하면 판판이 깨지는 게 정치구나, 저는 그런 생각을 지금 가지고 있습니다. 그러나 이대로 저는 계속 갈 수는 없다, 달라질 것은 달라져야 하기 때문에 터질 때는 터지더라도 다르게 할 건 다르게 하겠다, 그게 단임 정신 아니겠습니까? 그렇습니다.

내 고향 친구들 만나기 되게 미안합니다. 고향 친구들이나 학교 동창들은 저 대통령 만들려고 다니면서 친구들한테 표 찍으라고 막 했는데, 지금 몰려 가지고 박살이 나고 있으니까, 이 친구들 어디 술자리 가서 괴롭기 짝이 없지요. 그런 애로 사항은 있습니다만, 그 사람들 체면보다 더 큰 게 저는 국가의 미래라고 생각해서 그냥 그렇게 싸잡아 가기로 했습니다. 원론적으로 몇 가지 말씀을 드렸습니다만, 실례를 들어서 한번 얘기를 하겠습니다.

이라크 파병 왜 했냐? 이런 얘기가 나올 수 있지요. 또 미국하고 왜 껄끄러워졌냐? 저는 껄끄러워지지 않았다고 생각하고 있습니다. 그러나 그렇게 묻는 사람들이 있습니다. 맨 처음 대통령 당선됐을 때 북핵 문제를 놓고 북한에 대한 무력 공격설이 마구 난무했습니다. 미국 신문에, 우리 한국 신문에. 책임 있는 사람이 말했다, 안 했다는 것이 중요한 것이 아니고, 신문에 난무하면 그게 국민들은 불안감을 느끼게 되는 것입니다. 그래서 무력 공격 안 된다, 얘기했습니다. 그랬더니 어, 저러면 미국하고 일 생기지, 우리나라의 안보와 안보 논리를 주도해 왔던 사람들이 큰일 났다 이겁니다. 노무현이가 미국하고 관계를 탈 내겠다. 그렇습니다. 그러나 그 이전에 어떻든 전쟁은 안 된다 얘기했습니다. 잘했는지 못했는지 모르겠고요.

왜 그렇게 했냐. 여러분, 여러분이 지금 그런대로 쓸 만한 사람인지, 내 스스로가 쓸 만한 사람인지 아닌지를 검증하는 방법이 있습니다. 옛날 사귀던 친구보고 우리 집에 놀러 오라 해 가지고 놀러 오면 내가 아직도 괜찮은 사람이라는 뜻입니다. 돈 좀 꿔 달라 해 가지고 돈 빌려주면 그거 아주 괜찮은 사람입니다. 돈 안 빌려주면 아 내가 요새 한물가는구나 이렇게 생각해야지요.

한국이 괜찮은 나라라면 여행하는 사람이 많이 오게 되어 있고, 괜찮은 나라라면 돈 빌려주는 사람이 있게 되어 있고 투자하는 사람이 있게 되어 있지 않습니까? 그런데 제가 대통령 당선됐을 때 투자가 끊어질 거다, 돈 빌리러 갔더니 가산금리를 좀 더 내라 한다, 이 말은 한국에 돈 빌려주기 싫다 이 얘기하고 같은 얘기거든요. 국가가 돈 빌릴 수 없는 국가가 되면 그때부터 위기로 갑니다. 돈 빌려달라 해 가지고 안 빌려주면 그때부터 철저히 단속하고 재빨리 신용을 회복하지 못하면 바로 97년 외환위기 같은 사태로 굴러 떨어질 가능성이 있습니다.

대통령은 바뀌었고 미국을 한 번도 안 가 본 대통령이고, 그런데 전쟁은 난다 하고, 뭐 이런 저런 상황이었습니다. 제가 안팎곱사등이가 됐지요. 북핵 문제를 가지고 전쟁은 없다 해야 되고, 두 번째로는 있거나 없거나 간에 미국하고 관계가 돈독해야 되는 것이지요. 제일 처음 묻는 게 그겁디다. '전쟁 하냐?' 돈 빌려주고 투자하는 사람들이 모여서 '전쟁 하냐?' 그다음에 '북한이 붕괴하냐?' 절대 그런 일 없다고 딱 얘기를 해 놓고 나니까 '미국하고 잘

지낼 거냐?' 이렇게 물었습니다. 별 수 있습니까? 미국하고 잘 지낸다는 것, 말로 잘 지낸다 괜찮다 하고, 또 큰일 났다 하는 두 사람들이 있지요, 미국에서 큰일 났다 하는 사람은 노무현 길들이기 프로그램에 들어 있기도 하지 않겠습니까? 천지도 없이 겁 없는 대통령이 된 모양인데, 맛 좀 보여야지 이래 가지고, 그래서 한미 관계가 나빠진다, 나빠진다 계속 신호 보내 가지고 노무현 기 좀 꺾어라 이거 아니겠습니까? 그런 것이 그때의 상황이었습니다.

그때 제가 해야 되는 것이 '전쟁 없다'이고, 하나는 '미국하고 괜찮다'는 것이지요. 가장 확실한 증명이 이라크 파병 아니겠습니까? 그것은 개인 노무현과 미국과의 관계가 아니라 대한민국과 미국과의 우호관계가, 동맹관계가 지속적으로 작동하냐 안 하냐 하는 그 바로미터였기 때문에 이라크 파병을 했습니다. 만 명 보내자는 사람 있었어요. 5천 명 보내자는 사람도 있었고, 전투병 보내는 것이 당연하다는 사람들도 있었는데, 또 우리나라에는 반대하는 사람도 많이 있고, 그 전쟁의 명분에 대해서 의문을 제기하고 있는 또 많은 분들이 있어서, 그래서 비전투 3천 명. 장사로 치면 장사 참 잘했다고 생각하는데, 어떻습니까? 한미동맹이라고 하는 그 목표를, 한미동맹의 안전성 그것에 대한 국제적 신뢰라고 하는 그 목표, 그런 것을 가장 적은 비용으로 달성하는 것이 가장 효과적인 장사 아니겠습니까?

미2사단 후방 배치, 미국이 얘기를 해요. 우리나라 일부에서 '안 된다, 인계철선을 가져가면 어떻게 하냐?' 그런데 정부 안에서도 그렇게 말하는 분이 있어서 '그 말 하지 마시오. 미2사단 뒤로 물리시오.' 물리기로 했습니다. 그래서 이제 시비가 많이 붙었어요. 한쪽에서는 안보가 불안하다는 것이고, 미2사단 물리고 나면은 이제 북한이 밀고 내려오면 어떻게 할 거냐 그거지요. 미국이 자동 개입이 안 되니까 와서 안 도와줄지 모른다 이런 것이고, 한 쪽에서는 미국이 북한을 공격하면 북한이 전방에 있는 2사단에 즉 각 보복을 할 텐데, 2사단을 빼 버렸으니까 이제 보복할 데가 없어 졌으니까 미국이 북한을 때리기 위한 사전 준비 작업 아니냐? 그 래서 2사단 후방 배치에 대해서 떨떠름하게 반대하는 사람들이 있 어요, 반미주의자들이 있어요. 그런데 옮겨야지요. 여기에 원칙이 들어가는 것입니다.

한국군이 방위력이 얼마만큼 크냐? 정직하게 하자. 언제 역전 된 것으로 생각하십니까, 여러분? 대개 70년대 후반 80년대 초반 때 실질적으로 역전된 것으로 보지 않습니까? 이제는 국방력이고 뭐고 경제력 때문에, 그게 85년이라고 한번 잡아 봅시다. 85년에 역전됐으면 지금 20년이 지났습니다. 우리가 북한의 국방비에 몇 배인지 숫자를 지금 외우지 못하겠는데, 여러 배를 쓰고 있습니다. 두 자릿수 아닙니까? 열 배도 훨씬 넘네요. 열 배도 훨씬 넘는데, 이게 한 해 두 해도 아니고 근 20년간 이런 차이가 있는 국방비를 쓰고 있는데, 그래도 지금까지 한국의 국방력이 북한보다 약하다 면, 70년대를 어떻게 견디어 왔으며, 그 많은 돈을 우리 군인들이 다 떡 사 먹었느냐? 옛날에 국방장관들 나와 가지고 떠드는데 그 사람들 직무유기한 것 아니에요. 그 많은 돈을 쓰고도 아직까지 북 한보다 약하다면 직무유기한 거지요?

정직하게 보는 관점에서 국방력을 비교하면 이제 2사단은 뒤 로 나와도 괜찮습니다. '그 뭐 공짜 비슷한 건데, 기왕에 있는 건데 그냥 쓰지, 인계철선으로 놔두지 뭘 시끄럽게 옮기냐?' 그렇지요. 저도 그렇습니다. 시끄럽게 안 하고 넘어가면 좋은데, 제가 왜 그걸 옮겼냐, 옮기는 데 동의했냐. 심리적 의존 관계, 의존 상태를 벗어나야 됩니다. 국민들이 내 나라는 내가 지킨다라고 하는 의지와 자신감을 가지고 있어야 국방이 되는 것이지, 미국한테 매달려 가지고 바짓가랑이 매달려 가지고, 미국 엉덩이 뒤에서 숨어 가지고 형님 백만 믿겠다, 이게 자주 국가의 국민들의 안보 의식일 수가 있겠습니까? 이렇게 해서 되겠습니까?

인계철선이란 말 자체가 염치가 없지 않습니까? 남의 나라 군대를 가지고 왜 우리 안보를 위해서 인계철선으로 써야 됩니까? 피를 흘려도 우리가 흘려야지요. 그런 각오로 하고 우리가 할 수 있다라는 자신감을 가져야, 무슨 경제적인 일이나 또 그밖에 무슨 일이 있을 때 미국이 호주머니 손 넣고 '그러면 우리 군대 뺍니다' 이렇게 나올 때, 이 나라의 대통령이 미국하고 당당하게 '그러지 마십시오' 하든지 '예 빼십시오' 하든지, 말이 될 것 아니겠습니까? '난 나가요' 하면 다 까무러지는 판인데, 대통령 혼자서 어떻게 미국하고 대등한 외교를 할 수 있겠습니까?

완전하게 대등한 외교는 할 수 없습니다. 미국은 초강대국입니다. 그런 헛소리는 하면 안 되고, 미국의 힘에 상응하는 미국의 세계적 영향력에 상응하는 대우를 해 줘야 됩니다. 동네 힘 센 사람이 돈 많은 사람이 길 이렇게 고칩시다, 둑 이렇게 고칩시다, 산에 나무 심읍시다 하면 어지간한 사람 따라가는 거죠. 미국이 주도하는 질서 그것을 거역할 수는 없습니다. 그러나 최소한 자주 국가 독립국가로서의 체면은 유지해야 될 것 아니겠습니까? 때때로 한 번씩 배짱이라도 내볼 수 있어야 될 것 아닙니까?

근데 2사단 빠지면 다 죽게 생긴 나라에서, 다 죽는다고 국민들이 와들와들 사시나무처럼 떠는 나라에서, 무슨 대통령이 무슨 외교부 장관이 미국의 공무원들하고 만나서 대등하게 대화를 할 수 있겠습니까? 심리적인 이 의존관계를 해소해야 된다. 그래서 뺐습니다. 좀 있으니까 이제 '숫자도 좀 더 줄이자 감축하자' '하시오' '비공개로 논의하자' '공개로 합시다' '그러면 연기합시다', 그래서 1년 연기해서 감축 논의했습니다. 그런데 나중에 결국 감축 얘기가 미국 쪽에서 먼저 나왔잖아요? 당신들이 연기하자 해 놓고 왜 뒤로 그러냐고 그랬더니, 또 보니까 우리 쪽에서 연기하자 했다고 옥신각신하는데, 수사를 못 해 봤습니다. 하여튼 그냥 감군 좀 해도 괜찮습니다.

용산기지 왜 이전하냐? 그 땅 비싼 땅입니다. 쉽게 얘기해서 엄청 비싼 땅인데, 지금 5조 5천억 원 정도 들 거라고 얘기하는데 거기에서 플러스 마이너스가 있을지 모르지만, 그 땅 돈 주고 산다고 생각해 보십시오. 5조 5천억 원에 살 수 있겠습니까? 여러분 그게 미군 부대가 아니고 다른 쓸데없는 잡종지로 거기 누가 있는데 개인이 절대 수용도 안 된다, 안 판다 하고 버티면 감정해 가지고 돈 주고 살 것 아닙니까? 감정해 가지고 돈 주고 사면 5조 5천억 나온단 말이지요. 그런데 왜 하필이면 그 좋은 금싸라기 땅에 미군이 딱 버티고 앉아 가지고 지하철도 그리로 못 내고 도로도 못 내고, 거기 지금 우리 국민들이 함께 즐길 수 있는 그야말로 문화시설이나 상업시설 근사한 자리인데, 왜 못하냐 이거지요. 투자를 해야지요. 돈 없어서 안 했습니다. 노태우 대통령이 합의해 놨는데, 김영삼 대통령도 돈이 없다고 안 해 버리고, IMF 나서 국민의정부는 IMF 시절이니까 그것 못 하고, 우리는 한고비 넘어갔으니까 그것도 1년에 내는 것도 아니고 10년씩 걸쳐서 점진적으로 해 가지고 땅 사는 건데, 사야지요. 이거면 누가 시비하는 사람 없는 것 같습니다만, 이것 때문에 평택에서 어떻게 시끄러운지, 국민들이 노무현 정부는 왜 이렇게 시끄럽노 하지만, 예, 할 일은 해야 안 되겠습니까? 그렇게 된 것입니다.

그러나 이것은 우리 국민들 가슴속에, 자주 국가의 상징에 상당한 손상을 주고 있는 것은 사실입니다. 아무리 우방이라 할지라도 수도 한복판에 그것도 청나라 군대가 주둔했던 그 자리에 하필이면 그리 꼭 있어야 되겠느냐. 옛날에 우리나라 독립협회가 모화관이 있던 자리를 헐어 버리고 독립문을 세운 것은 그것이 현실적이든 아니든 간에 역사적으로 상징성이 있지 않습니까? 그와 마찬가지로 우리도 그와 같은 역사적 행위를 해야 되는 것 아니겠습니까? 인간은 그야말로 역사적인 동물 아닙니까? 용산기지, 작통권, 명분은 그렇습니다. 명분은 자주 국가, 당연한 이치이지요.

이게 마찬가지입니다. 우리가 작전 통제 하나 할 만한 실력이 없냐. 대한민국 군대들 지금까지 뭐 했노 이거예요. 나도 군대 갔다 왔고 예비군 훈련까지 다 받았는데, 심심하면 사람한테 세금 내라 하고, 불러다가 뺑뺑이 돌리고 훈련시키고 했는데, 그 위의 사람들은 뭐 했어? 작전통제권, 자기들 나라 자기 군대 작전 통제도 한 개 제대로 할 수 없는 군대를 만들어 놔 놓고, 나 국방장관이오 나 참모총장이오 그렇게 별들 달고 거들먹거리고 말았다는 얘깁니까? 그래서 작통권 회수하면 안 된다고 줄줄이 몰려가서 성명 내고, 자기들이 직무유기 아닙니까? 부끄러운 줄을 알아야지. 이렇게 수치스런 일들을 하고. 작통권 돌려받으면 우리 한국군들 잘해요. 경제도 잘하고 문화도 잘하고 영화도 잘하고, 한국 사람들이 외국 나가 보니까 못하는 게 없는데, 전화기도 잘 만들고 차도 잘 만들고 배도 잘 만들고 못하는 게 없는데, 왜 작전통제권만 왜 못한다는 얘깁니까?

실제로요, 남북 간에도 외교가 있고 한국과 중국 사이에도 외교가 있는데, 북한의 유사시라는 것은 있을 수도 없지만 전쟁도 유사시도 있을 수 없지만 그러나 전쟁과 유사시를 항상 우리는 전제하고 준비하고 있는데, 중국도 그렇게 준비하지 않겠습니까? 한국군이 작전통제권을 가지고 있을 때 북한과 우리가 대화하는 관계, 중국과 우리가 대화할 때 외교상의 대화를 할 때, 동북아시아의 안보 문제를 놓고 대화를 할 때, 그래도 한국이 말발이 좀 있지 않겠습니까? 작전통제권도 없는 사람이 민간 시설에 폭격을 할 건지 안 할 건지 그것도 마음대로 결정 못하고 어느 시설에 폭격할 건지 그것도 제 마음대로 결정 못하는 나라가 그 판에 가 가지고 중국한테 무슨 할 말이 있습니까? 북한한테 무슨 할 말이 있어요? 이것은 외교상의 실리에 매우 중요한 문제 아니겠습니까?

유사시가 없을 거니까 그런 걱정할 것 뭐 있노? 그럴 바에야 작통권이니 뭐니 있기는 왜 있어야 돼요? 여기까지 몰라서 딴소리하는 건지 알고도 딴소리하는 건지 모르지만 나는 그분들이 외교 안보의 기본 원칙, 기본 원리조차도 모른다고 생각지는 않습니다. 명색이 국방부장관을 지낸 사람들이 북한 문제, 북한의 유사시에 한중 간에 긴밀한 관계가 생긴다는 사실을 모를 리 있겠습니까? 그런데 또 알면서, 알았다면 왜 작통권 환수를 지금까지도 할 엄두도 안내고 가만있었을까, 불가사의한 일입니다. 모든 것이 노무현이 하는 것만 반대하면 다 정의라는 것 아니겠습니까? 흔들어라 이거지요. 흔들어라 재. 저 난데없이 굴러들어 온 놈. 예, 그렇게 됐습니다.

적대적 행위 이런 것에 신중히 하겠다. 전략적 유연성은 합의가 이렇게 되어 있습니다. 그때 가서, 미리 다 정해 놓을 것이 아니라, 언제든지 한국 국민이 동의하지 않는 것은 안 된다, 이렇게 되어 있습니다. 그러면 동의하는 것은 된다, 이런 것입니다. 그것이 제일 좋은 것 아니겠습니까? 지금 정해 봐 봤자 그때 상황이 어떻게 될지 모르는 것인데, 그때 우리 한국 국민들이 합의하고 동의하면 OK하면 무슨 일이든 하는 것이고, 안 된다 하면 못 하는 거 그게 가장 좋은 것 아니겠습니까? 지금 어떻게 정해 놓습니까? 이 문제 가지고 부시 대통령 만나서 토론도 하고 많이 했습니다. 다 정리됐습니다.

국방 개혁의 철학이 있습니다. 국방 개혁, 노태우 대통령 때부터 거론되고 김영삼 대통령 때도 들먹거리고 국민의정부에서도 계획까지 짰다가 무산되어 버린 국방 개혁, 이제 겨우 법이 통과됐습니다. 지시해 놓으니까요, 안 만들어 와요. 누가 개혁 좋아하겠습니까? 자기 조직 살 깎는 일인데, 그렇지 않습니까? 대통령이 다 만들 수도 없고, 결국 우리 국방부, 그리고 군에서 다 만들어 가지고 국민들 앞에 발표했습니다.

국방 개혁 2020, 돈 특별히 더 드는 것 없습니다. 50만으로 줄입니다. 더 줄여야 됩니다. 인력을 더 줄일 수 있습니다. 왜 인력을 줄이고 무기를 늘리냐. 북한하고만 싸우려면 지상전이 많을 수도 있으니까 떼가 많아야지요. 떼거리가 많은 게 제일 좋은 거지요. 그러나 우리 안보를 전방위 안보로 생각한다면 떼거리만 갖고 안 된다. 사람 밥 먹고 옷 입히고 막사 짓고 다 사람한테 들어가는 것 다 아끼고 아주 성능 좋은 무기를 개발해야 된다. 그런 것 아니겠습니까? 국방 개혁이라는 것이 그런 것이지요.

우리 아이들, 요새 아이들도 많이 안 낳는데, 군대에 가서 몇 년 씩 썩히지 말고 그동안에라도 열심히 활동하고 장가를 일찍 보내야 아이를 일찍 놓을 것 아닙니까? 우리 모든 사회 제도를 장가 일찍 가고, 시집 일찍 가는, 결혼 일찍 하는 제도로 전부 바꿔 줘야 됩니다. 결혼 빨리하기 제도, 직장에 빨리 갈 수 있게 하는 제도, 이런 제도로 다 바꿔 주지 않으면 경제적으로도 많이 지체가 되거든요. 지금 그 계획 세우고 있습니다. 장가 빨리 보내는 정책, 이런 제도 개발하고 있는 중입니다.

얼마 전에 군 장성들 임명을 하고 차를 한잔 같이 하는 자리에서 '여보시오, 노무현 대통령 되고 난 뒤에 대한민국 군대가 나빠진 게 뭐 있으면 한번 얘기를 해 보시오' 있어도 말하겠습니까, 설마? 안 하겠지만 여러분이 대신 한번 얘기를 해 주세요. 대한민국 군대한테 노무현 대통령이 더 나쁘게 한 것이 뭐 있습니까? 그러나 그럼에도 불구하고 군 인사, 군 인사를 지금 몇 번씩이나 장성 인사를 몇 번씩이나 했는데, 신문에 한 줄도 쓸 게 없어. 요새 신문 기자들 힘들어요 이제, 쓸 거 없어서. 그렇지 않습니까? 비행기를 1조 4천억 원짜리 공중 조기경보 통제기인가 그것을 사는데 상대방 계약 당사자를 채택을 했습니다. 1조 4천억 짜리 방산 계약을 지금 했는데도, 부패니 뒷거래니 뭐니 잡음들이 한마디도 없지 않습니까? 어때요? 군 안에서 자살 사고, 총기 사고 많이 났습니다. 앞으로 고쳐 가야겠지요. 아주 노력해서 빨리 고치겠습니다. 문화라는 것은 하루이틀에 고쳐지는 것이 아니지요.

그래서 지금 군 인사, 군수 조달, 군내 예산 집행의 투명성, 이런 것들은 대폭 달라졌습니다. 병영 생활 문화도 아주 빠르게 개혁되고 있습니다. 지금 민자 유치해 가지고 막사 전부 다 지어서 고치고 해서 군인들하고 전역 군인들 취업, 평등권 문제 걸리기 때문에 애로가 있지만 전역 군인들 취업하는 것 대책을 세워 줘야 군

구조를 개혁을 할 것 아니겠습니까? 지금 전부 최선을 다해 노력하고 있습니다.

어떻든 국방부 문민화, 이 부분은 민간인 국방장관을 임명하는 문제는 좀 뒤로 미루었습니다. 한꺼번에 다 그렇게 해 놓으면 어지러워서 안 될 것 같아서. 옛날에 우리 F15기 새로 사 가지고 성능 좋다고 팍 올라갔다가 확 내려갔다가 중력 차이가 너무 빠르게 나니까 그만 정신을 잃어버려 가지고 바다 밑으로 비행기가 들어가 버렸지 않습니까? 사회개혁도 제가 하는 게 좀 빠른가 봐요. 전부 어지럽다고 그래요. 그래서 국방부 문민화까지 한꺼번에 해치우면 또 바다 밑에 들어간다면 곤란할 것 같아서 문민화는 다음에 합시다. 그건 뭐 장관 임명하는 것만 하면 되는 거니까. 그런데 중차대한 개혁을 해야 되는 이런 시기에 군인들한테 대해서 대통령이 신뢰를 주고 자발적으로 스스로 한번 해 보시오 이렇게 가는 것이 좋을 것 같아서 문민화는 뒤로 미루고, 군 개혁 확실하게 합니다. 그렇게 해서 잘될 것입니다. 안보 문제 잘될 것이고요.

그다음에 나머지 여러 가지들이 있는데, 여러분 말씀 들어 보시건대, 그렇습니다. 노무현이가 잘한다 못한다 막 말 많고, 이거는 왜 이랬냐 저거는 왜 저랬냐, 그거 다 시어머니가 앉아서 며느리 밥상 차려 오는데 잔소리하려면 어디 뭐 잔소리할 거리가 없겠어요? 그만 대강 봐서, 그렇게 멍청한 것 같지는 않지요? 대강 짚어야 될 것은 대개 짚고 있는 갑다, 이런 생각이 들지요? 그렇지요? 제 말씀 들어 보니까. 그럼 됐지요, 뭐. 제가 뭐 개인적으로 누구 봐줄 일도 없고, 뒷돈 챙길 일도 없고, 할 일이 그것밖에 더 있겠습니까? 국가 잘되게 원칙대로, 그것 말고는 다른 할 일도 없고 할 방법도 없고, 영 멍청하지 않으면 기왕에 뽑아 놨는데, 국방·외교·

안보·통일 이것 저한테 다 이렇게 맡겨 줘라 이렇게 여러분 말 좀 한번 해 주십시오.

마, 맡겨 놔라, 고마! 내가 전에 만나봤는데, 그거 영 바보 아니더라. 대개 들어 봤는데 앞뒤 챙길 것은 재고 챙기는 것 같더라, 좀 맡겨 놔라. 부탁합니다.

2006년 12월 말. 대통령 노무현은 민주평통자문회의 상임위원회에서 연설했다. 직접 작성한 메모를 바탕으로 한 강연이었다. 이 자리에서 그는 지난 4년에 걸쳐 펼쳐 온 참여정부의 안보 정책에 대해 소상히 설명했다. 특유의 유머와 입담으로 좌중을 쥐락펴락한 연설이었다. 전시작전통제권 환수 문제와 관련하여 이를 반대하는 전직 고위 장성들을 향해 '부끄러운 줄 알아야지!'라는 일침을 날린 것으로 유명한 연설이다. 그 밖에도 인계 철선 문제, 용산기지 이전 등에 대해 자신의 입장을 소상히 설명했다. 현장의 분위기와 달리 다음 날 신문에서는 대통령의 말투와 자세 등을 놓고 비판이 제기되기도 했다.

2006년 12월 21일, 제50차 민주평화통일자문회의에서
회의 자료를 살펴보는 대통령 노무현. 이날 연설에서 전시작전통제권 단독 행사를
반대하는 전직 국방장관과 군장성들을 거세게 비판했다.

FTA는 정치도 이념도 아닌, 국가경쟁력의 문제

2007. 4. 2. 한미 FTA 협상 타결에 즈음하여 국민 여러분께 드리는 말씀

존경하는 국민 여러분,

오늘 한미 FTA 협상을 마무리지었습니다. 작년 2월 협상 개시를 선언한 이후 14개월 만의 일이고, 정부 차원에서 준비한 지는 4년 만의 일입니다. 참으로 길고 힘든 시간이었습니다. 그동안 정부를 믿고 성원해 주신 국민 여러분께 감사드립니다. 협상단 여러분도 고생이 많았습니다. 참으로 침착하고 끈기 있게 잘해 주었습니다.

국민 여러분,

그동안 정부는 오로지 경제적 실익을 중심에 놓고 협상을 진행했습니다. 미국의 압력을 걱정하는 사람들이 많았습니다. 실제로 미국 정부의 요구는 만만한 것이 아니었습니다. 미국 의회의 압력도 거셌습니다. 그러나 우리 정부는 결코 이를 압력으로 받아들이지 않았습니다. 철저히 손익계산을 따져서 우리의 이익을 관철했습니다.

그리고 협상의 내용뿐만 아니라 절차에 있어서도 당당한 자세를 가지고 협상에 있어서 지켜야 할 원칙을 지켜 냈습니다. 이미 국제적으로 보편화된 규범과 선례를 존중하면서도 한편으로는 최대한 활용했습니다.

그리고 당장의 이익에 급급한 작은 장사꾼이 아니라, 우리 경제의 미래와 중국을 비롯한 세계시장의 변화까지 미리 내다보는 큰 장사꾼의 안목을 가지고 협상에 임했습니다.

협상의 결과로서, 우리는 세계 최대 규모인 미국 시장에서 자동차·섬유·전자 등 우리의 주력 수출 상품은 물론, 신발·고무·가죽과 같은 중소기업 제품들도 경쟁국가에 비해 가격 우위를 확보하게 되었습니다. 100조 원이 넘는 미국의 조달 시장의 문턱도 크게 낮아졌습니다. 이제 우리 기업들이 새롭게 도전해 볼 수 있을 것입니다.

미국의 반덤핑 조사 과정에서 우리의 입장을 보다 적극적으로 반영하고 강화할 수 있는 수단도 확보했습니다. 이 점에 관해서 우리의 요구를 다 관철하지 못한 아쉬움이 있습니다만, 진일보한 것은 틀림없습니다. 활용만 잘하면 우리 수출 기업들에게는 큰 도움이 될 것입니다.

개성공단 제품도 한반도 역외가공지역위원회 설립에 합의하여 국내산으로 인정받을 수 있는 근거를 만들어 두었습니다. 앞으로 개성공단뿐만 아니라 북한 전역이 이 근거의 혜택을 받을 수도 있을 것입니다.

물론 어려움을 겪어야 하는 국민들도 많이 있습니다.

그 대표적인 분야가 농업입니다. 그러나 우리는 협상에서 농민들의 이익을 최대한 보호하려고 노력했고, 대부분이 협상 결과에 반영되었습니다. 돼지고기는 최장 10년, 닭고기는 10년 이상, 쇠고기는 10년(15년의 오류), 사과와 배는 20년, 오렌지는 7년에 걸쳐서 관세를 철폐 또는 인하하기로 함으로써 구조조정과 경쟁력 강화에 필요한 시간을 확보했습니다.

만일 수입 물량이 늘어서 소득이 줄어들면 국가가 소득을 보전해 줄 것입니다. 부득이 폐업을 해야 할 경우에는 폐업보상을 할 것입니다. 국가가 지원하여 기술을 개발하고 경쟁력을 강화해야 할 품목은 그렇게 해서, 세계를 상대로 경쟁할 수 있는 전업농을 육성할 것입니다.

이미 우리 농민의 60%가 60세 이상의 고령자입니다. 농사를 그만두고 전업이 불가능한 고령의 농민들에게는 복지제도를 강화하여 생활을 보장할 것입니다. 정부는 이분들에 대한 노후대책을 세우고 있습니다. 그리고 부분적으로는 이미 실시하고 있습니다.

제약산업도 적지 않은 어려움이 있을 것입니다. 그러나 시야를 크게 해서 보면 우리 제약업도 언제까지 복제 약품에만 의존하는 중소업체로 남아 있을 수는 없는 일입니다. 이제 우리 제약업계도 새로운 환경을 기회로 삼아 연구개발과 구조조정을 통해서 경쟁력을 높여 나가야 할 것입니다. 이 분야 또한 정부가 적극적으로 지원할 것입니다.

그 밖에는 지금보다 더 어려워질 분야는 없을 것으로 생각합니다만, 미처 예측하지 못한 분야가 있을 수도 있을 것입니다. 그런 경우에도 정부는 지원할 것입니다.

경쟁력을 보완해야 할 곳은 경쟁력을 강화할 수 있도록 지원할 것입니다. 그 과정에서 구조조정이 일어나고 실업이 생길 경우 일반적인 실업과는 별도로, 실업급여·전업 교육·고용 지원 등에서 특별한 정부 서비스를 제공하여 FTA로 인해서 국민들의 생활이 불안해지는 일은 없도록 제도화할 것입니다.

이것은 한미 FTA뿐만 아니라 모든 FTA에 관해서 앞으로 그렇게 할 것입니다. 정부는 이미 제도적 근거를 마련해 놓고 있고, 일부는 이미 시행하고 있습니다.

FTA로 인해서 양극화가 더 심화될 것이라고 주장하는 분들이 많이 있습니다. 그런데 저는 여기에는 동의할 수가 없습니다. 농업과 제약 분야가 어려워진다는 것은 이미 말씀드린 바이고, 그리고 또 이미 만반의 대비를 하고 있으므로 별도로 얘기할 일입니다.

저는 FTA를 반대하는 사람들을 만날 때마다, 농업과 제약 분야 이외에 어느 분야가 더 어려워지고 실업자가 더 나온다는 것인지 물어보았습니다. 그러나 아무도 분명한 대답을 해 주지 않았습니다. 정부 내외의 여러 사람들에게 물어보아도 결론은 마찬가지였습니다. 그런데도 사람들은 근거도 밝히지 않고 막연히 양극화가 심해진다는 말만 주장하니까 참으로 답답할 노릇입니다.

그러나 어떻든 이 문제는 앞으로 예상 못한 일이 생기더라도 대비가 가능하도록 만반의 제도적 장치를 마련해 두겠다는 약속을 드리겠습니다.

법률, 회계 등 고급 서비스 시장도 일부 개방되었습니다. 이 부분에 관해서 저는 좀 더 과감한 개방을 하라고 지시한 바 있습니다. 그래야 고학력 일자리도 늘릴 수 있고, 부가가치가 높은 고급 서비스업 분야의 경쟁력도 높일 수 있기 때문입니다.

교육, 의료 시장은 전혀 개방되지 않았고, 방송 등 문화산업의 분야도 크게 열리지 않았습니다. 이 역시 아쉬운 대목입니다. 문화산업도 이제 세계를 상대로 경쟁해야 합니다. 세계 중에서도 미국과 경쟁해서 살아남아야 세계 최고가 될 수 있습니다. 공공서비스와 문화적 요소는 보호하되 산업적 요소는 과감하게 경쟁의 무대로 나아가야 합니다.

그런데 이들 분야에 관하여는 우리 협상 팀이 방어를 너무 잘한 것 같습니다. 방어를 잘했다는 점에서는 칭찬할 일이기는 하나 솔직히 저는 좀 불만스럽습니다. 아마 비준의 어려움을 고려해서 그리한 것 같습니다만, 저는 좀 아쉽다는 생각을 지울 수가 없습니다.

쇠고기에 대한 관세 문제는 FTA의 협상 대상이지만, 위생 검역의 조건은 FTA 협상의 대상이 아닙니다. 따라서 이 문제는 원칙대로 FTA 협상과는 분리하여 논의하기로 했습니다.

다만 저는 부시 대통령과의 전화를 통해서, 한국은 성실히 협상에 임할 것이라는 점, 협상에 있어서 국제수역사무국의 권고를 존중하여 합리적인 수준으로 개방하겠다는 의향을 가지고 있다는 점, 그리고 합의에 따르는 절차를 합리적인 기간 안에 마무리할 것이라는 점을 약속으로 확인해 주었습니다.

이렇게 한 것은, 지난날 뼛조각 검사에서 한국 정부의 전량 검사와 전량 반송으로 인해서 미국이 앞으로의 쇠고기 협상과 절차 이행에 관하여 한국 정부가 성실하게 임하지 않을 것이라는 불신을 가지고, 뼈를 포함한 쇠고기의 수입과 절차의 이행에 관해서 기한을 정한 약속을 문서로 해 줄 것을 요구한 데서 비롯된 문제를 해결하기 위한 것이었습니다. 저는 저의 구두 약속이 쌍방의 체면을 살릴 수 있는 적절한 타협이었다고 생각합니다.

우리 정부는 앞으로 이 약속을 지킬 것입니다. 이 약속을 성실하게 이행하면, 쇠고기의 수입이 가능한 시기를 추정할 수는 있을 것이나, 그것을 기간(기한)을 정한 무조건적인 수입의 약속이라고 하거나 이면계약이라고 해서는 안 될 것입니다.

국민 여러분,

우리 국민들은 우리나라가 선진국이 되기를 간절히 원합니다. 그리고 열심히 노력하고 있습니다. 그런데 선진국은 그냥 열심히 만 한다고 되는 것이 아닙니다. 도전해야 합니다. 도전하지 않으면 결코 선진국이 될 수 없습니다.

앞질러 가기 위해서뿐만 아니라 뒤처지지 않기 위해서도 우리 는 도전해야 합니다. 일부 집단만의 이익을 지키기 위해서 변화를 거부하거나, 지금 우리가 누리고 있는 성공에 안주해서 우리 것을 지키려고만 하다가는 어느새 어느 나라에 추월당할지도 모르는 상 황이 오늘의 세계의 엄연한 현실입니다.

FTA는 바로 그 도전입니다. 그동안 우리는 열심히 도전해 왔 고, 그리고 성공했습니다. 앞으로도 성공할 것입니다.

국민 여러분,

FTA는 한쪽이 득을 보면 다른 한쪽이 반드시 손해를 보는 그런 구조가 아니라 각기 더 많은 이익을 얻을 수 있는 구조입니다.

우리 자동차와 섬유가 미국 시장에서 미국산 제품하고만 경쟁 을 하는 것이 아니라, 오히려 다른 나라의 제품과 경쟁하는 요소가 더 크기 때문에, 자동차와 섬유로 인해서 미국이 손해를 보는 것보 다 우리는 더 큰 이익을 얻을 수 있는 것입니다.

반대로 우리 시장에서 미국 농산물이 우리 농산물하고만 경쟁 하는 것이 아니라, 다른 나라 농산물과 함께 경쟁하는 것이기 때문 에 우리가 손해 보는 것보다 미국이 훨씬 더 큰 이익을 가져갈 수 있는 것입니다.

그동안 '미국의 압력'이라는 얘기가 난무했고, 길거리에서도 심지어 '매국'이라는 용어까지 등장했습니다.

국민 여러분,

분명히 말씀드리지만 우리 정부가 무엇이 이익인지 무엇이 손해인지조차 따질 역량도 없고 줏대도 없고 애국심도 자존심도 없는 그런 정부는 아닙니다. 저는 이번 협상 과정을 지켜보면서 다시 한번 우리 공무원들의 자세와 역량에 관해서 믿음을 가지게 되었습니다. 거듭 말씀드리지만, 한미 FTA는 시작 단계부터 우리가 먼저 제기하고 주도적으로 협상을 이끌어 낸 것입니다.

저 개인으로서는 아무런 정치적 이득도 없습니다. 오로지 소신과 양심을 가지고 내린 결단입니다. 정치적 손해를 무릅쓰고 내린 결단입니다.

FTA는 정치의 문제도, 이념의 문제도 아닙니다. 먹고사는 문제입니다. 국가경쟁력의 문제입니다. 민족적 감정이나 정략적 의도를 가지고 접근할 일은 결코 아닙니다.

협상 과정에서 정부는 찬반 양쪽의 의견을 협상에 최대한 반영하기 위해서 노력했습니다. 찬반이 뜨거웠기에 협상의 결과가 더 좋아졌을 것이라고 생각합니다. 그뿐이 아니라, 반대하신 분들의 주장이 우리의 협상력을 높이는 데 큰 도움이 되었을 것입니다. 그리고 전략적으로 그렇게 하신 분들도 있을 것입니다. 저는 이 자리에서 다시 한번 감사 말씀을 드립니다. 아울러 그분들께 이제부터는 우리 국민의 뜻을 하나로 모으는 데 지혜와 힘을 모아 달라고 부탁드리고 싶습니다.

물론 앞으로도 또 다른 분들의 치열한 반대가 있을 것입니다. 다만 저는 반대하는 분들에게 요청드리고 싶은 것이 하나 있습니다. 반대를 하더라도 객관적인 사실에 근거해서 합리적인 논리에 근거해서 토론에 임해 달라는 것입니다. 그동안 근거도 없는 사실, 논리도 없는 주장 그리고 과장된 논리가 너무 많았습니다. 국민들에게 너무 많은 혼란을 주었습니다. 앞으로는 합리적인 토론이 이루어지기를 바랍니다.

이번 FTA 협상이 반대론자들의 주장처럼 문제가 있는 것인지 아닌지는 국회에서 전문가들의 책임 있는 논의를 통해서 객관적인 평가를 하실 수 있을 것입니다. 정부도 국회에 나가서 소상히 설명 드리고 토론에 적극 응하도록 하겠습니다.

국민 여러분,

우리는 어떤 개방도 충분히 이겨낼 만한 국민적 역량을 가지고 있습니다. 지난날 개방 때마다 많은 반대와 우려가 있었지만 우리는 한 번도 실패하지 않았습니다. 모두 승리했습니다.

결국 우리 하기 나름입니다. 아무리 FTA를 유리하게 체결해 놓아도 우리가 노력하지 않으면 경쟁에서 이길 수 없고, FTA 협상의 내용이 다소 모자란다 하더라도 우리가 노력하면 얼마든지 극복해 나갈 수 있는 것입니다. 우리 모두 자신감을 가지고, 미래를 향해서 함께 힘차게 도전합시다. 힘과 지혜를 모아서 다시 한번 성공의 역사를 만들어 냅시다.

감사합니다.

2005년 9월 멕시코 순방 계기에 한미 FTA 추진에 관한 보고를 받고 대통령 노무현은 이를 추진하기로 방침을 정한다. 실제로 그는 임기 초부터 '개방형 통상국가'를 이야기하면서 동시다발적 FTA를 추진할 것임을 천명하기도 했다. 그러나 한미 FTA는 지지층의 강력한 반대에 부닥쳐 추진 과정이 순탄치 않았다. 심지어 참여정부에서 장관을 지냈다가 당으로 돌아간 인사들이 더욱 적극적으로 반대에 앞장서기도 했다. 그는 대한민국의 경쟁력을 한 차원 높이는 차원의 결단이었음을 강조하면서 반대하는 사람들을 설득했고, 마침내 한미 FTA가 타결되기에 이르렀다.

깨어 있는 시민의 조직된 힘

2007. 6. 16. 제8회 노사모 총회 축하 메시지

여러분, 안녕하십니까?

이렇게 영상으로나마 만나게 되니까 무척 반갑습니다. 노사모 총회를 축하드립니다.

노사모는 역사를 만들고 있습니다. 새로운 역사를 쓰고 있습니다.

7년 전, 여러분은 다시 일어설 수 없을 것 같았던 저를 일으켜 세웠습니다. 그리고 다시 도전하게 했습니다.

모두가 가능성이 없다고 저를 외면했을 때 여러분은 저를 지지해 주셨습니다. 대세에 밀려서 대의의 깃발을 접어야 될 상황에서 대의의 깃발을 다시 세울 수 있게 해 주셨습니다. 그리고 대통령 후보가 되는 기적을 만들었습니다.

저의 실수로 지지도가 떨어졌을 때, 그리고 정권에 대한 실망으로 많은 지지자들이 돌아섰을 때, 기회주의 정치인들이 외부의 다른 후보와 내통하면서 저를 흔들었을 때, 그래서 후보인 저조차도 흔들리고 있을 때 여러분이 저를 다시 붙들어 주셨습니다. 그리고 후보단일화를 이룰 수 있는 자신감을 주셨습니다. 기지와 열정으로 마지막 순간의 위험한 고비까지 넘겨 주었습니다.

마침내 저를 대통령으로 만들어 냈습니다. 돈도 조직도 없는 저를 이기게 해 주었습니다. 끝까지 대의와 원칙을 포기하지 않고 이길 수 있게 해 준 것입니다. 새로운 역사의 드라마를 창조한 것입니다.

이 새로운 역사의 결과로, 저는 돈 정치로부터 자유로운 대통령, 몇몇 사람에게 빚진 대통령이 아니라 국민에게 빚진 대통령이 될 수 있었습니다. 그래서 대선자금 수사를 견뎌 낼 수 있었고, 마침내 정경유착의 고리를 끊고 돈 선거를 몰아낼 수 있었습니다. 여러분이 우리 정치를 개혁하고 있는 것입니다.

저는 여러분과의 약속대로 낮은 자리로 내려왔습니다. 여러분을 믿고 권력을 내놓았습니다. 이를 통해 독재체제에서 구축된 특권과 반칙, 권위주의 문화를 청산하고 있습니다. 투명하고 공정한 사회를 만들어 가고 있습니다.

참여정부는 청산과 개혁에서 과거사 정리까지, 6월항쟁 이후 우리에게 부여된 민주주의 2단계 과제를 착실히 수행하고 그리고 잘 마무리하고 있습니다. 역사의 책무를 착실히 수행하고 있습니다.

여러분이 저를 대통령으로 만들어 낸 결과입니다. 여러분이 진보의 역사를 쓰고 있는 것입니다.

사랑하는 노사모 여러분,

저는 확신을 갖고 말씀드릴 수 있습니다. 참여정부는 어느 정부보다 더 민주적인 정부입니다. 법과 원칙에 가장 충실한 정부입니다. 그리고 가장 투명한 정부입니다.

참여정부는 평화를 확실하게 지키고 남북 관계를 발전시키고 있는 정부입니다. 자주국방을 실현하고 있는 정부, 균형 외교를 통해서 유엔사무총장을 배출한 정부, 그래서 나라의 자주권과 위신을 높이고 있는 정부입니다.

경제 실패, 민생 파탄, 총체적 위기, 이런 주장이야말로 악의적인 중상모략입니다. 그야말로 10년 전 우리 경제를 결딴낸 사람들의 염치없는 모략입니다. 적반하장입니다.

참여정부는 경제위기를 잘 관리하여 극복했고, 경제의 기초체력을 튼튼하게 만들고 경쟁력을 높이고 있습니다. 경제를 원칙대로 운영한 결과입니다. 주가가 세 배 이상 올랐다는 사실이 이를 뒷받침하고 있습니다. '경제는 참여정부처럼 하라' 이렇게 감히 말씀드릴 수 있습니다.

참여정부는 복지 투자를 가장 많이 늘린 정부입니다. 양극화 해소를 위해서 최선을 다하고 있습니다. 참여정부는 복지 정부, 진보의 정부입니다.

참여정부는 해야 할 일을 뒤로 미루지 않았습니다. 수십 년 동안 미루어 왔던 해묵은 과제들을 다 해결했습니다. 미국의 눈치를 보느라 미루어 두었던 자주국가의 숙제, 집단 이기주의의 저항에 밀려 미루어 두었던 갈등 과제들을 다 풀었습니다. 참여정부는 소신을 가지고 할 일은 하는 뚝심 있는 정부입니다.

참여정부는 미래를 내다보고 미래를 대비하는 국가 전략을 가지고 국정을 운영하고 있는 정부입니다.

저는 지역주의와 맞서 싸우고 있습니다. 언론개혁을 위해서 싸우고 있습니다. 선진 한국을 만들기 위한 역사의 과제입니다.

이 모두가 여러분이 요구한 것이고, 국민 모두가 바라고 있는 일입니다. 저는 국민이 바라는 것을 공약했고 그리고 그 약속을 지키고 있습니다.

역대 어느 정부, 세계 어느 정부와 비교해도 당당하게 말할 수 있는 성과입니다. 더욱이 여소야대 국회와 적대적 언론이 끊임없이 흔들고, 심지어 여당조차 차별화하고 나오는 상황에서 이루어낸 성과입니다. 여러분 모두 자부심을 가져도 좋을 것입니다.

이 일이 어떻게 가능했겠습니까? 여러분이 있었기 때문입니다. 저는 여러분을 믿고 옳은 일이면 과감하게 맞섰고, 부당한 저항에 대해서는 정면 돌파했습니다. 여러분을 믿고 언론에도 맞설 수 있었습니다. 탄핵을 이겨 냈고, 여러 차례 여론의 역풍도 견뎌 냈습니다. 지금은 레임덕을 모르고 대통령이 해야 할 일을 착실히 하고 있습니다.

깨어 있는 국민, 하나의 대의로 뭉친 국민의 힘이 역사 발전에, 그리고 민주주의 발전에 얼마나 소중한 힘인지를 여러분이 증명하고 있는 것입니다.

노사모 여러분,

이제 내년이면 대통령의 임기는 끝이 납니다. 그러면 노사모가 할 일은 끝이 나는 것일까요? 저 노무현의 할 일도 끝나는 것일까요?

민주주의에 완성은 없을 것입니다. 그러나 역사는 끊임없이 진보합니다. 우리 민주주의도 선진국 수준으로 가야 합니다. 그리고 거기에 만족하지 않고 성숙한 민주주의로 가야 합니다. 민주주의의 핵심 가치인 대화와 타협, 관용, 통합을 이루어 내야 합니다. 미래를 내다보고 민주주의의 완전한 이상과 가치를 실현하기 위해서 끊임없이 노력해 나가야 합니다.

이미 우리는 거의 모든 부문에서 선진국 수준에 들어섰습니다. 그러나 아직 후진국 수준에 머물러 있는 것이 정치, 언론, 그리고 복지 투자입니다. 정치개혁, 복지개혁, 언론개혁이 필요합니다.

정치개혁 중에 가장 중요한 것은 통합입니다. 이를 위해서는 균형 사회를 만들어야 합니다. 정치적으로는 지역주의를 극복해야 합니다. 경제적으로는 동반성장, 균형발전입니다. 사회적으로는 복지 투자를 선진국 수준으로 끌어올려야 합니다.

이것을 하자면 언론이 달라져야 합니다. 현실을 정확하고 공정하게 전달하고, 우리가 가야 할 방향을 책임 있게 제시하는 언론이 되어야 합니다. 구시대의 특권 구조 속에서 누리던 기득권이나 관행도 과감하게 포기해야 합니다. 언론 스스로 개혁하고 수준을 높여야 하는 것입니다.

민주주의 최후의 보루는 깨어 있는 시민의 조직된 힘입니다. 이것이 우리의 미래입니다.

우리에게 역사의 과제가 남아 있는 한 노사모는 끝이 날 수 없습니다. 노사모는 노무현을 위한 조직이 아닙니다. 세상을 사랑하는 사람들이 보다 나은 세상을 만들기 위해서 만든 모임입니다. 한국 민주주의, 새로운 역사를 위한 모임입니다.

저도 임기를 마치면 노사모가 될 것입니다. 여러분의 친구로 돌아갈 것입니다. 그때까지 저는 대통령으로서, 여러분은 깨어 있는 시민으로서 각기 최선을 다해 나갑시다.

제가 직접 참가하지 못해서 너무 아쉽습니다. 바빠서가 아닙니다. 시절이 하 수상하니 참석하지 않는 것이 좋겠다는 비서실의 만장일치 건의를 수용했습니다. 이것이 우리 민주주의의 현실입니다. 독재 시대에 만들어 놓은 대통령에 대한 위선적인 인식이 아직 남아 있고 이를 이용하고 있는 언론과 정치집단이 있기 때문입니다. 앞으로 우리가 고쳐 나가야 할 낡은 정치입니다. 그러나 지금은 이 수준에 맞게 행동하는 전략적 사고가 필요한 때입니다.

내년 이맘때는 저와 여러분이 자유롭게 만날 수 있을 것입니다. 그때까지 깊은 이해가 있으시길 바랍니다.

여러분, 감사합니다. 건강하십시오.

정치인 노무현, 나아가 대통령 노무현에게는 든든한 후원군이 있었다. 그 이름 노사모. 그가 행사장에 갈 때면 입구에는 노란 풍선들이 걸려 있었고 바쁜 와중에 그를 격려하기 위해 나온 일련의 사람들이 있었다. 그 사람들을 볼 때마다 그는 미안함과 고마움에 두 손으로 얼굴을 가렸다. 노사모는 그가 지향하는 새로운 정치 문화의 아이콘이었다. 재임 중 몇 차례 노사모 행사가 있었지만 그는 참석을 자제해야 했다. 2007년 6월 이날도 마찬가지였다. 그는 대신 영상으로 축하 메시지를 보냈다. "민주주의 최후의 보루는 깨어 있는 시민의 조직된 힘입니다. 이것이 우리의 미래입니다."

2008년 3월 30일, 봉하마을을 방문한 강원 노사모 회원들과 기념 촬영하는 노무현 전 대통령

시장주의, 진보주의, 그리고 국가의 역할

2007. 10. 18. 혁신 벤처 기업인을 위한 특별 강연

제게 강연의 기회를 주셔서 감사합니다.

제 생각을 국민들에게 전달할 기회가 보통 우리 국민들이 생각하는 것만큼 그렇게 많지 않습니다.

대통령은 맨날 말하고 맨날 보도하고 그러니까 일반 국민들의 생각보다 대통령의 생각은 국민들에게 잘 전달돼 있을 것으로 그렇게 우리는 가정합니다. 그런데 실제로 의미가 있고, 깊이가 있는 생각들은 국민들에게 전달되지 않습니다. 전달 안 되는 수준이 아니고, 거꾸로 전달되는 것도 많이 있습니다. 우리나라만 그런가 했더니 제가 어떤 책을 보니까 우리나라만 그런 것이 아니고 대부분의 나라들이 다 그렇다는 것입니다. 언론이 전달하는 대로 국민들은 그렇게 받아들이게 되는 것이지요. 그런데 언론이 제대로 전달하지 않는다, 이런 것은 정치하는 사람 모두의 불평입니다.

얼마 전에 영국의 토니 블레어 수상이 10년 수상 직을 끝내고 첫 번째 강연을 로이터언론연구소에 가서 강연을 했는데, 그때 언론 때문에 힘이 들었다, 이런 얘기를 한 것을 보고 저는 상당히 위안을 받았습니다. 나만 괴로운 줄 알았는데 괴로운 사람이 또 있으니까 얼마나 반갑습니까? 요즘 제가 『이제 당신 차례요, Mr. 브라운』(2007) 이런 책이 번역돼 나와서 그것을 보고 있습니다. 그 얘기는 예를 들면 영국의 신노동당 노선의 이론적 근거를 제공했다고 하는 앤서니 기든스라는 학자, 대학자가 이제 토니 블레어 시대를 끝내고 고든 브라운 시대를 열면서 노동당의 진로를 어떻게 할 것인가, 여기에 대한 조언을 책으로 펴낸 책이지요. 그 책 마지막 부분에 보면 역시 언론에게 사실을 제대로 전달하기를 기대하기가 너무 어렵다. 더욱이 복잡한 논리는 더욱더 가망 없다. 그런 상황에서 국민과 어떻게 소통하며, 어떻게 신뢰를 유지할 것인가 하는 데 대한 고민이 조금 적혀 있습니다. 답이 있는 줄 알고 열심히 읽어 봤더니 역시 아직 답이 없더군요. 제 나름대로의 답은 앞으로 만들어 볼 생각입니다만, 일단은 언론이 제자리로 돌아가게 하는 것이 맞지 않느냐 그런 정도이고, 정치하는 사람이 국민과 직접 소통할 수 있는 방법은 아직도 연구 중입니다. 연구 중인데 이것 우리 벤처기업 하는 여러분들이 어떻게 해결을 좀 해 주실 수 없겠습니까? 이것도 어떤 첨단 기술을 통해서, 첨단 시스템을 통해서 그렇게 할 수 있는 방법이 있으면 좋겠습니다.

오늘 제가 여러분께 꼭 말씀을 드리고자 청하다시피해서 초청을 받은 것은 나름대로 뜻이 있기 때문입니다. '시장의 역할이 뭐냐' 하는 데 대해서 그동안에 많은 논란도 있었고 역사적으로 변천도 있었지만, 우리가 내릴 수 있는 결론은 '시장을 주도하는 세력이 세상을 주도한다', 그것은 아마 앞으로도 거의 변하지 않을 것이다. 그럼 시장을 주도하는 사람들이 어떤 사람들이냐. 특권·반칙·독점·우월적 지위, 이런 기득권을 가지고 성공하고 또 앞으로도 이와 같은 기득권을 계속 주장하는 사람들, 그리고 세상은 생존 경쟁의 원리에 따라 돌아가는 것이고 양육강식의 세상이다, 그러므로 강자가 세상을 지배하는 것은 당연한 것이고, 거기에 시민들은, 소비자는 따라와야 된다, 이런 생각을 하고 있는 사람들이 만일에 시장을 주도한다면 우리 사회가 역시 그런 사회가 될 것입니다.

그러나 좀 더 다른 생각, 스스로 노력하고 연구하고 혁신하고 그래서 창의적 기술로서 시장에서 당당하게 경쟁하고 성공하는 사람들, 그리고 오늘의 시장만이 아니라 내일의 시장, 오늘의 사회만이 아니라 내일의 사회에서도 계속 경쟁력을 가져갈 수 있는 나라, 이것을 생각하는 사람들이 시장을 주도하면 그 사회가 또 달라질 것입니다.

제가 후보 시절에 어느 강연의 자리에 가서 '신주류'라는 개념을 말한 일이 있습니다. 말이 쉽지 않고 관심도 별로 없는 어휘라서 주목을 끌진 못했습니다만 저는 우리 사회에 신주류가 나타나야 된다, 등장해야 된다, 그 신주류는 시장의 신주류일 것이다, 그렇게 생각합니다. 신주류가 새로운 세상을 만들어야 된다. 지금 세상도 뭐 그런 대로 괜찮습니다. 그런 대로 괜찮지만 또한 많은 문제를 가지고 있고, 미래에 대한 많은 불안이 있습니다. 그래서 이런 문제들을 해결하고 밝은 미래를 우리에게 약속할 수 있는 그런 우리 사회의 신주류, 거듭 말씀드리지만 시장에서 나올 수밖에 없습니다. 여러분들께 그런 기대를 가지고 오늘 저는 이 자리에 섰습니다.

그러나 주제는 역시 '기업하기 좋은 나라'라는 주제를 가지고 시작을 하겠습니다. 여러분은 기업하는 사람들이기 때문에 여러분의 문제에서부터 일단 출발해야 할 것이라고 생각합니다.

저는 변호사 시절부터 보수 진영으로부터 '너 시장주의자 맞냐?' 이런 질문을 많이 받았습니다. 대통령이 되고 나니까 '너 분배주의자지?', '그래서 어떻단 말입니까?'라고 답하고 싶었지만, 또 분배와 소비, 생산의 선순환 관계를 말하고 싶었지만, 어렵고 별로 전달해 줄 사람도 없고, 어물어물 넘어갔습니다. 어떻든 요즘도 요구하고 있는 것이, '정부는 시장에서 손 떼라' '시장에 맡겨라' 이런 주장들을 계속 듣고 있습니다.

그런데 한편 진보 진영이라는 곳으로부터는 '너 신자유주의자지?' '비정규직 그것 법으로 금지해라', 안 하니까 '너 부자들 편이지?' 이런 취지의 얘기를 듣고 있습니다. 그래서 하도 답답해서 내가 '좌파신자유주의자요' 이렇게 얘기를 했습니다. 그런 개념이 성립될 수가 없는 것이죠. 비꼰다고 한 얘기입니다. 질문을 자꾸 하니까. 한쪽은 좌파라고 하고, 한쪽은 신자유주의라고 하니까 '나는 좌파신자유주의자요' 비꼰다고 말을 했더니, 야 이거 무슨 큰 건가 싶어서 또 심각한 어조로 열심히 말하고 쓰는 사람들이 또 있습디다. 그리고 또 그 뒤에 저를 비판하면서 인용도 하고, 야 그래서 말조심해야겠구나, 앞으로 말조심하겠습니다.

경제정의 실천, 재벌 규제, 좌파인지 우파인지 모르지만 어떻든 이런 주장을 하는 사람들도 있지요. 모두가 국가와 시장의 관계에 관한 얘기입니다. 국가는 시장과의 관계에서 무엇을 어떻게 해야 하는가, 매우 중요한 일이지요. 근데 여러분들은 '복잡한 소리 하지 말고 국가는 기업하기 좋은 나라를 만들어라' 그러시죠? 그렇습니다. 혹시 그게 제가 그렇게 물어 놓고 맞다고 여러분이 고개를 끄덕끄덕 하면 확 뒤집어 버릴까봐 불안해 가지고, 아무도 고개를 안 끄덕거렸어요. 우리 솔직하게 합시다. 기업하기 좋은 나라,

여러분의 요구는 그것이지요? (일동 "네.")

그런데 보통 기업 안 하는 사람들, 자기 가족이 기업을 해도 자기는 사람 살기 좋은 나라가 좋은 나라지, 이렇게도 말하는 사람도 있습니다.

저는 옛날 국회의원 초임 시절부터 초선 시절부터 서명을 할 때 '사람 사는 세상'이라는 서명을 합니다. 여러 가지 뜻이 있지만 조금은 깊은 뜻이 있지만 복잡하게 생각하지 않더라도 사람 사는 세상, 사람 살기 좋은 세상이 사람 사는 세상이죠. 그것이겠죠. 그런데 기업하기 좋은 나라하고 사람 사는 세상하고 이 얘기는 서로 다른 얘기인가 같은 얘기인가, 서로 만날 수 있는 얘기입니까, 만날 수 없는 얘기입니까. 그런데 여러분과 제가 만나자면, 또 어떻든 의견의 일치를 보자면, 어디선가 이것이 만나야 합니다. 그래서 서로 만나서 합의를 할 수 있을 것인지 오늘 여러분, 저도 궁금한 생각을 가지고 여러분께 말씀을 드리고자 합니다.

정부는 뭘 해야 하나 여기에 대해서 서로 모순된 주장이 대립되고 있습니다. 소위 시장주의라고 하는 입장에서의 요구는 작은 정부 하라, 정부는 손 떼고 시장에 맡겨라, 이런 요구를 합니다. 규제를 줄이라, 해고를 자유롭게 허용하라, 시장을 개방하라, 작은 정부 하라, 세금도 줄여라, 복지 부담도 줄여라. 여기에 대해서 시민사회에서는 인권을 보호하라, 노동을 보호하라, 경제적 약자를 보호하라, 환경을 보호하라, 안전, 질서, 이것을 위해서 시장에 대해서 각종 규제를 하고 부담을 지우고 그렇게 국가가 적극적으로 개입하라, 하시죠?

실제로 TV를 보면 규제를 줄여라 이렇게 하지만 언론이나 보도를 보면 어디서 도둑이 들면 국가가 뭐 했냐. 가만 보면 기업에 대해서 이런 저런 규제를 하지 않을 수 없는, 또 환경이 파괴되고 난개발이 되면 뭐 했냐, 뭐 하면 규제가 되는 것이죠. 사람이 음식을 먹고 탈이 나도 뭐 했냐, 그것 규제해야 됩니다. 그러니까 두 개의 주장이 충돌되죠. 시장과 시민사회의 요구가 충돌이 됩니다. 그런데 시장 안에서는 서로 요구가 모순되지 않는가? 그 시장의 강자들, 그 사람들은 시장에 개입하지 마라, 가만 놔둬라 이런 것이죠. 독점·우월적 지위·지배력· 특권적 지위를 가지고 있는 시장 기득권자들은 간섭하지 마라, 이것이 주된 요구입니다. 시장에서 약한 사람들은 독점을 규제해 달라, 공정거래, 공정경쟁의 질서를 보호해 달라, 시장의 약자에 대해서 특별한 보호를 좀 더 해 달라, 예를 들면 진입장벽도 만들어 달라, 이런 요구들을 하지요. 이것은 시장 안에서도 서로 요구가 부닥치는 것이죠. 같은 중소기업 안에서도 지난번에 그 뭣이죠? 수의계약, 단체수의계약제도 그것은 같은 중소기업 사이에도 기득권을 가진 사람들과 안 가진 사람들이 충돌해서 한참 싸웠습니다. 지금 해결됐는지 모르겠습니다. 지금 다 됐죠? 예. 그것 노무현 정부니까 없앴지, 다른 사람 못 합니다. 어떻든 이렇게 충돌합니다.

그러나 이와 같은 대립과 갈등은 조화롭게 조정되고 통합이 돼야 합니다. 어느 정도 불만이 좀 있더라도 서로 수용할 수 있어야 되는 것이죠. 그렇게 통합하고 조정할 방도는 무엇인가? 이것이 국가가 잘되기 위한 요체입니다. 기업이 잘되기 위한 요체입니다. 해결 못 하고 옥신각신 밀고 당기고 하다 보면 경영은 못 하고 싸움하러 다녀야 되거든요? 그렇지요? 그래서 이거 해결돼야 됩니다. 그렇게 하기 위해서는 대립과 갈등의 본질을 깊이 분석하고 매우 정교한 전략을 세워야 합니다. 그리고 국가가 얼마나, 어떻게 개입할 것인가를 결정하는 것이 바로 정치의 요체입니다.

A당·B당, 여당·야당, 보수·진보 옥신각신 싸우는데 이 싸우는 내력의 요체는 바로 얼마나 개입할 것인가 그런 것입니다. 그래서 기업도 시민사회도 자기들의 요구를 관철하려면 정치에 개입해야 됩니다. 때로는 싸우고, 때로는 대안을 내서 서로 양보하고 타협하고 어떻든 정치적 과정에 개입해야 합니다.

어떻게 개입할 것이냐를 알기 위해서 우리는 국가와 시장의 관계에 대한 역사, 국가와 시장 시민사회의 상호관계에 대한 역사를 우리가 한번 볼 필요가 있지요. 대립과 갈등에는 역사가 있고, 역사의 뿌리에는 사상적 갈등이 있고, 사상적 갈등의 뿌리에는 권력 투쟁이 있습니다. 그리고 권력의 이동에 따라서 역사는 변천해 온 것입니다.

아주 우리가 중학교나 고등학교 수준으로 다시 돌아가 봅시다. 경찰국가, 야경국가, 복지국가 이런 것을 배웠지요. 경찰국가는 중상주의 사상을 바탕으로 하고 그를 위해서 국가를 강화해야 된다 해서 국가지상주의 사상에 근거하고 있습니다. 그래서 그때부터 우리 사회는 봉건시대로부터 국가주의 시대, 절대국가 시대로 넘어온 것이죠. 이때 이 사회를 주도하는 사람들은 누구였느냐. 여전히 권력은 군주에게 있고 귀족에게 있고, 새롭게 등장한 계급이 행정관료들입니다. 관료들이 권력을 가지고 독점 상인이 이들을 지원해서 결탁해서 만든 체제, 봉건 체제를 무너뜨리고 성립한 절대주의 국가, 이것이 바로 경찰국가입니다.

여기에서 기업은 특허를 받아야 하고 그리고 국가의 특별한 보호를 받고 상응하는 세금을 내고 그렇게 했습니다. 그리고 국가는 식민지 침략전쟁을 통해서 시장을 넓혀 주고 원자재의 공급을 도와주고 그렇게 했습니다.

여기에서 시장의 주체는 특권적 지위를 누렸습니다. 그러나 문명의 발전은 막을 수 없는 것이어서 기술이 발달하고 사람들이 산업혁명을 이루면서 신흥 상공인 계급이 많이 등장을 하게 됐습니다. 우린 뭐냐. 그 질서에 신흥 상공인 계급이 저항해서 일으킨 것이 근대 민주주의 혁명이고, 따라서 경찰국가는 근대 시민혁명으로 붕괴되고 말았습니다.

그 뒤에 성립한 것이 야경국가지요. 야경국가는 초기의 자본주의, 소위 자유방임주의와 근대 민주주의 사상이 결합된 체제, 이른바 보이지 않는 손의 이론이지요. 신흥 상공인 계급이 주도하는 시장 우위의 국가입니다. 이름은 민주주의지만 시민 민주주의이지마는, 제한 선거에 의한 제한적 시민 민주주의, 재산과 교양을 가진 사람만이 투표권을 행사했거든요. 따라서 이 체제는 보기에 따라 그리스의 민주주의와 마찬가지로 시민 없는 시민 민주주의라고 말할 수 있지요. 근데 자꾸 민주주의라고 했어요. 시민 민주주의라고. 이 체제 하에서 자유와 민주주의, 자유와 평등을 얘기했지만 노동조합에 대해서 극심한 탄압이 있었고, 독점자본이 등장하고, 시장의 약자가 못 살 형편까지 몰리고, 소비자인 시민들도 손해를 보고, 마침내 이들의 이익에 의해서 제국주의 전쟁이 일어났지요. 다 아시는 얘기지만 한 번 반복해서 합시다, 그지요? 정리해 보는 것이거든요.

무산계급이 등장하고 정치 세력화하면서 한쪽은 혁명과 사회주의, 독재, 계획경제의 국가로 넘어가 버리고, 한쪽은 보통선거를 통해서 복지국가, 사회민주주의 이런 쪽으로 넘어갔지요. 사회민주주의 쪽에는 시장이 남았고, 사회주의 쪽에는 시장이 죽어 버렸습니다. 그래서 이제 앞으로 시장 얘기는 소위 사회민주주의, 수정자본주의 쪽에서만 얘기를 해야 되겠지요. 그렇게 탄생한 것이 어쨌든 복지국가입니다. 이 복지국가는 수정자본주의라고 흔히들 얘기를 하지요. 유럽의 사회민주주의 또는 복지국가 뭐 이런 국가들이고, 우리가 좀 관심을 가지고 볼 것은 미국의 진보주의입니다. 프랭클린 루즈벨트가 그 시기에 진보적 개혁을 했는데 그 내용은 공정한 경쟁을 보호한다, 물론 이것은 1900년경에 테어도어 루즈벨트, 뭐 발음이 제가 정확하지 않습니다. 시어도어 루즈벨트라고 적어 놓은 책도 있고 테오도어 루즈벨트라고 적어 놓은 책도 있습니다만, 어쨌든 루즈벨트는 루즈벨트입니다. 그 시기에 이미 독점에 대한 규제는 있었습니다만, 그러나 본격적인 공정경쟁의 시대는 아니었습니다. 프랭클린 시대에 와서 소위 공정한 경쟁을 보호하고, 노동과 약자를 보호하고, 그를 위해서 재분배정책을 실시하고, 공기업을 경영하고, 나아가서는 대규모 공공사업을 일으키고 이렇게 했습니다.

어떻든 뭐 사상의 기초는 사회정의 또는 사회연대의 사상입니다. 대체로 이 연대라는 것은 약자와 연대한다는 것을 의미합니다. 약자의 연대로써 정권을 잡자는 뜻인지, 또는 부자와 약자가 같이 연대해서 같이 살아 보자는 뜻인지 잘 모르겠습니다만, 그냥 어떻든 솔러대러티(solidarity: 연대) 이렇게 주장, 구호로 외치고 있으니까 그것까지만 저도 알고 있습니다.

어떻든 시장에 대한 적극적인 개입과 규제, 나아가서는 국유화 정책 그리고 경제적 약자에 대한 국가의 책임을 강조했습니다. 여기에 큰 차이가 있습니다. 국가는 시장에서 손 떼라가 아니고, 국가는 시장에 개입하라, 이것이 근대 복지국가 사상의 아주 중요한 차이입니다. 이 민주주의를 우리는 흔히 대중민주주의 뭐 이런 용어로도 표현하는데, 정치적 관점에서 이름을 어떻게 붙일 것인가 하는 것은 아직 남아 있습니다.

이 시기에는 그러면 새롭게 등장한 무산계급 내지 중산계급들이 진짜 권력을 잡았는가? 우월적 권력을 확보하고 행사했는가? 여전히 시장 권력은 건재했다. 예를 들면 스웨덴 복지국가 같은 나라에는 그런 나라에서 기업을 어떻게 하느냐 그렇게 우리가 얘기를 합니다만, 그러나 가만히 들여다보면 그 나라에도 기업의 세력, 말하자면 시장 권력은 여전히 막강한 정치적 파워를 행사하고 있습니다. 그래서 이것을 시민 우위의 권력이라고 얘기해야 될지 아니면 여전히 시장 우위의 권력이라고 얘기해야 될지, 여기에 대한 판단은 쉽지는 않습니다. 그러나 분명한 것은 한 가지, 때때로 어느 쪽으로 우위가 이동하든 간에 시장 권력과 시민 권력이 갈등하면서 균형을 이루고 있었다. 이렇게 말할 수 있을 것입니다.

근데 이제 한때 시민 권력의 논리가 강화돼서 사회정의, 약자 보호, 연대 이런 논리가 매우 강화돼서, 예를 들면 보수 정권이든 진보 정권이든 간에 복지제도를 막 만들었습니다. 만드니까 소위 복지병이라는 것이 생겼지요. 한쪽에서는 실업수당 받아 가지고 스페인으로 이탈리아로 휴가 가는 사람이 생겼다, 영국의 얘기지요. 이건 도덕적 해이지요. 그리고 시민의 책임을 방기한 것이지요. 그래도 자기들끼리 먹고 살 때는 대강 견딜 만했는데 시장이 세계로 확대되면서 경쟁도 세계로 확대되니까 이제는 그런 체제 가지고는 경쟁을 유지할 수가 없었다 이겁니다.

그건 안 된다 그래서 새롭게 등장한 것이 신자유주의입니다. 그래서 오늘날 신자유주의가 등장했는데 그것이 대처리즘, 레이거

노믹스 이런 것으로 대변되고 있지요. 오늘날에는 대체, 신자유주의 측 주장이 좀 한쪽에서 힘을 쓰고 있고, 한쪽에서는 여전히 과거의 복지국가는 아니지만 좀 새로운 복지국가, 제3의 길, 사회투자국가 뭐 이런 이론이 등장해서 서로 논쟁을 하고 있고, 정통적인 사회주의 이론은 요즘 혈통의 순수성을 계속 주장하면서 버티고는 있지만, 국민들한테 별로 지지를 못 받아서 약세를 면하지 못하고 있습니다.

그래서 오늘날의 조류와 논쟁을 보면 그렇게 진행되고 있는데 신자유주의는 뭐냐? 조금 전에 말씀을 드렸습니다. 세계화 시대의 전통적 사회주의와 사회민주주의의 복지병에 대항하는 시장주의의 사상이다, 이렇게 볼 수 있고 대처리즘, 레이거노믹스다. 이거 전부 나중에 녹취를 다 풀어 가지고 여러분들께 다시 한번 이메일로 보내 드리도록 하겠습니다. 혹시라도 메모 같은 건 하실 필요가 없습니다.

신자유주의는 작은 정부 하라, 규제 철폐하라, 노동 유연화 이 말은 해고를 자유롭게 하라, 공기업을 민영화하라, 그리고 시장을 세계로 개방하라, 보기에 따라선 신자유 방임주의 같이 느끼기도 합니다. 그건 지난날 야경국가론에 있어서의 자유방임주의하고는 어떤 점이 다른가? 시장 내부 규제를 그래도 어느 정도 수용하는 그런 뜻에서 시장 내에서의 공정한 경쟁에 대해서는 국가가 비교적 중립을 취한다 하는 점에서 조금 다를 뿐이지 나머지는 과거의 야경국가 이론하고 크게 다르지는 않습니다. 어떻든 시장주의의 신자유주의 노선이 채택된 나라는 시장 우위의 국가입니다. 국가권력이 행사되는데 그 국가권력은 시장의 이익을 대변하는, 대표하는, 대행하는 권력의 행사가 됐지요. 어떻든 오늘날 보수주의 정치 노선은 여전히 이 주장을 멈추지 않고 있습니다.

그 결과로써의 양극화, 사회적 갈등의 심화, 비정규직 노동자 등등 노동의 유연화로 인한 노동의 품질 저하로 인한 미래 경쟁력의 저하 문제가 지금 새롭게 발생하고 있지요. 직장에 대한 애정이 없음으로 해서 팀워크가 형성되지 않고 그래서 개인 개인은 유능하나 팀으로서 또 기업 전체로서 시너지를 만들지 못하는 뭐 이런 문제도 지속되고 있다고 할 수 있습니다. 여기에 대해서 정치적으로 또는 철학적으로 근본적인 문제 제기는 시장이 모든 문제를 다 해결해 주는가, 시장은 정의로운가, 시장이 지속 가능한 시장·지속 가능한 사회를 과연 보장할 것인가, 말하자면 보수주의의 미래의 비전과 전략은 무엇인가 하는 질문을 던지고 있는 것입니다.

한편으로는 소위 제3의 길, 사회투자국가론, 이것은 역시 신자유주의의 극복을 위한, 폐해를 극복하기 위한, 불안을 극복하기 위한 진보의 새로운 전략이라고 말할 수 있습니다. 핵심은 사람이 경쟁력이다, 이렇게 주장하는 것입니다. 이것은 아마 오늘날 정보화 시대와 무관하지 않을 것입니다. 잘 교육받은 국민, 역량 있는 국민, 그리고 건강하고 안정된 국민, 희망을 가지고 의욕에 넘치는 국민, 이것이 밑천이다. 그렇게 하기 위해선 교육·복지의 기회가, 특히 교육에 있어서 기회가 공정하게 열려 있어야 된다, 이런 조건이 따라 붙겠지요.

이것이 경쟁력의 밑천이기 때문에 교육·복지 지출은 소비가 아니라 투자이다. 미래의 경쟁력을 위한 선제적인 투자이다. 1년 뒤를 본다면 교육투자를 안 하지요. 5년 뒤를 본다면 교육훈련을 하지요, 직업훈련을 하지요. 10년 뒤를 본다면 교육투자를 하는 것이지요. 아이들 교육에 투자를 하는 것이지요. 그렇게 하면 뒷날

본전이 나온다, 그 이상 나온다, 선제적 투자 얘기지요. 보기에 따라서 거꾸로 얘기하면 미래에 많은 비용이 발생할 수 있습니다. 사람이 어릴 때부터 정신적으로 그리고 인성적으로 건강하게 성장하지 못하면, 또는 뭐 지능적으로든지 그렇게 성장하지 못하면, 도덕적으로 올바르게 성장하지 못했을 때 이럴 때 그 이후에 사회에 주는 부담의 크기를 생각하면, 그때 뒤에 해결 비용을 들이는 것보다는 어릴 때 교육으로 해결하자, '예방적 투자'라는 관점에서 말할 수 있습니다. 예방적 투자이다. 그리고 1년, 2년의 경쟁력이 아니고 5년, 10년, 30년, 50년의 경쟁력을 생각해 보면 교육투자, 그리고 건강한 사회 아니냐. 그래서 지속 가능한 경제를 위한 미래 전략이다 이렇게 얘기할 수도 있습니다.

특징은 역시 국가와 시장의 관계를 오늘 얘기하는 것의 주제이기 때문에 시장주의와 복지주의를 융합해 보자, 전통적 진보에서는 시장주의와 복지주의가 서로서로 대결적 균형을 이루고 있었는데 여기에서는 융합을 한번 해 보자, 이런 시도라고 볼 수도 있습니다. 진보의 이상을 버리지 않고 세계경제에 대응해 가는 전략으로써 이런 새로운 사회를 한번 만들어 보자, 그래서 특징은 경제정책과 사회정책이 융합돼 있습니다. 따라서 시장과 진보주의의 융합이 돼 있고, 이런 사람들을 뭐라고 이름을 지어 줘야 될지 모르겠습니다. 시장 친화적인, 시장 메커니즘, 시장에 대해서 자꾸 뭐 공기업해야 된다든지 아니면 시장에 대한 거부적인 생각이 아니라 '시장 친화적인 진보주의' 또는 '보수적인 시장주의'에 비하면 '진보적인 시장주의'라고 얘기할 수 있을지 모르겠습니다. 실험을 했고 어느 정도 실험의 결과가 나오고 있습니다.

토니 블레어의 영국은 '교육, 교육, 교육' 이런 구호를 내걸고 했는데 실제로 성장과 복지의 두 마리 토끼를 잡았다고 말할 수 있습니다. OECD에서 거의 아주 상위권 수준, EU에서는 아주 높은 수준의 성장도 달성했고, 3% 이상 성장을 계속해 왔습니다. 토니 블레어 정권 동안에. 그리고 복지가 많이 향상이 됐습니다. 일자리도 엄청나게 많이 늘어났습니다. 그러니까 요새 영국 보수당도 이 정책을 수용하기 시작하고 있습니다. 지금 어떤 야당 지도자가 혁신형 중소기업 정책 이런 것을 채택한 것과 마찬가지로 좋은 것은 빌리는 것이지요. 보수당이 빌리고 있다. 클린턴의 진보 정책이 이 궤를 가고 있습니다. 오히려 토니 블레어보다 한 발 앞서갔다고 말할 수 있는데, 제3의 길이라는 이름으로 했는데, 어떻든 클린턴 후반기부터 경제가 호황을 이루기 시작해서 지금까지 계속해서 미국 경제가 호황을 이루고 있습니다. 전통적 진보주의는 퇴조하고 있기 때문에 오늘날 논쟁의 중심은 '신자유주의'와 '제3의 길' 또는 '사회투자국가'라고 하는 이 사이에서 우리 논쟁이 진행되고 있다, 이렇게 볼 수 있습니다.

여러분은 어떤 선택이 옳다고 생각하실지 생각을 정리해 볼 필요가 있다고 생각합니다. 그러나 어떻든 제가 여러분께 말씀을 드려야 하는 것은 '국가는 무엇을 해야 하는가' 여기에 대해서 말씀을 드려야 됩니다. 이런 역사와 오늘의 논쟁을 놓고 지금 우리 국가는 어떤 선택을 해야 할 것인가? 어쨌든 그 전제로서 역사와 현실의 결론은 요컨대 '국가는 구경꾼은 아니다, 분명히. 그리고 반드시 중립적인 관리자도 아니었다.' 앞으로는 어떨지는 모르겠습니다. 권력의 이동에 따라, 그 시대를 주도하는 권력 집단의 요구에 따라 개입을 했고, 개입의 방향과 내용이 그때그때 달라졌다.

지금 여러분은 국가가 무엇을 해 주기를 바랍니까? 기업하기 좋은 나라를 원하시겠지요. 기업하기 좋은 나라, 하면 다 의견이 일치될 것 같은데, 자세히 들여다보면요, 그렇지 않습니다. 기업하기 좋은 나라는 어떤 기업이 기업하기 좋은 나라인가. 기업 중에는 여러 가지 있으니까요, 기득권을 가진 시장의 강자도 있고, 창의와 혁신으로 정정당당하게 승부하고자 하는 기업도 있고, 또 빽줄에 매달려 가지고 거래 구멍만 뚫어 놓고, 철사 줄로 파이프라인 달아 놓고, 표현이 좀 이상한데, 어쨌든 강철 파이프라인 달아 놓고, 그렇지요? 빽줄로 강철 파이프라인 달아 놓고 골프나 치고 다니는 기업도 있다. 어떤 기업이 기업하기 좋은 나라인가에 대해서 우리 한번 생각을 합시다.

저는 어떻든 국가는 혁신을 지원하는 나라라야 된다. 경쟁력의 핵심은 혁신입니다. 혁신에는 과학기술 혁신, 경영의 혁신이 있겠지요. 원칙적으로 혁신은 기업의 몫입니다만 그러나 많은 비용이 들고 많은 시간이 소요되는 연구개발, 교육훈련 그리고 인재의 육성, 이것은 기업의 힘만으로는 되지 않습니다. 정부가 뒤를 밀어줘야 되는 것이지요.

정부도 옛날 정부 있고 새 정부 있지 않습니까? 어느 날 선으로 딱 싹둑 자를 수 있을지 모르겠습니다만, 옛날 정부 있고 새 정부 있는데, 지가 혁신해야 혁신하는 사회를 만들 것 아니겠습니까? 혁신하기 좋은 사회를 만들지 않겠습니까? 그래서 자기가 혁신해야 합니다. 정부 혁신하고 그리고 그것을 토대로 해서 국가 혁신 전략, 혁신 국가 전략, 우리가 'NIS'(National Innovation System) 그런 말을 많이 썼습니다. 그래서 과학기술 연구개발 혁신을 지원하고 정부 스스로 혁신하고, 그렇게 함으로써 국가가 혁신을 주도하는 사회적 분위기를 만들어 나가는, 정책적 선택과 사회적 분위기를 만들어 나가는 그런 정부가, 나라가 필요한 것 아니냐.

참여정부에서는 뭐 과학기술 입국정책이니 신성장동력 개발이니 뭐 혁신형 중소기업 지원정책이니 이런 거 하느라고 좀 했습니다마는, 생태계 조성이니 뭐 이런 일을 하긴 했습니다만, 어땠는지 모르겠습니다. 요즘 벤처기업은 어쨌든 뭐 별로 기분이 나쁘진 않겠지요. 어쨌든 간에 잘됐으니까.

가장 중요한 것은 인재를 키워야 됩니다. 이것은 보수주의에서도 부인하지 않습니다. 그러나 문제는 첨단의 인재도 있고 보편적으로 수준이 높은 인재가 있어야 됩니다. 첨단 인재만 가지고 기업을 경영할 수 있는 것은 아니니까요. 아무리 첨단 기업이라도. 그래서 수준 높은 교육도 필요하고, 보편적인 교육 수준의 향상도 필요하고, 또 교육에 있어서의 균등한 기회도 제공해야 합니다. 그리고 교육의 내용에 있어서는 창의력 교육, 시민교육, 인성교육, 이것을 해 줘야 되거든요. 외우기 교육 말고. 대개 이런 이론입니다.

그런데 요새 어릴 때부터 시작하자, 보육. 어떻든 그렇게 생각해 보면 교육과 보육에 대해서 '국가가 책임을 다 하는 나라'가 있습니다. 해 보니까, 아, 돈이 조금만 더 있었으면. 각 부처에서 돈주머니를 꽉 틀어쥐고 지 돈이라고 절대 안 내놓으려고 합니다. 이쪽 돈 좀 빼다가 이쪽에 줘야 되겠는데 지 돈이라고 안 내놓으려고 합니다. 강제로라도, 장관을 바꾸고라도 뺏어 오면 좋겠는데 들여다보면 나름대로요, 다 돈 쓸 일이 있어서 각기 예산을 갖고 있는 것이지, 허투루 갖고 있는 것은 그리 많지 않습니다. 신문을 보면, 정부가 맨날 헛돈이나 쓰고 있는 것처럼 그렇게 말하고 있고, 그래서 국민들도 정부는 맨날 헛돈 쓰는 것처럼 생각하는데, 실제로 헛돈 쓰는 것은 그리 많지 않습니다.

참여정부 들어오고 나서 매년 각 부처에서 5% 내지 6%의 구조조정을 했습니다. 이 얘기는 무슨 말이냐 하면, 예산을 더 늘리지 않고 기존 사업을 버리고 새 사업을 선택하라. 아무래도 버리는 건 효율성이 떨어지는 것이고, 새 사업은 효율성이 높은 것을 하지 않겠습니까? 그래서 구조조정을 그렇게 계속 해 오고 있습니다만, 남의 돈을 덜컹 뺏어 올 일이 없습니다. 그래서 증가율을 가지고 조정하는 것이지요. 어떤 예산은 증가를 통제하고, 어떤 예산은 증가율을 높이고 이렇게 해서, 교육비용 좀 더 뽑아내고 또 복지비용도 좀 더 뽑아내고 이렇게 했습니다만, 원천적으로 돈이 모자랍니다.

그래서 이 문제에 대해서는 어떤 정치하는 사람이 인재를 키우자, 아이를 키우자, 전적으로 국가가 책임지자 이렇게 말하는 것이 중요한 것이 아니고, 국민들한테 '돈 조금 더 냅시다.' 교육예산으로 GDP 1%만 더 내 주면 우리나라 교육 문제는 화끈하게 해결해 버립니다. 아마 한 10년간 그렇게 가 버리면, 미국에 적어도 대학생이나 대학원생 유학은 갈지 모르지만 초중등학생 유학 가는 것은 다 끝나고, 사교육비 문제도 다 해결되고, 공교육이 탄탄하게 자리를 잡아 갈 수 있게 할 수 있습니다. 대학도 세계 일류 이류 하는 대학도 만들 수 있습니다.

돈입니다. 어떻든 이거 해야 됩니다. 여기에서 결론은 돈을 쓸 줄 아는 나라, '교육을 지원하는 나라' 이렇게 말하면 그건 거짓말이고요, '돈을 쓸 줄 아는 나라', '돈 좀 거두겠다고 하는 나라'라야 됩니다. 하물며 '세금 깎겠다' 이리 나가면 정말 이건 곤란합니다. 전체 우리가 교육·복지 이쪽에 지출하고 있는 비용이 선진국에 현저하게 못 미치기 때문에, 절반이 안 되는 수준이기 때문에 뭐 어쩌고 저쩌고 하는 얘긴 안 되는 일입니다.

고용을 지원하는 나라라야 됩니다. 고용을 알선하고 직업훈련, 평생교육, 그래서 모든 국민들에게 보편적 직업 능력을 향상시켜 주고 이 직장에서 다른 직장으로 직장을 옮길 수 있는 전업 능력을 향상시켜 줘야 됩니다. 이것을 위해서 고용보험과 적극적 시장정책이 필요하다는 것이지요. 뭐 여기에 대해서 이 정도만 하고 넘어가겠습니다.

다음에는, 기업하기 좋은 나라는 적극적으로 시장을 넓혀 가는 나라라야 됩니다. 시장을 넓히는 것은 기업의 손에 들어 있습니다. 경쟁력이 높으면 시장이 넓어집니다. 그러나 경쟁력을 높이기가 쉽지 않기 때문에 국가가 시장을 개방해 줘야 된다는 것이지요. 적극적으로 개방해 줘야 된다.

여기에 대해서 반대가 많습니다. 진보 진영에서 반대하고, 보수 진영에서는 찬성하고. '노무현 정부 5년 동안에 잘한 것 딱 한가지 있는데 FTA 그거 한 가지다' 이래 쌓는데 그래도 어쨌든 좋다 하니까 기분이 좋습디다. 보기 따라 욕이지요. 욕인데, 욕이라도 내 욕만 듣다가, 욕만 하다가 한 가지라도 칭찬해 주니까 그때 한 달 동안 한나라당이 예뻐 보이더라고요. 여러분들께서도 찬반이 없지는 않겠습니다만 역사적으로 교류하지 않은 문명은 다 소멸했습니다. 교류한 문명은 죽은 놈도 있고 산 놈도 있지만 교류하지 않은 문명은 다 소멸됐습니다. 그리고 세계 역사는 통상하는 국가가 주도해 왔습니다.

요즘 우리 정부는 적극적인 해외투자 전략으로 민간기업 해외투자 지원, 공기업 해외투자, 이런 문제에 대해서 체제를 전부 정비하고 있습니다. 이 문제와 관련해서 자꾸 미국의 압력, 압력 해쌓는데, 이제 우리 수준이 그 수준 아닙니다. 미국이 요구하면 다

압력이고 EU가 요구하면 압력 아니고, 좀 이상하잖아요. 그렇지요? 이제 압력이라는 얘기 안 했으면 좋겠습니다. 압력이라는 용어가 신사대주의적 용어인 것 같습니다, 개방과 관련해서.

뭐니 뭐니 해도 기업하기 좋은 나라는 시장이 자유롭고 공정한 나라입니다. 자유롭고 공정한 시장이 경쟁력을 높이는 것이지요. 자유로운 시장, 그런데 누구로부터 자유로운 시장인가? 첫째는 국가로부터 자유로운 시장, 말하자면 '관치경제 그만하고 시장경제 하자' 이 말입니다. 이젠 넘어왔지요 우리는? 국민의정부 시절로 해서 넘어왔습니다. 관치금융이 끝난 시점에서 관치경제는 끝난 것이지요. 대개 그래도 남아 있는 규제 중에 관료적 규제, 관료의 우월주의와 편의주의 또는 그런 관료적 규제들이 많이 있을 수 있다, 폐지하고, 더 좀 확대해서 얘기하면, 거시경제를 정치 중립적으로 관리해 주고 중앙은행을 독립시켜라, 이런 것이죠. 이것도 광의로는 자유로운 시장이라고 말할 수 있을 것입니다.

자유로운 시장 한 가지는 시장 안에서 독점적, 우월적, 특권적 기득권을 가진 시장의 강자로부터 자유로운 시장을 만들어 줘야 된다, 이런 것이지요. 여기에 대해서 똑같이 시장주의라고 얘기하는 사람은 서로 의견을 달리하고 강자의 권리를 보호해 주지 않는다고 왜 시장을 존중하지 않느냐, 라고 외치는 사람들도 있습니다. 하여튼 누구에게나 자유로운 시장, 공정한 시장이 자유로운 시장이다.

그래서 이제 자유로운 시장 얘기는 대강 그만하고, 이제는 투명하고 공정한 시장 얘기를 해야 한다. 공정한 시장이란 것은 공정한 거래, 공정한 경쟁 이런 것이지요. 불공정 경쟁을 금지하고 독점을 금지하고, 불공정 경쟁, 불공정 거래 그다음에 부당 내부거래를 금지하고 이런 것입니다.

그런데 개별 개별 불공정 행위를 규제하려고 하니까 그게 힘이 드니까 통째로 독점하면 반드시 나쁜 짓 하니까 독점을 막아 버려라 해서, 독점 금지, 기업 결합 금지, 순환출자 금지, 출총제, 그래서 기업이 덩치를 키우고 결합하기 어렵도록 자꾸 만들지요. 독점을 못 하게 하는 데 옛날엔 목표가 있었는데, 지금은 독점 문제는 큰 문제가 아니지요. 오히려 이제 불공정한 경쟁구조 때문입니다.

그런데 원천봉쇄라는 것이 기업 자유에 대한 상당한 침해가 되기 때문에 이 부분에 관해서는 개별적인 행위에 대한 규제를 강력하게 강화하고 출총제는 개선하자, 그게 참여정부의 전략입니다. 그런데 개별 행위의 행위 규제의 강화는 안 하려 하고 출총제만 풀어라 하니까 얘기가 좀 잘 안 되지요. 개별 행위의 규제를 강화하기 위해서는 법이 없는 것이 아니고 능력이 있어야 됩니다. 공정거래위원회를 강화하고 공정거래위원회의 조사권 내지 수사권 그리고 금융정보요구권 이런 것들을 강화시켜 줘야 되는데, 여러분 찬성 안 하십니까? 찬성합니까? 안 하십니까? 별 관심 없었습니까? 공정거래위원회를 강화하는 데 대해서 여러분은 우호적 이해관계를 갖고 있습니까? 또는 적대적 이해관계를 가지고 있습니까? 중소기업중앙회 한다는 사람들이 공정거래 문제에 대해서 맹하니 앉아 갖고 아무 말씀도 안 하시고 있으니까 속 타지요.

위원장님, 난 위원장님 안 계신 줄 알고 옛날 위원장 생각만 하고 딱 해 놓고 보니까 위원장님이 계시니까 내가 실수했네요. (김기문 중기협회장 : "지금 많이 얘기하고 있습니다".) 많이 하고 있습니까? 예. 공정거래위원회를 강화시켜 줘야 됩니다.

투명한 시장, 그래야 공정한 경쟁이 되지요. 이것을 꼭꼭 경영을 공시하라, 사외이사를 채용하라, 집단소송제를 받아들여라, 뭐 어쩌고 이런 얘기들이 많이 있습니다. 사외이사제 관련해서는 경영민주화 문제도 걸려 있습니다만 오늘 주제가 아니기 때문에 넘어갑니다.

공정한 시장 말고 시장이 안정된 시장이라야 합니다. 기업하는 사람한테 안정된 시장은 대단히 중요합니다. 98년 시장이 출렁일 때 기업이 초토화돼 버렸지요. 기업이 쓰러지니까 시장이 무너졌다고 볼 수 있지만, 보기 따라서는 금융위기가 오고 금융시스템이 붕괴되고 전체가 붕괴되니까 기업들이 초토화돼 버렸지요. 안정된 시장이라는 것은 매우 중요합니다.

그리고 시장이 출렁일 때 투기꾼들은 재미를 봅니다. 외국에 소위, 무슨 펀드라고 그럽니까? 잊어먹었습니다. 투기성 자본, 이렇게 말하면 되지 뭐, 어렵게 말할 것 없이. 그렇지요? 헤지펀드, 투기성 자본들이 우리나라 외환위기 당했을 때 얼마나 재미를 봤습니까? 여러분 잘 아시지요? 시장의 강자 또는 기회를 보는 사람들에게는 유리할지 모르지마는 널뛰는 시장은 정상적인 기업, 특히 약한 기업, 약한 시민에게는 쥐약이지요. 파멸을 의미합니다.

그러므로 안정된 시장이라야 공정한 시장에 일부로 포함될 수 있다. 아니면 그것 자체로도 매우 중요하기 때문에 안정된 시장, 이것은 매우 중요한 의제로 관리할 필요가 있다. 지난 5년 동안 저한테 경기부양 안 한다고 어떻게 시쳇말로 조져대는지요. 정말 힘들었습니다, 정말 힘들었는데. 정치에 원칙이 있듯이 경제에도 법칙이 있습니다. 법칙에 반하는 경제정책을 하면 반드시 보답을 받게 되는 것 아닙니까? 나쁜 정책을 쓰면 나쁜 보답을 받는 것이지요. 보복을 당하는 것이지요. 물론 경기 부양은 필요합니다. 일상적인 경기 관리의 측면에서 필요한 것이겠지요.

어떻든 투명하고 공정한 시장, 그리고 안정된 시장의 관리는 국가의 책임입니다. 이것을 위해서 국가는 상당한 개입과 규제가 필요하다. 앞으로 '시장에서 손 떼라' 이렇게 여러분들은 얘기를 안 해 주시면 좋겠습니다. '합리적으로 개입하라' 이렇게 말씀해 주시면 고맙겠습니다. 하도 시장에서 손 떼라 하는 바람에 정말 떼 버릴까 싶은 생각이 들 때가 있었는데, 몇 사람이 떼라 떼라 한다고, 몇 개 언론이 떼라 떼라 한다고 제가 그렇게 할 수 없고, 한번 확 떼 버리고 정말 죽는가 사는가 보고 싶었어요, 사실은.

반값 아파트, 그거 안 된다고 검토 다 하고 폐기 딱 해 버렸는데, 벌써 폐기해 버린 정책인데, 어느 날 반값 아파트. 우리는 그때 토지임대부 아파트로 전부 정책 검토를 마치고 이건 안 되는 거다, 이치상 안 되게 돼 있는 것이지요. 안 되게 돼 있는데 누가 '반값 아파트' 하고 한번 흔들어 버리니까 언론이 동시에 흔들고, 정치권이 동시에 흔들고, 국민들이 와 따라가고, 그래 놓고 반값 아파트 만들어 놓으니까 청약도 안 하고, 내보고 또 '그리밖에 몬 하나?' 이래요.

관치경제, 시장 개입으로 우리 경제 위기를 당했기 때문에 다시 그런 일이 없도록 해야 하고, 시장에서 강자의 자유를 국가가 조장하는 일이 없도록 각별히 주의해야 합니다. 우리나라의 시장 수준이 얼마만큼 왔냐, 여러 가지 얘기할 수 있겠지만 적어도 그 시장 수준이 지난 10년 동안에 획기적으로 진보한 건 맞지 않습니까?

'잃어버린 10년' 얘기하는 사람들은 왕년에 관치경제 시대에 잘 주무르던 시대의 관료들, 또는 권력자들, 또는 그 관치경제 시대에 정경유착해 가지고 잘 나가던, 말하자면 공정경쟁을 위해서 내놓아야 될 것을 안 내놓고 버티고 그렇게 했던 사람들, 그 사람들은 '잃어버린 10년'이라고 얘기할 수 있을지 모르지만, 여러분, 지난 10년 동안 잃어버린 게 뭐지요? 있으면 신고하십시오. 찾아 드리겠습니다.

'기업친화적인 사회', 이렇게 한번 얘기를 해 보겠습니다. 조금 전에 지금까지 죽 말씀드린 것은 소위 요새 말하는 '사회투자국가론'이라는 이론을 기초로 해서 말씀을 드린 것입니다. 책만 읽고 또 자기 생각을 그대로 만들면 좀 아무래도 우리한테 안 맞을 수도 있지요. 우리 한국에서 지난 5년 동안 저도 정책을 하면서 보고서만 그때그때 딸랑딸랑 받은 것이 아니고 사실 정책 당사자들, 정책 수요자들을 초청해서 청와대에서 계속 토론하고, 한 번도 아니고 두 번 세 번 네 번 토론하고 해 가면서 그렇게 정책을 해 본 경험이 있으니까 저도 좀 알지 않겠습니까? 저도 공부 잘합니다. 고등고시도 합격하고요. 사회투자국가론이라는 것을 기반으로 골간으로 또 우리 정세에 맞도록 설명한 것이 지금까지의 기업하기 좋은 나라에 대한 설명이었습니다.

이제는 또 하나가 더 있는데 '사회적 자본의 이론'이라는, 사회적 자본론이라는 새로운 이론이 있습니다. 뭔 말이냐. 사회구성원들이 공동의 목표를 효율적으로 추구하기 위하여 적극적으로 참여하고 상호 조정과 협력을 촉진하는 그런 일이 잘 돌아가는 사회, 그런 사회를 사회적 자본이 풍부한 사회라고 한다. 한 5명 학자의 정의가 소개되어 있는데 너무 서로 달라서 이걸 짜 맞추느라고 한참 시간이 걸렸습니다. 까딱하면 밤샐 뻔했습니다. 해도 별 소득이 없어요. 어떻든 인적자본, 물적자본에 대응하는 개념으로서 경영의 성공을 위하여 매우 중요한 개념이다. 그렇습니다.

퍼트남, 콜먼, 후쿠야마, 또 누구누구, 『상생경영』이라는 조그만 책이 나와 있습니다. 우리 산업자원부에서 좀 후원하고 해서 만든 책인데, 그 책에 보면 얼마 전에 남미에서, 남미 어느 도시인지 잊어먹었습니다, 세계 경영학회 총회(세계 경영경제학회, 2000년 브라질 쿠리티바)에서 바로 사회적 자본론을 소위 경영의 성공 요소라고 이렇게 채택을 했다, 이런 기록을 제가 본 기억이 있는데, 다시 찾을 시간이 없어서 못 찾았습니다.

어떻든 내용을 보면 상호 신뢰, 친사회적 규범, 공동체의식, 자발적 네트워크 등등 이런 죽 나오는데, 전체적으로 우리가 공자 왈 맹자 왈에서 배운 것하고 크게 다르지 않은 보편적 도덕규범, 보편적 윤리 규범에 해당되는 것 같았습니다. 어떻든 기업하기 좋은 사회는 사회적 자본이 충실한 사회로 정의할 수 있다. 이런 것은 아마 큰 이론이 없을 거 아닌가 생각합니다. 어떻든 그것을 참조하고, 제가 항상 지론으로 생각하는 기업하기 좋은 사회, 투명하고 공정한 시장이 되기 위해서는 그 사회의 문화가 투명하고 공정한 사회문화를 가져야 합니다.

시장 바깥에서라도 특권, 유착, 권위주의 그런 것이 해소되고, 공직사회가 투명해지고, 정보공개, 권언유착의 해소 이런 것들이죠? 권력에 의한 청탁 같은 것이 없는 이런 사회, 그다음에는 신뢰성이 높은 사회, 상대방을 잘 알고 잘 믿을 수 있으면 조사 비용, 무슨 비용, 무슨 비용, 우리가 시장에서 물건을 하나 사 먹더라도 국산, 토종, 무슨 토종 도라지 맛보면 아니고, 토종 고사리라는데 토종 고사리 아니고, 한우쇠고기 한우쇠고기 아니니까 사 먹을 수가 없어요. 만일에 사 먹으려고 하면 그거 조사하는 데 증명하는 데, 만일에 우리 사회가 엄청나게 신뢰가 높고 정직한 사회라고 한다면 조사하고 뭐하고 무슨 생산이력제 만들고 뭐 조사할 필요가 없지요? 공무원들이 완장 차고 다니면서 그거 조사, 요샌 완장 안 차지요, 그거 단속하느라고 돌아다닐 필요가 없지요. 비용이 얼마나 생략되겠습니까? 물질적 비용은 물론이거니와 심리적 비용도 얼마나 생략되겠습니까? 신뢰가 높은 사회, 그래서 거짓말 좀 하지 말자, 제발 원칙 좀 지키자, 이렇게 많이 얘기해야 하고. 예측 가능성과 내가 오늘 하고 있는 일이 이다음에는, 정부 정책이 너무 자주 바뀌는 데 대해서 항상 불편하시죠? 예측 가능성 이런 것입니다. 어떻든 투명성이 높고 원칙이 바로 서 있는 사회라야 기업하기 좋은 사회다, 이렇게 말씀을 드릴 수 있겠습니다.

그다음에는 우리 사회가 통합성이 대단히 높은 사회라야 합니다. 갈등하고 싸우느라 시비하느라고 너무 많은 시간을 보내게 되면 뻔하시죠? 일도 안 될뿐더러 비용도 많이 들어가고 시간도 많이 걸리고 해도 효과도 많이 안 나고, 그런 것 아니겠습니까?

그래서 대화하고 타협하는 문화가 매우 필요하지요. 대화와 타협, 양보하는 사회문화 이런 것인데. 대화한다고 다 풀리는 게 아닙니다. 어떤 대화든 대화하는 데는 그 사회가 보편적으로 수용하는 원칙이 있습니다. 원칙과 기준이 있습니다. 그 기준에 부합한 쪽에서 약간의 융통성을 발휘하는 것이죠. 그래서 원칙이라는 것, 기준이라는 것은 굉장히 중요합니다.

하여튼 오늘 이 말 하고 내일 저 말 하고 수시로 말을 바꾸는 이런 사회에서는요, 아무리 호의를 가지고 대화하고 타협하려고 해도 대화하고 타협할 수 있는 기준이 존재하질 않습니다. 원리가 존재하지 않는 사회는 대화가 불가능합니다. 그래서 대화를 하려면 반드시 원칙이 바로 서 있어야 하는 것입니다. 그래야 승복이 가능하지요. 절차에 의한 해결일 경우에 승복이 가능한 사회, 이런 원칙이 있어야 그런 승복이 가능한 사회가 되는 것이죠. 이런 갈등 관리가 가능한 사회라고 말할 수 있습니다.

통합성이 높아야 합니다. 통합성이 높기 위한 사회적 조건으로서는 상생협력이라든지 동반성장의 문화, 이런 것이 있죠. 상생협력, 동반성장 정책을 하느라고 서로 좀 불러 놓고 얘기를 했는데, 굉장히 고민을 많이 했습니다. 대통령이 팔 비틀어 가지고 '당신들 동반성장, 상생협력 하시오' 그것 되는 일이 아니고, 거기에도 그것이 효율적이라고 하는 이론적 근거가 나와 있어야 되는 것이죠. 그것이 효율적이다, 사회적 자본론에 비추어 보면 그런 문화라는 것은 굉장히 효율적이라고 일단 말할 수 있어서 학자들한테 그런 것을 좀 맡기고 도움을 받기도 했습니다. 중요한 것은 이제 기업 간 경쟁에서 기업생태계 간 경쟁, 협력업체가 우수해야 내가 경쟁에서 이길 수 있다, 이런 논리가 받침이 되는데, 이것 역시 우리가 신뢰 사회, 통합 사회 이런 것을 말하는 것이죠. 노사문제, 이 문제 해결 안 되는 것이 바로 이런 점들이 있고요.

그런데 이런 것은 아까 원칙이 있어야 대화가 풀린다 이렇게 얘기했는데, 그 사회에 일정 수준의 균형이 있어야 한다, 너무 균형이 깨지고 나면 마음으로 다 그것을 수용할 수가 없기 때문에 끊임없이 갈등이 발생합니다. 그래서 지역 간, 계층 간 균형 사회를 만드는 것은 갈등의 예방과 통합에 매우 중요한 의미를 가집니다.

대화와 타협으로 문제를 풀 수 있는 전제는 이 균형을 갖추었을 때입니다. 고등학교 3학년하고 초등학교 3학년하고 같이 붙여 놓고 니들 대화로 해결해라, 고등학교 3학년이 다 뺏어먹죠. 해결이 안 되는 것이죠. 힘의 균형. 균형이 있을 때 갈등이 덜 일어나고,

갈등이 생겼을 때 그것을 대화로 풀 수 있는 것은 세력의 균형, 힘의 균형이 갖추어져 있을 때이다. 균형 사회라는 것은 대단히 중요합니다. 모든 영역에서 우리는 균형 사회를 말할 수 있습니다. 지금처럼 균형 발전은 지역에 관련된 것입니다.

그다음 안전하고 안정된 사회, 미래에 불안이 없는 사회, 국내질서, 다 얘기했는데, 이건 아까 일종의 그 사회투자국가에서 말한 거하고 거의 같은 것이죠. 사람이 희망을 가지고 열심히 하고 의욕을 가지고. 가장 중요한 것은 평화가 보장된 사회입니다. 평화에 대한 불안이 없는 사회. 그래서 평화주의, 이것은 시장·기업하기 좋은 나라의 핵심적인 조건이다.

요새 평화주의, 좀 평화가 되는가 했는데, 누가 '한국은 통일비용 때문에 등급을 올려 줄 수 없다. 한국은 통일비용 큰 부담 할 것이다.' 한국의 통일 프로세스에는 통일비용이 없습니다. 통일비용은 흡수 통합할 때만 발생하는 것입니다. 전쟁 통합이든 흡수 통합이든 할 때 통일비용이 발생하는 것이지, 흡수 통합이 없으면, 소위 말해서 경제통합도 일정 수준에서 완전한 경제통합이 이루어질 수 없는 것이고, 거기에는 급격한, 소위 독일에서 지출했던 그런 통일비용은 없습니다.

우린 장기적인 투자, 지원, 그런 것이 있을 뿐이고, 그것은 전부 나중에 우리 시장을 키우고, 우리의 투자 기회를 만들고, 구조조정의 어려움을 겪고 있는 기업들이 잠시 한숨 돌릴 수 있는 그 기회를 만들고 굉장히 좋은 기회가 연결돼 있기 때문에, 대북정책의 비용은 대부분 투자이지 소비적인 비용만은 아닙니다. 이렇든 저렇든 우리나라에는, 그것은 수십 년 동안 점진적으로 투자할 것이기 때문에 통일비용이라는 개념은 우리나라에는 맞는 개념이 아니다.

꼭 좀 국민들한테 또는 외국 사람들한테 얘기를 좀 해 주십시오. 꼭 중요한 문제입니다. 하여튼 뭐 딴소리했습니다만, 평화가 보장된 나라가 기업하기 좋은 나라다.

누가 어떻게 할 거냐. 제가 처음에 말씀드렸다시피 시장을 주도하는 사람이 우리 사회를 주도하고 정치를 주도하게 돼 있습니다. 흔히들 우리가 얘기하는 정치적 관점에서 기업하기 좋은 나라는 어떤 것인가? 기업하기 좋은 나라는 반드시 민주주의라야 됩니다. 자유와 창의, 이건 민주주의의 핵심이지요. 자유와 다양성, 그렇지요? 자유와 다양성은 창의와 혁신의 근본입니다. 그래서 민주주의이지요. 투명하고 공정한 시장, 공정한 사회는 민주주의의 핵심적인 원리이지요?

법치주의는 원칙 있는 사회의 기초, 나아가서 그것은 신뢰 사회의 토대가 되는 것입니다. 그리고 이 정도이면 지금 우리 민주주의 수준으로도 어느 정도 갈 수 있습니다. 근데 앞으로 우리 민주주의는 성숙한 민주주의라야 된다. 성숙한 민주주의라야 대화와 타협이 가능하고 사회가 조정되고 통합될 수 있는 것이기 때문에, 그래서 성숙한 민주주의 사회로 가자, 가야 궁극적으로 우리나라의 기업도 세계적인 경쟁력을 가진 기업, 그리고 멀리 내다보고 갈 수 있는 기업이 될 것이다, 그렇게 생각합니다.

그래서 성숙한 민주주의, 보다 수준 높은 민주주의에 대한 목표를 가져야 된다. 대체로 민주주의 얼추 다 끝난 것처럼 말하는 분들이 하도 많고, '이제 민주주의 하지 말고 경제 해라' 이런 말을 하는 사람들이 많은데, 제 주장은 '경제는 이대로 가면 되니까 민주주의나 똑똑히 해라.' 이 수준의 정치에서 경제만 계속하면은 이 자리에서 맴돌 것입니다. 경제는 이 원리대로 가고 정치의 수준을 높이면 우리 경제는 새로운 수준으로 업그레이드될 것입니다. 그래서 민주주의 수준을 높여야 된다, 사회적 자본을 더욱 충실하게 만들어야 된다, 이런 것입니다.

과연 한국의 보수주의는 특권과 반칙 그리고 유착의 문화를 걷어내고 원칙이 통하는 사회를 만들 것인가? 과연 투명하고 공정한 시장, 투명하고 공정한 사회를 만들 것인가? 강자의 기득권이 아니라 정정당당하게 경쟁하는 기업, 혁신하는 기업을 지원할 것인가? 나아가서는 시장에서 낙오한 많은 약자들에 대해서도 그들 약자들을 보호하고 나아가서는 그들을 다시 교육, 훈련, 평생교육의 프로그램에 넣어서 그들을 기업이 필요로 하는 직장인으로 복귀시켜 줄 것인가.

돈이 많이 듭니다. '비전 2030'이 바로 이런 프로그램인데, 이걸 반대하는 걸 보니까 그럴 생각이 없는 거 아닌가. 기업하기 좋은 나라에 대한 보수주의의 생각은 '작은 정부 해라.' '시장에 맡겨라.' 여러 차례 얘기했습니다만, 그러면 공정한 시장이 되기가 어려울 것입니다. 세금과 재정, 인력을 줄이고, 인재 육성, 고용 지원, 그다음 직업훈련 뭐 이런 것을 할 수 있을 것인가. 안전한 나라, 안정된 나라, 기회가 보장된 나라, 이런 것이 가능할 것인가.

'시장에 다 맡겨라' 그러는데, 아까 얘기했지요? 시장은 만능이 아닙니다. 그리고 시장도 여러 가지가 있지 않습니까. 그렇지요? 이제 우리 역사에서 보았듯이 똑같은 시장주의도 야경국가도 있고 복지국가도 있고 소위 사회투자국가의 시장도 있지 않습니까? 그다음에 공정한 시장이라는 또 하나의 주제는 민주주의의 진보에 따라 그건 따로 또 존재하지요.

그래서 어떤 정치가 필요하냐? 제가 쭉 그렇게 말씀을 드렸다시피 사회투자론에 기초한 정치, 또는 사회적 자본론에 유사한 정치, 이런 것입니다. 이것은 정치적으로 무엇을 의미하느냐 하면 시장 권력과 시민 권력이 융합하는 것을 의미합니다. 과거의 복지국가, 진보주의 그 시기에는 시장 권력과 시민 권력, 소위 무산자 권력이라고 말하는, 그나마 시민 권력이 포괄적인 것이지요. 시민 권력, 시민사회와 시장 사이에서 대립적 갈등과 균형을 이루고 있었습니다.

앞으로는 이것을 대립적 갈등이 아니라 호의적 갈등, 갈등이 없을 수 없으니까, 우호적 갈등 관계와 상호 정책의 융합을 통해서 그래서 새로운 성과를 한번 만들어 보자. 새로운 시장, 새로운 사회를 한번 만들어 보자. 그런 것이기 때문에 막연한 단순한 절충과는 좀 다르다. 이름을 좀 붙여야 되겠는데 전통적 진보주의하고는 다르기 때문에 이름을 붙여야 되겠는데, 개념이라는 것은 정말 어려운 것입니다.

여러분, '벤처기업' 하니까 뭐 간단한 것 같지요? 모험적 기업, 말하자면 승산이 10분의 1밖에 안 되는 모험에 도전하고 모험적 기업에 도전하고 있는 기업이 벤처기업 아닙니까? 아니죠. 또 그렇게 얘기하면 그거 맞지요, 맞고. 근데, 그러면 그중에 여기 있는 분들은 이미 모험의 시대를 넘어섰으니까 여러분들은 첨단기업이지요, 그렇지요? 첨단기업인데 벤처기업이라는 이름을 그냥 붙이고 있어. 벤처기업이라는 이름을 붙여야 덕을 좀 더 볼 수 있다고 그래서 붙여 놓고 있는지 모르겠습니다. 정확하진 않아요.

근데 첨단기술 아니라도 얼마든지 혁신형 기업이 있을 수 있습니다. 기존의 기술 가지고도 끊임없는 기술들을, 새롭게 첨단기술 아니라 해도 고도의 기술은 있거든요, 그렇지요? 새로운 첨단기술 말고도 고도의 기술들은 얼마든지 있습니다. 전통산업에서도 끊임없이 고도의 기술이 나옵니다. 탱크 나온 지가 언젠데 지금도 계속 탱크 개량하고 있더라고, 보니까요. 비행기 나온 지도 벌써 1905년에 나왔으니까 딱 100년이 넘었는데 계속 개량하고 개발하고 있지요. 그래서 혁신형 기업이지요. 그러니까 '다 뭉뚱그려서 쉬운 대로 벤처라 합시다' 이래 된 거 아닙니까, 그지요? 이걸 구분하고 누가 시비를 붙기 시작하면 여러분도 대답하기 곤란할 겁니다. 이건 객담이고요. 싱거운 소리고.

너 진보주의냐? 맞아. 너 시장주의냐? 맞아. 그럼 너 막둥이냐? 이것도 기다, 저것도 기다. 시장주의를 어떻게 생각하느냐에 따라서 그 말이 두 개가 조화될 수 있다고 생각하는 사람들도 있고, 전혀 딴소리하고 있다고 생각하는 사람들도 있습니다, 그렇지요?

개념의 문제인데, 어렵습니다. 어렵지마는, 진보적 시장주의, 여러분들은 시장에서 일하는 분들이니까 그래도 시장주의를 지지해야 되는데, '자유시장주의' 하면은 공정한 경쟁을 기조로 하는 것이고요, '진보적 시장주의'라는 것은 소위 미래를 위한 투자를 할 줄 아는 시장, 그리고 시장 외적인 환경을 만들어 갈 줄 아는 시장, 그렇게 봐야 되겠지요. '진보적 시장주의.' 저는 본시 진보주의니까 그렇게 말할 수가 없지 않습니까? 그래서 '시장 친화적인 진보주의자', 이렇게 하니까 좀 길어요. 적당하게 페어 맞추는 게 진보냐. 민주주의랑 무슨 관계가 있느냐.

진보주의는 실질적으로 민주주의에 내재하는 가치입니다. 본시 민주주의 안에는 진보주의 사상이 내재하고 있습니다. 자유와 평등. 많은 사람들이 자유와 평등을 대립적인 개념이라고 책에 써 놨는데, 저는 그렇지 않습니다. 평등한 사회만이 자유가 있습니다.

자유, 누구로부터의 자유입니까? 사람으로부터의 자유 아닙니까? 사람의 지배로부터의 자유를 의미하는데, 하늘의 지배를 받는데 내가 뭐 '자유를 달라' 이렇게 아무도 말하진 않아요, 그렇지요? 자연환경의 지배를 받는데 그걸 자유와 속박의 문제로 얘기하진 않는다는 것이지요. 자유와 속박의 문제는 기본적으로 인간과 인간의 관계, 그중에서도 지배관계에서부터 발생하는 속박의 문제이기 때문에, 자유·평등 얘기할 때는 평등이 근본입니다.

또 '평등이 근본이다' 하고 또 한 줄 쫙 뽑아 놓으면 제가 또 조금 이상한 사람이 되지요? 참 말하기 어려워요. 어떻든 뭐 우리 기자만 그런 건 아니라고 하니까, 혹시 여기 취재하는 사람이 있으면 기분 나쁘게 생각하지 마십시오.

그래서 연대, 사회정의를 이상으로 하는 진보주의는 민주주의 그 안에 내재하는 가치입니다. 진보라야 민주주의다. 그동안에는 시민 민주주의, 실질적인 민주주의가 아니면서 자꾸 민주주의라고 주장하고 내려온 것이 우리 민주주의의 역사이고, 그것을 끊임없이 부정하고 개선하려는 것이 지금의 역사입니다. 그래서 역사는 진보한다. 그러나 완결은 없다. 뭐 이런 명제가 성립될 수 있을 것입니다.

갈등의 예방, 대화와 타협, 사회통합의 조건도 이 진보의 이상에 가까운 사회가 돼야 가능하다, 이렇게 말할 수 있고요. 이를 위해서 책임을 다하는 국가, 국가가 책임을 다해야 된다, 이런 주장을 하는 정치가, 정치 이론이 진보주의입니다.

시장주의와 진보주의의 차이를 딱 한마디로 얘기하면, 국가의 역할에 대해서 어떻게 생각하느냐. 국가의 역할을 구경꾼으로 '가급적이면 간섭하지 말라' 또는 '강자의 편에 서라' 이것이 보수주의라고 하면, '적극적으로 개입해라' 그것이 진보주의입니다.

그래서 '작은 정부 이론'을 놓고 제가 지금까지 싸우고 있는데, 참 섭섭한 것은 개입해야 덕을 볼 만한 사람들이 저더러 자꾸 개입하지 마라 이거예요. 작은 정부 해라. 공무원 숫자 줄여라. 그래 놓고 TV 보면 오늘도 음식 사고 나고, 어디도 뭔 사고 나고, 이것도 안 되고 저것도 안 되고. 다 적어 가지고 얘기해야 되는데 다 못 적어 왔습니다. 책임을 다 하는 국가.

보수주의가 전통적으로 대외정책에 있어서 대결주의를 취합니다. 국내 정책에 있어서도 대결주의를 취하지만, 대외정책에 있어서도 대결주의를 취하는 경우가 보통입니다. 지금 미국을 보십시오. 어느 나라 없이 흔히 강경파 하는 쪽이 대결주의를 가지고 있습니다. 일본의 보수주의 한번 보십시오. 대결주의 입장에 항상 서 있지요. 국수주의, 국수주의는 대결주의, 이렇게 갑니다. 그래서 평화는 진보주의가 가깝다, 그렇게 이해를 해 주십시오.

여러분과 제가 합의할 수 있을까? 저의 표어는, 사인할 때 표어는 '사람 사는 세상'입니다. 그런데 제 생각에는 내가 생각하는 사람 사는 세상이라는 것, 또 그리로 가기 위한 길, 이 모두가 지금까지 제가 설명 드린 기업하기 좋은 나라의 내용과 전혀 다르지 않다고 생각하는데, 여러분은 어떻게 생각합니까? 좀 달라 보입니까? 같습니까? 비슷해 보입니까? 죽어라고 연설을 했는데, 강연을 했는데, 뭐 기면 기고 아니면 아니고 화끈하게 답이 있어야 될 거 아닙니까? 다릅니까? (일동 "같습니다.") 예? (일동 "같습니다.") 같지요? (일동 "예.") 감사합니다.

여러분은 진보적 시장주의자입니다. 앞으로 다니면서 '나는 진보적 시장주의자다. 따라서 나는 진보적 기업인이다. 우리 시장의 새로운 주류이고, 미래 시장의 주류이다.' 약속합시다.

여러분은 본질적으로 시민입니다. 그리고 민주주의사회에서, 국민주권 국가에서 여러분은 주권자입니다. 어떤 정부를 가질 것인가는 여러분이 선택합니다.

임기 마지막 해인 2007년. 대통령 노무현은 적극적으로 강연에 나선다. 원광대 명예박사 학위 기념 특강에서는 '민주주의'를 이야기하고, 참여정부평가포럼 강연에서는 국정 전반에 대해 설명한다. EBS 대담에서는 '교육' 문제에 대해 의견을 밝힌다. 이 벤처기업 대상 시상식 계기 강연은 참여정부 5년 동안 추진해 온 '투명하고 공정한 시장', '비전 2030' 등 경제정책 전반에 대해 소상히 설명하는 장이다. 이 자리에서 그는 '진보주의의 역할'에 대해 강조하는데 이는 퇴임 후 그가 집필하려 했던 『진보의 미래』의 뼈대를 이루는 것이기도 하다.

대북 정책, 근본적 전환이 필요하다

2008. 10. 1. 10·4 남북정상선언 1주년 기념식 강연

감사합니다.

우선 이 행사를 준비하시느라고 수고하신 여러분께 먼저 감사드립니다. 대체로 시절이 좀 수상해서 준비하시는 데 애로가 좀 있었으리라고 짐작합니다. 또 오늘 이 자리에 잊지 않고 함께 참석해 주신 여러분께 역시 감사드립니다. 눈치가 조금 보이는 분들도 있을 텐데 이렇게 참석해 주셔서 큰 위안이 됩니다. 감사합니다.

지금 이 시기에 국민들은 매우 어려워하고 있습니다. 이 자리에 계신 여러분들도 모두 어려우시지 않겠습니까? 설사 직접 자기 생활이 어렵지 않다 할지라도 국민들이 어려워하는 시기여서 모두들 마음에 굉장히 걱정들을 많이 하고 계실 것입니다. 그래서 미리 준비되고 예정되지 않았다면 우리 경제에 대해서 희망을 얘기하고, 또 이 난관을 극복할 수 있는 지혜도 한번 새로 나누어 보고, 그런 시간을 가졌으면 좋겠다는 생각이 들 만큼 지금 상황이 참 어렵습니다.

그러나 저는 이 점에 대해서는 한 말씀만 드리겠습니다. 세계의 모든 경제위기는 다 극복되어 왔습니다. 특히 우리 국민들은 역

량이 우수합니다. 저는 감히 '우리 국민들은 탁월하다'라고 말하고 싶습니다. 설사 다른 나라에서는 극복하기 어려운 난관이라도 우리 국민들은 능히 극복해 낼 수 있을 것이다, 그렇게 생각합니다. 오히려 저는 이 계기에 하나 더 희망을 말씀드리고 싶습니다.

그냥 이 위기를 그럭저럭 극복해 가는 것이 아니라 이 경제위기를 초래했던 경제적 사상, 정치·경제의 사상과 이론을 이번에 좀 뜯어고치면서 이 고비를 넘겼으면 좋겠다, 이 위기를 계기로 해서 잘못된 정책과 제도들을 고칠 수 있는 계기가 됐으면 좋겠다. 물론 이것은 한국만의 문제는 아니고 보다 더 큰 세계경제의 문제이기 때문에 쉬운 일은 아니겠지만, 그러나 이제 세계의 경제를 이끌어 가는 큰 나라들이 이번 이 위기를 계기로 각성하고 새로운 지혜를 모아야 될 때라고 생각합니다. 저는 그렇게 된다면 전 세계적으로 그리고 우리 한국에게도 이 위기가 전화위복의 그런 계기가 될 수도 있다고 생각합니다. 여러분 함께 지혜를 모아서 이 위기를 잘 넘기도록 하십시다. 그리고 준비된 대로 오늘 저는 준비된 주제를 가지고 여러분께 말씀을 드리겠습니다.

10·4선언은 저희로선 참 공이 많이 들어간 선언이었습니다. 많은 사람들이 공을 모으고 정성을 모아서 열정으로 만들어 낸 그런 선언이지요. 저는 그 안의 내용이 그저 상징적인, 정치적 선전 문구로 만들어져 있는 것이 아니라, 매우 구체적이고 실용적이고 심지어는 실무적이라고까지 말하고 싶은 그런 실질적 내용을 담고 있는 것이어서 매우 가치 있는 선언이라고 그렇게 생각해 왔습니다. 특히 남북 경제가 우리 한국 경제의 새로운 미래를 열어 줄 것이라는 희망 때문에 이 선언은 참 의미 있는 것이라고 스스로 평가해 왔습니다.

그러나 지금 이 선언은 버림받은 선언입니다. 그래서 1년쯤 되었으면 잎이 좀 더 싱싱하게 피고, 가지도 좀 무성하게 뻗고, 그래서 내년에는 열매도 주렁주렁 달렸으면 좋겠는데, 이 나무가 좀 말라비틀어지고 있습니다.

우리가 기념한다는 것은 지금이 마음 편안하고 즐겁고 내일에 대한 희망이 가득할 때 이럴 때 기념하는 것인 줄 알았는데, 저는 이 다 죽어 가는 나무 하나를 놓고도 기념을 할 수 있다는 것을 생각하고 깜짝 놀랐습니다. 이렇게 서글픈 것도 기념할 수 있구나. 어떻든 준비하신 분들 수고하셨는데 너무 김새는 말을 안 했으면 좋겠습니다. 이 안에서 우리가, 의미를 한번 되짚어 보면서 국민들의 역량을 모아서 희망의 불씨를 다시 한번 살려 봅시다. 아직 이 나무 안 죽었거든요. 물 주고 볕이 좋으면 뿌리가 왕성하게 뻗어 나갈 것입니다. 또 알 수 있습니까. 내년 봄에라도 새싹이 힘차게 돋아날지 알 수 없는 일이죠.

그런 희망을 가지고 오늘 저는 연제를 대북정책으로 잡았습니다. 10·4선언 하나만 가지고 얘기해서 뿌리가 뽑히지 않을 것 같아서, 생각의 뿌리라도 한번 뽑아 보자, 그런 뜻으로 대북정책 전반에 대해서 한번 몇 가지 생각을 다듬어 보았습니다. 대체로 근본적인 질문이 필요한 일, 또 근본적으로 사고를 바꿔야 된다고 생각되는 일, 이런 몇 가지 쟁점을 중심으로 해서 얘기를 구성해 보았습니다.

전체적으로 논리적 체계는 좀 무시되었다고 말씀드릴 수 있습니다. 말을 하다 보면 길어지게 마련이어서 시간을 넘기지 않으려고 다듬었습니다. 계속 줄였습니다. 또 잘라내고 또 잘라내고 계속 줄였는데도 19페이지가 가득 찼습니다. 대개 분량으로 보면 40분 분량으로 소화가 가능한 분량인데, 그래도 가득 차서 저로선 좀 부담스럽습니다. 되도록이면 시간 안에 말씀을 드리도록 하겠습니다. 읽으면 40분 안에 충분히 들어갑니다. 그런데 듣는 분들이 40분 동안 귀담아들으려고 하면 지루하고 힘들 거든요. 그래서 맛있게 양념을 조금씩 치면 시간이 더 길어집니다.

제 생각은 물리적이고 자연적인 시간 40분이 아니라, 지나가는 줄 모르게 지나가는 50분도 길지 않은데 나중에 마치고 나면 꼭 대회를 준비하셨던 분들은 '오늘 10분 지났으니까 앞으로 그런 일 하지 말아요' 꼭 충고를 합니다. 저는 참모들한테 그 충고를 듣지 않도록 하기 위해서는 읽어야 합니다. 혹시 가다가 양념 치느라고 시간이 가면 그때는 지루하지 않다는 표시를 꼭 좀 해 주시기 바랍니다.

제 원고를 오늘 준비위원회에 미리 드렸더니 너무 세다고 걱정을 많이 하십니다. 그러면서 다 이거 빼자고 합디다. 그래서 빼자고 하는 건 다 뺐습니다. 다 뺐는데, 남의 원고 손대 보면 그거 잘 안 빠집니다. 취지, 의견을 어느 정도 살리자면 빼기가 힘들 거든요. 그래서 가시나 뼈가 조금 남아 있을지 모르겠습니다. 그러나 어쨌든 저는 그렇지 않다고 생각합니다. 전혀 세지 않다고 생각하고 무슨 말꼬리 잡는 문화, 말꼬리 잡고 비틀고 시비하는 문화 때문에 우리가 너무 말을 조심해서 하다 보니까 뼈도 없고 살도 없고 머리도 없고 꼬리도 없는 얘기들을 흔히들 하고 있지 않은가. 그렇게 생각해 보면 민감한 얘기도 할 수 있고, 들을 수 있고, 소화하려는 노력을 하는 성숙한 사회가 되기를 바랍니다. 그런 희망을 가지고 말씀을 드리겠습니다.

대북정책에는 여러 가지 목표가 있습니다. 통일, 이것은 변함없는 목표이고요. 지난날에는 반공이란 목표가 있었습니다. 안보, 마찬가지고요. 근래에 와서는 화해와 협력, 평화, 공존 이런 주장이 대세를 이루고 있습니다. 그런데 큰 진전이 있는 것 같지는 않습니다. 어떻게 하면 진전을 이룰 수 있을 것인가? 이것이 오늘 제가 말씀드리고 싶은 주제입니다.

우선 세 가지 질문을 먼저 말씀드리겠습니다. 통일을 위해서 평화를 희생할 수도 있는가? 평화통일 과연 가능한 일인가? 통일 논의 이대로 좋은가? 이렇게 뽑아 놓고 말씀을 드리다가 나중에 다시 또 개별적인 말씀을 드리겠습니다.

제가 유인물을 드렸는데 맨 앞에 '통일인가? 평화인가?' 이런 중간 제목을 뽑아 놨습니다. 조금 뜬금없는 얘기죠. 이것은 가치의 충돌에 관한 문제를 우리가 정면으로 한번 다루어 보자 이런 뜻입니다. 지난날에는 반공도 하고, 통일도 하고 함께 외쳤습니다. 그러나 반공과 통일이 과연 양립할 수 있는 것인가? 실제로 우리는 무엇을 더 중요시해 왔던가 생각해 보면 반공한테 통일이 밀렸던 시대였던 것 같습니다. 그 시대를 저는 '반공의 시대'로 생각합니다. 지금은 반공보다 평화가 조금 더 대세를 얻고 있는 것 같습니다. '평화의 시대'라고 생각합니다.

근데 평화와 통일이라는 것을 놓고, 이것을 선택해야 할 문제라고 생각지는 않습니다. 그러나 때로는 통일을 위해서 평화가 희생돼도 좋다는 그런 사고를 깔고 말씀하시는 분들이 많이 있어서 그래도 과연 좋은가. 그래서 이론적으로 통일과 평화의 가치 충돌의 문제를 한번 검토해 보자. 저는 '어떤 경우에도 통일이라는 명분을 내걸고 평화를 희생시킬 수는 없다' 이 말씀을 꼭 드리고 싶습니다. 그래서 이 제목을 뽑았습니다.

저는 평화를 통일에 우선하는 가치라고 생각합니다. 좀 위험한 말씀이지만 꼭 한번 짚고 넘어가야 하는 문제라고 생각합니다. 두

개 다 이념적 가치를 표현하는 언어입니다만, 그러나 통일은 보다 이념적 포장이 많은 언어이고, 평화는 이념적 포장보다는 생생하고 진실한, 절실한 현실 그 자체라고 생각합니다. 그래서 평화통일의 원칙을 다시 한번 확실하게 다짐할 필요가 있다, 이렇게 말씀드리고 싶고, 평화를 통일에 종속되는 과정의 가치로만 생각할 것이 아니라 그 자체 독자적인 가치로서 생각하고, 통일 전략이 있다면 평화 전략도 따로 우리가 논의하고 또 준비해 가야 된다고 저는 그렇게 생각합니다.

특히 통일을 위해서는 동북아시아 평화 구조가 먼저 앞서가는 것이 필수적입니다. 그런데 동북아시아 평화 구조라는 것은 또한 한반도에 평화가 정착되지 않으면 성립될 수 없는 구조입니다. 따라서 한반도 평화 정착, 동북아시아 평화 구조, 그리고 한반도의 통일 추진이라는 이런 논리적 순서를 갖는 것 아닌가. 그런 의미에서 평화 정책을 통일 정책의 한 부분으로서만 이해할 것이 아니라 독자적인 정책으로서 다뤄야 한다고 말씀드리고 싶습니다.

그다음 이제 4페이지에서 '평화통일 과연 가능한 목표인가?'라는 주제를 뽑았습니다. 물론 여러분 책하고 제가 좀 다를 것 같아서 페이지는 모르겠습니다만, '평화통일 과연 가능한 목표인가?' 한번 읽어 보겠습니다.

모두가 통일을 이야기합니다. 반세기가 넘도록 통일을 노래해 왔습니다. 그런데 통일의 가능성은 아직 보이지 않습니다. 우리가 너무 쉽게 그리고 무책임하게 얘기하는 것은 아닌지 돌아봤으면 좋겠습니다.

원론적으로 얘기한다면 통일이란 두 개 이상의 국가권력이 하나로 통합되는 것을 말합니다. 이론적으로는 국가연합, 연방, 단일

국가를 신설해서 통합하는 신설 통합이나 또는 한 국가로 나머지 국가를 흡수하는 흡수 통합이 있을 수 있습니다. 그러나 어느 경우에나 국가권력의 전부 또는 일부가 소멸하는 것을 전제로 합니다.

연방제 주장이 나오고 남북연합이라는 개념이 국가적 정책으로 채택이 되었습니다. 이것은 국가권력의 일부를 양도하여 연방정부 또는 연합정부를 수립하자는 것입니다. 논리적인 원칙도 그렇습니다. 어느 개념을 채택하거나 통일을 위해서는 권력의 소멸이나 권력의 일부를 양도하는 극적인 사건이 있어야 하는 것입니다.

평화통일이라는 것은 이것을 합의로 하자는 것입니다. 그런데 스스로 권력을 소멸하게 하거나 양도하는 것은 국가권력의 속성에 맞지 않습니다. 그뿐이 아니라 국가는 가치 체계의 최상위에 있는 도덕적 실체라는 것이 근대 이래의 국가 이론입니다. 그 위에 권력은 종교 또는 이념으로 정당성을 다시 재포장합니다. 나라를 분열해서 분단 정권을 세울 때에도 이것은 마찬가지입니다. 그러므로 국가권력의 정당성이나 이념적 명분을 훼손하는 양보를 말한다는 것은 반역이 되는 것이죠.

누가 감히 여기에서 권력의 양도를 말할 수 있겠습니까? 그래서인지 역사적으로 전쟁 또는 일부 국가권력의 붕괴로 인한 통합은 있어도, 합의에 의한 통합은 그 사례를 찾기가 매우 어렵습니다. 억지로 사례를 찾는다면 미국의 연방정부 수립, 유럽의 통합을 합의에 의한 통합의 사례라고 할 수 있을 것입니다. 그러나 이것은 우리의 경우와는 의미와 여건이 아주 다른 것이지요. 이런 국가의 사례는 분단국가의 통합이 아닙니다.

미국의 경우는 독립전쟁이라는 역사적 성공을 이룬 동업자들 간의 통합이었고, 유럽연합의 경우는 한발 앞선 역사적 경험을 토대로 해서 인류의 미래를 실험하고 있습니다.

우리의 경우는 일제 치하에서부터 치열한 이념의 대립과 분열이 있었고, 이것이 해방 정국에서 권력투쟁으로 이어져서 마침내 분단에 이르렀습니다. 그리고 분단 정부의 수립 후에도 세계 냉전 체제의 최첨단에 서서 동족 간에 전쟁을 치르고, 극단적 이념 대결을 벌여 온 역사를 가지고 있습니다.

과연 우리는 이러한 역사적 조건의 차이를 극복하고 통합의 합의를 이루어 낼 수 있을 것인가. 비록 합의형 통일을 이룬 예멘의 사례가 있기는 하지만 그마저도 재분열과 무력에 의한 재통일을 한 바 있어서, 우리가 통일을 하겠다고 하는 것은 역사에 유례가 없는 새로운 역사를 창조하겠다고 하는 것입니다.

통일이라는 말을 그냥 할 것이 아니고, 좀 진지하게 책임 있게 얘기하자는 뜻으로 통일과 통일 과정이 갖는 의미를 이렇게 한번 분석해 보았습니다. 근데 '이것 참 어렵다' 얼른 들으면 '불가능한 것 아니냐' 이런 생각이 드실 수도 있을 것입니다.

그러나 우리는 그렇게 말하면 안 됩니다. 단호하게 '그래도 할 수 있다' 이렇게 대답해야 합니다. 그것이 우리의 숙명입니다. 국가의 통일, 민족 통합은 누구도 거역할 수 없는 지상의 이념입니다. 이것을 불가능하다고 말하는 것은 그것 또한 역사에 대한 반역입니다. 그래서 된다고 말해야 됩니다.

왜 굳이 이 말을 오늘 여기에 끄집어 넣었는가. 그것은 '통일을 진지하게 이야기하자. 좀 책임 있게 이야기하고, 과학적으로 이야기하자' 그런 말씀을 드리고 싶어서 그렇습니다.

누가 과학적으로 이야기 안 하는 사람이 있냐? 좀 있는 것 같습니다. 말하자면 통일 지상주의가 있거든요. 소위 진보주의 진영의 통일 지상주의, 낭만적 통일 지상주의라고 비아냥을 듣기도 하는 그런 운동도 있고, 국수주의 진영에도 무조건 통일을 외치는 통일 지상주의가 있거든요. 그래서 조금 그런 경향이 없지 않기 때문에 한번 생각해 보자 그런 뜻으로 이런 문제를 제기해 보았습니다.

평화통일은 우리 민족이 거역할 수 없는 역사적 과제입니다. 그러면 평화통일, 무엇을 어떻게 할 것인가? 저는 몇 가지를 짚어 보았습니다.

금기를 깨고 현실을 얘기해야 한다. 우리는 당위를 얘기하고 있거든요. 두 번째는 분열의 원인이 된 요소들을 해소해야 한다. 세 번째는 국가주의 사고도 넘어설 수 있어야 한다. 네 번째는 국민적 합의가 필요하다. 다섯 번째, 협상의 일반 원칙을 존중해야 된다. 여섯 번째는 종국적인 관건은 신뢰이다. 이렇게 별스럽지도 않은 제목을 뽑아 놓고 조금 제가 별스럽게 말씀드리고자 합니다.

금기를 깨고, 현실을 말하자.

우리의 대북정책에는 여러 가지 금기가 있습니다. 존재하는 현실을 현실이라고 말해서는 안 되는 금기가 있습니다. 북쪽 땅에는 대한민국의 통치권이 사실상 미치지 않고, 북한 정권은 사실상 국가권력입니다. 그러나 북한 땅은 우리의 영토라고 말해야 하고, 북한 정권은 반국가 단체라고 말해야 합니다. 그렇게 하지 않으면 헌법 위반이 됩니다. 여기에 우리의 고민이 있는 것이죠.

북한 정권을 인정하거나, 그쪽을 긍정적으로 평가해서는 안 됩니다. 북쪽의 주장을 수용하는 말을 해서도 안 됩니다. 좌경 용공이 되고 국가보안법 위반으로 처벌을 받을 수도 있습니다. 사실이든 아니든 그것은 상관이 없습니다. 이런 금기는 법적, 정치적 당위를 강조한 결과입니다. '그래야 된다' 이 말이죠. 우리 한국 정부만이 정통이기 때문에 그래야 된다는 것입니다. 현실과 당위가 괴리되는 데서 많은 어려움이 있습니다.

현실을 얘기하지 않고 어떻게 상대방과 대화를 하고, 합의를 이룰 수 있을 것인가. 그리고 현실과 동떨어진 얘기를 하면서 어떻게 국민을 설득하고, 국제사회를 설득할 수 있을 것인가. 저는 이것은 진지하고 책임 있게 통일을 추구하는 자세가 아니다. 금기를 깨야 한다. 당위는 당위이고 현실은 현실이다. 상투적인 권력투쟁 그리고 이념투쟁을 넘어서야 합니다. 현실을 솔직히 받아들이고, 사실을 사실로 말하고, 상대를 상대로 인정하고, 상대의 주장도 수용할 것은 수용할 줄 알아야 한다. 그리고 통합에 필요한 일은 무엇이라도 말할 수 있게 해라. 그래야 현실적으로 통일 방안에 다가설 수 있다.

여기까지는 아직 세지 않죠? 괜찮습니까? (일동 "네.")

분단의 요인을 해소해야 합니다.

한반도의 분단은 세계의 패권 경쟁, 그리고 국제적, 국내적 이념 대결의 결과입니다. 이들 분단의 원인이 해소되지 않고는 분단을 극복할 수 없습니다. 이들 원인을 극복하고 해소해야 합니다.

그러자면 자주 역량과 균형 외교가 필요합니다. 우리의 힘만으로 세계의 패권 경쟁, 이념 대결 자체를 해소하기는 어려울 것입니다. 그러나 한반도가 그 대결장이 되는 것은 막을 수 있어야 합니다. 그렇게 하기 위해서는 우선 스스로를 지킬 수 있는 힘을 갖추고 스스로의 문제는 스스로 해결하겠다고 하는 의지를 분명하게 해야 합니다. 그리고 동북아의 질서를 대결의 질서가 아니라 화해와 협력의 구조로 만들어 나가야 할 것입니다.

우방과의 협력이 필요합니다. 그러나 진영 외교, 일방 외교는 분단의 원인을 해소하는 방법이 아닙니다. 분단을 극복하기 위해서는 통합에 대한 주변 국가의 동의를 얻어 내야 하는데, 이렇게 하기 위해서는 균형 외교가 필요합니다.

그리고 이념 대결을 넘어서야 합니다. 이념 대결의 틀 안에서 이념 대결로 빚어진 분단을 합의로 극복한다는 것은 논리의 모순이지요. 승공 통일의 사고를 넘어서야 한다는 것입니다. 그리고 사사건건 시비를 하는 대결주의도 이젠 그만해야 한다고 생각합니다.

여기까지 말씀드리면 '현실은 현실로 인정하자' 이런 뜻이지요. 그러면 북한 체제를 인정하자는 말이냐. 이것은 앞으로 세계질서에 있어서도 항상 부닥칠 수 있는 체제의 딜레마입니다. 독재체제를 어떻게 할 것인가. 그동안에 몇몇 강대국들은 독재체제에 대해서 독재체제를 해체하고 민주주의 체제로 만들기 위해서 강력한 개입주의를 펼쳐 왔습니다.

한편으론 또한 민족자결주의를 얘기해 왔습니다. 독재체제까지 자결의 권리가 있다고 세계의 이성이 인정하고 있는지는 모르겠습니다만 어떻든 스스로 해결하게 할 것이냐, 민주주의 체제의 국가들이 연합해서 개입할 거냐, 이런 것이 사실상 존재하는 논쟁이지요. 그런데 지금까지 역사를 돌이켜보면 민주주의를 위한 개입, 체제를 민주주의로 전환하기 위한 체제 전환을 위한 개입, 무력적 개입, 공작적 개입이라는 것이 항상 침략전쟁을 결과했다, 침략전쟁의 명분으로 사용되어 왔다는 점을 우리가 기억할 필요가 있습니다.

저는 아직까지 개입주의, 자결주의에 대해서 어느 쪽 한편 이야기를 할 수는 없지만 영향을 미친다고 할지라도 평화적 방법으로 하자. 민주주의 사상, 민주주의 체제는 평화적으로 전파해야 한다. 이념 대결의 끝장에 있는, 앞으로 소위 이념이 다른 국가들은 서로 어떻게 문제를 풀어갈 것이냐 하는 문제에 있어서 적어도 공작과 무력행사는 배제하자. 역사적으로 센 나라가 약한 나라를 지금까지 침략하고 지배했던 모든 명분은 문명이었습니다. 문명으로 야만을 개화시킨다는 것이었습니다. 요즘은 민주주의, 이념 동맹이라는 이야기를 자주 하고 있는데, 그것은 민주주의 아닌 체제를 뭔가 간섭하겠다는 것인데, 간섭이든 개입이든 분명한 원칙 하나를 우린 가져야 됩니다.

무력과 공작은 배제하자. 이것은 남북문제에 있어서도 적용돼야 하는 것 아닐까, 적용됐으면 좋겠다. 평화적인 원칙으로 해야 된다. 평화적인 방법에 의한 것을 확실한 원칙으로 해 나가자. 그것이 평화통일의 본뜻 아니겠습니까?

국가주의 사고라는 것을 약간 언급했습니다.

지금 우리의 가치 체계를 지배하는 사상은 국가주의입니다. 그런데 국가 간 통합이든 남북 간 통합이든 통합에는 그와 같은 사고를 뛰어넘을 필요가 있다는 생각으로 한마디 넣어 놨습니다. 유인물 참고해 주시면 좋겠습니다.

그다음에 정쟁의 수준을 높여야 한다 했습니다.

이건 '정치의 수준을 높여야 한다'라고 제목을 바꿨으면 좋겠다는 생각이 듭니다. 정쟁이 뭡니까? 정치가, 권력이 정쟁이지요. 그러니까 정치의 수준을 높이는 것으로 하는 것이 좋겠습니다.

남북통일은 민족의 지상과제입니다. 그러므로 정파적 이해관계를 넘어서는 것입니다. 그래서 모든 정파가 초당적 협력을 얘기합니다. 그러나 그러면서도 막상 부닥쳐 보면 사사건건 치열한 정쟁이 되고 맙니다. 당연하다고 할 수 있지요. 통합의 전략이 다를 수 있고, 전략이 다르지 않더라도 실행 과정에 대한 비판적 접근은 야당의 당연한 권리이기 때문입니다.

그러나 우리나라 정치에서 대북정책을 놓고 벌어지는 정쟁은 그런 수준이 아닌 것 같습니다. 전략 논쟁도 아니고, 논리적 비판도 아니고 빨갱이 만들기, 친북 좌파 만들기 같은 맹목적 이념 대결과 정치 공작의 수준을 넘어서지 못하고 있습니다. 이념 대결로 생긴 분단을 넘어서자고 하면서 이념 대결에 매달리고 있는 것이죠. 민주화 이후 달라졌다고는 하지만 기본적인 사고의 구조에는 아직 크게 달라진 것이 없다. 정치가 이런 수준을 벗어나지 못하면 통일은 가망이 없다고 생각합니다. 이제 정치와 정쟁을 가치와 전략의 수준으로 높여야 한다. 정치인들 스스로 그렇게 해 주시면 좋겠는데 할 것 같지 않습니다. 그래서 저는 국민의 힘이 필요하다, 그렇게 생각합니다.

국민의 힘은 어디서 나오는가. 그것은 국민적 합의에서 나오는 것입니다. 정쟁에 휘둘리지 않고, 대북 정책의 가치와 전략을 명료하게 이해하고, 이를 토대로 여론의 대세를 형성하고, 나아가서는 이를 투표 결과에 반영할 수 있는 수준에 국민의 생각이 이르렀을 때 이것을 저는 국민적 합의라고 말할 수 있을 것이라고 생각합니다.

권력의 속성과 정권의 욕심을 넘어서 권력을 양보하여 통합을 이루는 일은 역사에 없는 일입니다. 그러므로 그런 일은 역사의 법칙에 맞지 않는다고 말할 수 있을지 모릅니다. 그러나 저는 그렇지 않다고 생각합니다. 역사는 권력이 만드는 것이 아니라 국민이 만드는 것이다. 그래서 국민적 힘을 말하고 국민적 합의를 말하는 의미가 있는 것이라고 생각합니다. 말하자면, 국민적 합의가 이루어지면 그것은 역사가 된다고 생각합니다. 없었던 역사도 창조할 수 있다고 생각합니다.

다음에 협상의 일반적 원칙을 존중해야 한다는 말씀을 드리고 싶습니다. 남북 관계는 지금 협상 국면에 있습니다. 흔히들 외교적 수완이 어쩌고 협상의 기술이 어쩌고, 이런 말을 쓰시는 분들이 있는데 얼른 들으면 협상의 요체가 무슨 기교라는 생각을 하기 쉽습니다만 그러나 저는 외교나 협상이 결코 기술이나 수완으로 되는 일이 아니라고 생각합니다. 거기에는 우리가 반드시, 성공의 길로 가기 위해서는 반드시 지켜야 되는 외교적 원칙 그리고 협상의 원칙이 있다고 생각합니다. 제가 생각하는 이 원칙을 한번 말씀을 드리고 싶습니다.

상대를 인정하고 존중해야 합니다. 협상을 하면서 상대방을 인정하지 않는 태도를 취하는 것은 그냥 모순이지요. 실제로 남북 간 협상에서는 정통성에 관련되는 발언 시비로 항상 협상 자체가 무산되거나 시간만 낭비하는 일이 일상화되어 있었습니다. 상대방을 존중하지 않고 감정과 비난을 일삼는 일도 역시 삼가야 한다고 생각합니다.

두 번째는 상대방의 목적과 이익을 존중해야 합니다. 협상은 상호 간의 이익을 도모하는 일이기 때문입니다. 적화통일의 목적을 존중할 수는 없는 일입니다. 그러나 북쪽이 그런 목적을 가지고 있다 하더라도 그것은 이미 현실적 역량에 맞지 않는 것입니다. 체제 유지를 위한 명분용 이상의 의미는 없는 것으로 생각합니다. 이건 존중하지 않아도 지장이 없을 것 같습니다.

현실적 상황에 맞는 북쪽의 목적은 체제를 방어하고 유지하는 것일 것입니다. 이것을 인정하고 존중할 것인가. 평화를 위해서는 그래야 할 것이라고 생각합니다. 이것을 존중하면서 통일을 얘기할 수 있을 것인가. 얘기가 좀 복잡해지지요. 통일은 간단하게 말하면 정권이 하나로 되는 것인데, 북한의 체제를 존중하면서 어떻게 하나의 정권을 만들 수 있는가. 그래서 복잡해지는 것이죠. 그건 따로 이야기를 좀 하십시다. 말하자면 여기에서 통일의 개념에 대해서 복잡한 이야기들이 나오는 것이죠. 국가연합이라든지 이런 이야기들이 나오는 것이죠. 그런 거 아니겠습니까? 그래서 어떻든 최대한 존중하면서 통일을 얘기하는, 이 부분은 우리가 찾아내야 되는 지혜라고 생각합니다.

그다음에 성실한 자세로 합리적인 협상을 해야 됩니다. 진실을 가지고 협상에 임하고, 진실한 사실과 사리에 맞는 논리로 협상을 해야 합니다. 협상에서는 전략적 발언이 필요한 경우가 물론 있습니다. 그러나 정치적 명분을 위한 거짓말이나 억지 주장은 협상을 매우 위태롭게 합니다. 기 싸움 하거나 국내 정치용이나 국제사회 명분용으로 상대를 비난하는 것은 절제해야 됩니다. 사리를 따져 상대의 잘못을 지적하는 일도 협상에 도움이 될 것인지 따져서 하는 지혜까지 필요하다고 생각합니다. 그렇게 하지 않으면 감정만 쌓이고 신뢰는 무너진다고 생각합니다.

네 번째로는 협상의 결과는 반드시 이행이 되어야 한다. 더 설명이 필요 없을 것이라고 생각합니다.

무엇보다도 남북 관계에 있어서 성공의 가장 결정적인 열쇠는 신뢰입니다. 오늘 축사 말씀해 주신 분들 모두가 신뢰 말씀을 하셨습니다. 매우 중요한 점을 지적하고 계신다고 생각합니다. 평화와 공존에 대한 신뢰, 그리고 협상에 나오는 사람이 진심을 가지고 나올 것이라는 신뢰, 그리고 이 협상에서 맺어진 약속은 반드시 지켜질 것이라는 신뢰, 이 신뢰가 모두 중요한 것 아니겠습니까.

북한은 믿을 수 없는 상대인데, 그 믿을 수 없는 상대를 가지고 자꾸 신뢰 신뢰 얘기하니까 '당신 지금 무슨 얘기냐?' 이런 의심을 제기하는 분들이 없지는 않을 것입니다. 그런데 이 말은 북쪽에서도 그렇게 말하고 싶을지도 모르지요. 상호 불신인 것이죠. 이렇게 가면 우리는 대화나 협상이란 것이 불가능해집니다. 상대가 믿을 수 있는 상대냐 아니냐 가리지 않고 대화를 시작하고, 거기에서 신뢰를 축적해 나가는 것, 이것이 우리가 해야 될 일이고 어려운 일이기 때문에 모여서 이렇게 얘기하는 것 아니겠습니까?

어떻게 하면 신뢰가 쌓일 것인가. 그것은 우리가 먼저 상대를 믿고 하나둘씩 일을 착수하고 추진해 나가야 한다. 상대를 믿을 수 없어서 아무것도 할 수 없다면 한 발짝도 앞으로 나가지 못합니다. 우리가 상대를 믿고 뭘 했는데 그 신뢰가 무너져 배반당해도 낭패되지 않을 일이 더러 있습니다. 상대가 약속을 좀 위반해도 돌이킬 수 없는 치명적인 위기에 빠지지 않는 일들도 많이 있습니다. 대비할 수 있는 일이 있어요. 이런 일부터 믿고 추진해 나가면서 하나씩 둘씩 신뢰를 쌓아 나가야 한다고 생각합니다. 그렇게 되면 상대방도 변화한다고 저는 그렇게 생각합니다.

그다음에 모든 문제에 있어서 역지사지하는 자세 이런 것은 굉장히 중요하다. 한번 자리를 바꾸어서 생각해 보지 않으면 상대방이 계속 의심스러운 것이죠. 역지사지하는 노력 이런 것들을 좀 해볼 필요가 있다고 생각합니다.

원론적으로 몇 가지 말씀드렸습니다만 구체적으로 제 경험을 토대로 해서 몇 가지를 말씀을 드리고 싶습니다.

흡수통일은 평화통일인가. 결과적으로 그렇게 되는 것은 평화통일이 될 수도 있을 것입니다. 그러나 흡수통일을 통일 전략으로 삼아서 상대 권력의 붕괴를 추진한다면 그것은 북한을 자극해서 평화통일을 깨는 일이 될 것입니다. 탈북자 문제, 북한 인권 문제를 다룰 때 우리가 조심해야 하는 이유가 그런 것이죠. 흡수통일은 전략으로 이해됐을 때 좋지 않다는 것이죠. 만일에 북쪽이 붕괴하는 일이 생긴다면 그 결과가 어떤 방향으로 가게 될지 그것은 예측하기 어려운 위기 상황이 될 수도 있고, 우리가 통제하기 어려운 재앙이 될 수도 있습니다.

그리고 또 한 가지 더 얘기하면 주변 국가들의 입지만 높여 주는 결과가 될 수도 있지 않습니까. 아까 김원기 의장님께서 말씀을 하셨죠. 남북 관계의 주도권을 주변 국가에 넘겨줘 버릴 수밖에 없는 상황이 될 수도 있는 그런 것을 전략으로 채택해서는 안 된다. 그런데도 북의 붕괴를 획책하는 발언 또는 획책하는 듯한 그런 발언과 행동을 하는 분들이 적지 않은 것 같습니다. 생각이 조금 짧았던 것 아닌가 이렇게 생각합니다.

국가보안법은 강기갑 대표님이 아주 세게 말씀하셔서 제가 미안하고 민망했는데요. 국회가 법 바꾸는 거지, 대통령이 바꾸는 거 아닙니다. 어쨌든 국가보안법에 의하면 북한은 반국가단체입니다. 그러니까 상대를 인정할 수 없고, 이 법대로 하면 남북 간의 대화는 불가능하게 되는 것이지요.

대담이나 토론에 나가 보면 '연방제를 어떻게 생각하는가' 이렇게 묻는 사람이 있습니다. 가끔이 아니고 반드시 있습니다. 연방제에 대해서 긍정적인 답변을 하면 당장 그때부터 시비가 되는 것이죠. 6·15공동선언에서 언급한 연방제 문제도 언론과 국회에서 종종 시빗거리가 됩니다. 연방제 주장이 찬양 고무에 해당된다는 국가보안법의 판례가 있거든요. 그러니까 지금 당장 법에 걸리든 안 걸리든 그 질문, 오늘 여기서는 질문 안 하시겠죠? 질문 없습니다. '연방제를 어떻게 생각하느냐' 어디 나갈 때 꼭 일이 생겨요. 토론 나갈 때 조심하십시오. 당신 연방제 어떻게 생각하냐고 질문하면 곤란합니다.

더 곤란한 질문이 있습니다. 김정일 위원장을 어떻게 생각하느냐. 이거는 시비 걸려고 하는 거거든요. 비틀어서 보도하려고 묻는데 만일에 '그 사람 어떻든 말은 합리적으로 보이더라' 또 '아주 머리가 잘 돌아간다더라' 머리가 잘 돌아간다는 말은 '명석하다' 이 말 이거든요. '명석해 보인다' 이런 대답하면 당장 이거는 대문 타이틀로 뽑히는 거지요? 그게 국가보안법의 힘입니다. 실질적으로 이게 찬양 고무가 될 수도 있는 것 아니겠습니까? 어떻든 그러자면 그렇게 대답을 하지 않아야 되는데, '김정일 위원장 그 양반 약간 좀 이상한 사람 같아' 이러면 대화가 잘되겠습니까? 국가의 책임 있는 사람이 이런 대답을 해야 되는 상황으로 몰아가는 우리 사회적 분위기가 국가보안법의 힘에 의지하고 있습니다.

'6·25전쟁은 남침이냐, 통일 전쟁이냐?' 딱 물어요. 그거 볼 거 없이 남침이죠. 남침인데, 그 질문을 받은 사람이 하도 불쾌해 가지고 '왜 그걸 물어요?' 묻는 의도가 나쁘다고 '그걸 왜 물어요, 뻔한 걸 가지고?' 그랬더니 자꾸 남침이냐, 통일 전쟁이냐 이런 질문을 하는 것도 국가보안법에 의지해서 하고 있습니다. 근데 이처럼 대결주의를 강력하게 뒷받침하고 있는 법적 장치가 국가보안법입니다. 구체적으로 수사하고 소추를 하고 안 하고 간에 강력한 뒷받침이 되고 있다는 겁니다. 이것 두고 통일 얘기를 국민적 합의로 만든다는 얘기는 좀 어렵다, 그렇게 생각합니다.

9·19선언과 10·4선언에 대해서 유감을 하나 말씀드리겠습니다. 2005년 9·19선언은 북핵 문제뿐만이 아니라 동북아 평화를 위

한 구상이 들어 있는 참 중요한 선언입니다. 근데 다음 날 깨져 버렸습니다. BDA(방코델타아시아)에 대해서 미국이 제재 조치를 했기 때문이지요. 그러고 나서 남은 것은 핵실험이 이어졌고, 북미 회담은 2년 이상 지체돼 버렸고 지금 비싼 대가를 치르고 있습니다.

2007년 10·4선언은 제가 서두에서 말씀드렸습니다만 어쨌든 지금 좀 잘 안 굴러가고 있습니다. 저는 사실 전임 사장이 계약을 하면 후임 사장은 이행을 하는 것이, 회사의 CEO들은 다 그리 하길래 그리 되는 줄 알았어요. 회사에서 그리 안 하면 부도나거든요. 근데 국가 CEO는 안 그래도 되는 줄 미처 몰랐어요. 이것은 신뢰의 문제였습니다. 지금도 상대를 자극하고 신뢰를 흔드는 일이 참 우리 사회에는 많습니다.

우선 한미동맹 얘기를 하겠습니다. 본시 대북 억지를 위해서 맺어진 것이죠. 지금도 그 목적은 유효합니다. 그러나 남북 간 국력의 차이와 냉전 구도의 변화로 인해서 대북 억지를 위한 한미동맹의 중요성은 이제 많이 줄어들었습니다.

지금은 남북대화의 국면입니다. 진정으로 대화를 성사시키고자 하는 생각이 있다면, 대북 억지를 위한 한미동맹과 관련된 표현은 너무 그렇게 강조할 필요가 없지 않냐. 그런 절제와 요령이 필요하다 그렇게 생각합니다. 여기다가 일본까지 끌어들여서 이념과 가치를 함께하는 한·미·일 협력관계, 공조를 과시하는 것, 이건 이념적 체제의 공조를 말하는 것이거든요. 이것이 남북 관계에 큰 도움이 되겠습니까? 그리고 특히 남북 관계에 상당히 큰 영향력이 있는 중국까지도 불편하게 만드는 것이죠. 저는 이것은 요령 없는 외교라고 생각합니다.

주한미군의 역할에 대해서도 이제는 동북아시아 어느 한쪽과도 적대적이지 않은 평화와 안정의 지렛대 역할에 비중을 두는 것이 현재 동북아시아의 상황에 맞고 남북 간의 대화 국면에도 적절할 것입니다. 그런데 굳이 한미동맹과 한·미·일 이념 공조를 강조하고, 북한을 굳이 주적이라 명시하고, 그것도 모자라서 선제공격의 가능성까지 공공연하게 거론하는 사람들이 있는데 이것은 참, 좀 생각이 짧은 것 아닌가 이렇게 생각이 듭니다.

어떻게 이렇게 해서 남북 간에 신뢰 있는 대화가 가능하고, 또 주변 국가의 협력을 얻고, 그렇게 동북아 평화 구조를 만들어 갈 수 있겠습니까? 여기에다가 이제 PSI(대량살상무기확산방지구상)에 본격적으로 가입하고 MD(미사일방어체제)까지 만일에 가담을 하게 된다면 이것은 한반도와 동북아를 대결 구도로 만들고 우리가 그 한쪽에 가담하는 뜻을 행동으로 보여 주는 것이 되지 않겠습니까? 이것은 좋은 전략이 아닐 것입니다.

북한은 한미 합동 군사훈련을 아주 큰 위협으로 생각하고 있습니다. 역지사지해 보면 그렇습니다. 그런데 작계5027이라는 것이 있는데 이것은 북한의 도발을 전제로 하고 있고, 북한의 도발을 억제하기 위한 경고성 계획일 것입니다. 그러나 그 내용은 일단 북한이 의구심을 가지기에 충분한 거죠. 자극적인 내용이어서 이것도 앞으로 여러 관점에서 용의주도하게 전략적 검토를 하는 것이 필요합니다. 평화주의와 평화주의 전략으로 다시 한번 검토를 하는 지혜가 필요하다, 그렇게 생각합니다.

작계5029라는 것은 전쟁 이외의 사유에 의한 북한의 유사시에 한미 연합군이 북한 지역에서 합동 작전을 펼치는 것을 내용으로 하는 계획을 말하는 것입니다. 저희 정부 시절에 미국이 한국에 제안을 했지만 한국은 이것을 거절했습니다. 그래서 작전 계획으로 성립되지 않고 있는데, 이것이 다시 작전 계획으로 발전되지 않을 지 저는 걱정하고 있습니다. 만일에 이것이 작전 계획으로 발전하 게 된다면 역시 북한과 중국을 자극할 만한 민감한 것이고, 대화에 장애 사유가 될 것입니다. 작계5027은 한미 상호방위조약에 근거 를 두고 있는 것이지마는, 작계5029는 그런 근거도 없습니다. 굳이 이런 것을 강행하는 것은 현명한 일이 아니라고 생각합니다.

역지사지한다는 것은 어떻게 하는 것인가. 이것은 굳이 설명하 지 않아도 대개 알 것 같아서 넘어가겠습니다. 그러나 남북 관계에 서 원칙을 바로 세우고 신뢰를 유지한다는 것은 이런 전술적 가치 보다 훨씬 더 중요한 것이라고 생각했습니다. 그래서 분명하게 원 칙을 말해서 국민의 공감대를 형성하고, 상대방에게 신뢰를 주어 야 합니다.

한 분 박수 치시는데, 먼저 박수 치신 분 나중에 제가 언제 조 용히 한번 따로 모시겠습니다.

작전통제권 환수, 이것은 자주 국가라면 당연히 스스로 행사해 야 하는 것이지요. 그것만으로도 작전통제권 환수할 이유는 충분 합니다. 그러나 사실은 그 이상의 의미가 있다고 생각합니다.

언젠가 한반도 평화 체제에 관한 협상을 하게 될 것인데요. 여 기에 작통권도 가지지 않은 나라가 참여한다는 것이 시빗거리가 되지 않겠습니까? 북한은 한국보다 미국을 더 불신하고 두려워하 는 것이 사실입니다. 유사시에 미국이 작통권을 행사하는 상황은 북한을 더욱 두렵게 하여 남북 간 대화와 협상이나 신뢰에 도움이 되지 않을 것입니다.

동북아시아 다자 구조를 위해서는 다자 안보 대화가 필요한데, 미국이 한국군에 대한 작전통제권을 행사하고 있는 상태라면 이

다자 구도의 대화 체제에서 미국이 너무 커 보이지 않겠습니까? 그리고 다자 체제가 균형 잡힌 대화 체제가 될 수 있을까? 그래서 이런 여러 가지 이유가 있는데 그중에서도 저는 작통권의 환수를 남북 간의 신뢰 구축의 중요한 요소로 생각하고 추진했습니다.

저는 전략적 유연성에 있어서 분명한 한계를 두었습니다. PSI 또한 북한과 물리적 충돌 가능성이 있는 조치에 대해서는 끝내 수용하지 않았습니다. MD 얘기는 국민의정부 이래 거절해 놓은 상태지요. 작계5029 말씀드렸고요. 한미 군사훈련도 최대한 적게 하려고 작게 하려고 노력했고, 전반적으로 남북 간 충돌 가능성이 있거나 북한을 자극할 가능성이 있는 일들은 이렇게 피해 왔습니다.

6자회담에 나가면 그 자리에 북한은 없지만 북한의 입장을 최대한 변호했습니다. 각종 국제회의에서 북한을 비난하는 발언이 나오면 최대한 사리를 밝혀서 북한을 변론했고, 개별 정상회담에서도 한 시간 이상을 북한을 변호하는 데 시간을 보낸 일도 있습니다. 북한을 자극하는 발언을 최대한 절제했습니다. 때로는 자존심이 상할 때도 있었고, 그래도 절제하고 인내했습니다. 이 모두가 서로 하나도 신뢰를 가질 수 없는 상황 속에서, 조그만 신뢰 하나라도 더 축적해 가기 위한 노력이었습니다.

물론 북한의 대답은 빠르지 않았습니다. 그러나 어떻든 그렇게 해서 남북 관계가 크게 확대된 것은 사실입니다. 모든 면에 있어서 엄청나게 질적, 양적으로 확대된 것은 사실입니다. 결국은 정상회담도 할 수 있었습니다. 9·19선언이 예정된 시점에 즉시 정상회담을 그쪽에서 제의해 왔습니다. 그리고 9·19선언이 깨지고 난 다음에 다시 중단 사태로 들어갔다가 2·13합의가 조금 진척되자 바로 정상회담을 북한에서 제안해 왔습니다. 여기에 복잡한 조건도 없었고, 복잡한 정치적 술수도 없었습니다. 그냥 '솔직하게 대화하자' 그렇게 제안해 왔습니다. 이것이 그동안 이렇게 국내에서 욕먹어 가면서 신뢰를 축적해 온 결과라고 생각합니다.

지금 생각해 보면 정상회담 내용의 합의도 가짓수가 많고, 참 양적으로는 굉장히 많지요. 질적으로는 내일 평가해 주십시오. BDA 사건만 아니었더라면 정상회담은 한 2년쯤, 약 2년 빨리 열렸을 것이고, 남북 관계는 훨씬 더 앞으로 나가지 않았을까 전 그렇게 생각합니다.

결론으로 말씀드리겠습니다. 최선의 전략은 신뢰입니다.

이제는 박수 치셔도 제가 따로 조용히 대접을 안 할 겁니다.

시간이 지금 좀 넘었지요? 제 짐작에 좀 많이 넘었을 것 같습니다. 이 자리에 서면 시간 감각이 없어지니까요. 빨리하겠습니다. 얼추 끝난 것 같습니다.

상호주의. 저는 이건 얘깃거리도 아닌데 하도 상호주의 또는 상호주의에 근거한 시비로 생각되는 것이 많아서 한번 넣어 봤습니다. 상호주의 기준이 뭐냐. 귀에 걸면 귀걸이, 코에 걸면 코걸이 그렇죠. 개성공단을 상호주의로 해석하면 이게 상호주의에 맞는 겁니까, 안 맞는 겁니까? 지난번, 예를 들면 해주 공단 철도, 안변 조선 공단 이런 투자는 상호주의에 맞는 건지, 안 맞는 건지 어쨌든 쓰이는 말이 그런 겁니다.

'왜 퍼 주냐. 자존심 없냐. 왜 끌려다니냐. 왜 본때를 보이지 않냐' 이게 상호주의에서 비롯된 언어들인 것 같은데 이 언어들만큼 남북 관계를 지체하게 하는 것이 없습니다. 굉장히 영향을 받습니다. 실제로 정책을 하시는 분들은 다른 여러 가지에서 논리적으로 토론을 하고, 반박하고, 그것을 넘어서는데, 이 말 나오면 못 넘어서요. 통일부 차관님은 오셨댔죠. 통일부 공무원들도요, '왜 퍼 주냐?' 이러면 그냥 뒷걸음질치고. 또 '니는 자존심도 없냐?' 이러면, 신문에 그거 나오면 쥐약이에요. '왜 끌려다니냐?' 이러면 또 한 발자국 물러서고.

본때 보이고 싶죠. 그런데 그건 대화나 협상하는 자세가 아니거든요. 본때 보일 거 다 보여 가면서 대화하고 협상하고, 그것도 큰집에서. 말하자면 스스로 큰집이라고 생각하죠. 인구도 우리가 많고. 그렇지 않습니까. 그죠? 돈도 우리가 많고. 말하자면 그런 큰집다운 자세를 가지고 가야 될 쪽에서 그리 이야기합니다.

상호주의라는 말은 대결주의의 또 다른 표현에 불과하다. 대결주의는 점잖은 말이고, 쉽게 말해서 반공주의의 또 다른 표현이다, 이렇게 생각합니다.

실용주의. 실용주의 반대말이 무슨 말이지요? 지금 이 상황에서, 대북정책에서 실용주의의 반대말이 무슨 말이겠습니까? 한나라당에서 말하는 실용주의의 반대말은 친북 좌파주의고요. 그렇죠? 친북주의 아닙니까? 우리가 볼 때에는 실용주의 반대말은 반공주의거든요. 대결주의지 않습니까? 예를 들면 국가보안법을 건건이 들고 나오는 것, 실용주의 맞습니까? 한미동맹, 한·미·일 삼각 공조 체제, 이건 실용주의 맞습니까? 자유민주주의의 가치를 강조하는 것, 그렇죠. 당연히 그런데 이게 '체제 경쟁하자' 이런 뜻이거든요. 그걸 강조하는 것이 실용주의냐. 연방제 말만 나오면 시비 걸고, '퍼 주기냐 뭐냐' 이런 얘기들이 다 실용주의냐. 6·25전쟁의 성격을 묻고 이런 것이.

근데 실용주의라는 말을 아무 비판 없이 불러 주는 대로 받아 쓰시는 언론들이 있어요. 이것을 가려내는 것은 언론밖에 없습니다. 국민들과 언론밖에 없고. 정파적으로는 각기 자기들이, 실용주의라는 말이 매력 있는 말입니다. 국민들한테 조금 호의적으로 들리고, 인기 있는 말이기 때문에 서로 쓰려고 하지요. 국민이 가려줘야 하는 것인데. 남북대화가 좌파 이념주의의 결과냐 아니면 실용주의의 결과냐. 이런 싸움들을 정리를 좀 했으면 좋겠다. 그렇게 생각합니다.

대체로 이런 여러 가지 얘기들을 했습니다만, 바탕을 흐르는 것은 우리의 사고가 분단이 시작될 때의 사고, 그리고 분단체제, 반공주의 시대의 사고에서 크게 벗어나지 못한 데서 대북정책의 제자리걸음이 계속 반복되는 것 아니냐. 그래서 큰 틀에 있어서의 우리 사고를 근본적으로 좀 바꾸는 것이 남북 관계의 발전을 위해서 꼭 필요한 일이라는 것, 이런 것.

아무리 생각해도 별 뾰족한 내용도 아닌데 말하기가 그렇게 쉽지 않은 얘기들이 좀 더러 있습니다. 일부러 말하지 않고 피해 갔던 이야기들을 오늘 좀 꺼내 봤습니다. 정면으로 이런 문제를 우리가 다루어 나가는 것이 필요하다, 그렇게 생각하고 말씀드렸습니다.

여러분, 긴 시간 수고 많으셨습니다.

2008년 10월 1일. 그동안 경남 봉하마을에 귀향해 있던 퇴임 대통령 노무현이 오랜만에 서울에 외출했다. 지난 2월 그가 퇴임한 이래 봉하에서는 많은 일들이 있었다. 그는 오리농법으로 농사를 지었고, 화포천을 정화하는 활동을 했으며, 잘 사는 농촌을 만들기 위해 여러 가지 방안을 모색했다. 특히 퇴임 대통령을 만나기 위해 사저 앞을 찾아온 전국의 방문객들을 맞아 하루에도 몇 차례씩 인사를 나누었다. 그런가 하면 기록물 사건으로 이명박 정부와 갈등을 겪기도 했다. 그는 그동안 퇴임 대통령으로서 정부 정책에 대한 비판을 최대한 자제해 왔으나 이날은 작심하고 대북정책에 대해 그의 솔직한 심경을 밝혔다.

2007년 10월 2일, 북한의 공식 환영식이 진행된
평양 4·25문화회관 광장에서 악수하는 대통령 노무현과 김정일 위원장

강물은 바다를 포기 하지
않습니다. 강물처럼!

2008. 4. 25

제16대 대통령
노무현